진짜 끌어당김의 법칙

여기가 끝이 아니다

EXCUSE ME, YOUR LIFE IS WAITING
by Lynn Grabhorn

originally published in USA
Hampton Roads Publishing Company, Inc.
Charlottesville, VA 22906 USA
under the title EXCUSE ME, YOUR LIFE IS WAITING
Copyright © 2000 by Lynn Grabhorn

Korean edition published by NAVI SCHOOL Publishing Company 2021
This Korean edition published by arrangement with Red Wheel Weiser, LLC through
Shinwon Agency Co., Seoul
Printed in Korea

진짜 끌어당김의 법칙

여기가 끝이 아니다

© NAVI SCHOOL 2021

2021년 3월 15일 1판 1쇄 발행
2024년 7월 3일 1판 11쇄 발행

펴낸이 | 조우석
펴낸곳 | 나비스쿨
기획 | 책추남TV 조우석
디자인 | studio J
인쇄 | 예원프린팅

등록 | 2020. 9. 22 No.2020-00008
주소 | 서울특별시 성북구 돌곶이로 40길 46
이메일 | navischool21@naver.com

ISBN 979-11-973894-0-5 (03300)

진짜 끌어당김의 법칙

여기가 끝이 아니다

1부 생각인가, 느낌인가

2부 절대 느낌의 4단계

3부 절대 느낌의 실천

다시 출판하면서

세계적인 센세이션을 일으키며 50여 개 언어로 번역되었고, 이번 세기 들어 최장기 베스트셀러로 자리매김한 『시크릿』의 열풍은 세월이 가도 식을 줄 모르는 것 같다. 100여 년 전에 출간된 원조 시크릿, 그동안 어떤 이유에서인지 숨겨져 있다가 최근에 이르러 다시 알려지기 시작했다는 월러스 워틀스의 『부의 과학, The Science of Getting Rich』, 『꿈꾸는 다락방』, 『더 해빙』에 이르기까지 '끌어당김의 법칙'을 주제로 한 책을 독자 여러분도 한 권 정도는 읽어보거나 최소한 제목은 들어본 적이 있을 것이다.

그렇다면 우리는 자연스럽게 다음과 같은 의문을 품어볼 수 있다.
"과연 시크릿대로 소원을 이룬 사람은 몇 사람이나 될까? 독자 여러분은 어떤가?"
이 질문에 자신 있게 대답할 수 있는 사람은 그리 많지 않으리라 생각한다.
나 자신만 보아도 중학교 때부터 그 시대의 『시크릿』 유의 책으로 유명했던 노먼 빈센트 필의 『긍정적 사고방식』, 로버트 슐러의 『불가능은 없다』, 조셉 머피의 『잠재의식의 힘』 등의 책을 읽으며, 스스로 동기부여를 하며 바라는 바를 이루기 위해 부단히 애를 써 보았다. 하지만 인간의 의식구조나 심층심리, 양자물리학 등에 대한 깊이 있는 이해가 부족했던 청소년기의 미숙한 독서라서 그랬는지 모르지만 제대로 삶에 적용할 수가 없어 수없이 좌절했다. 그러나 이후 1만 권이 넘는 독서와 갖가지 자기계발 프로그램, 성공학, 리더십, 상담, 영성수련 등을 경험하고, 세계 최고의 대학으로 손꼽히는 하버드에서 공부한 후에도 『시크릿』 유의 책에서 약속하는 '끌어당김의 법칙'이 진짜인지, 정말 책에서 말하는 대로 제대로 작동하는지 알 수가 없었다.

그렇다면 『시크릿』의 저자 론다 번은 물론이고 세계 최고의 토크쇼 진행자 오프라 윈프리, 『행복한 이기주의자』의 웨인 다이어, 『화성에서 온 여자, 금성에서 온 여자』의 존 그레이 같은 쟁쟁한 인물이 자신의 중요한 성공 비결로 손꼽는 '끌어당김의 법칙'이 정말 틀렸다는 말인가? 도대체 나는 무엇을 이해하지 못하기에 그들은 되고 나는 안 되었던 것일까?

그 해답을 '책추남TV' 1만 구독자 시절, 책추남 구독자인 책추님들이 힘을 모아 재출간하게 했던 『1700년 동안 숨겨진 절대 기도 비밀』과 함께 본서 『여기가 끝이 아니다』에서 간신히(?) 찾을 수 있었다. 『1700년 동안 숨겨진 절대 기도의 비밀』에서는 진짜 끌어당김의 비밀에 대한 답으로 "당신의 느낌이 당신의 기도다!"라고 명료히 정리해 주었다. 그리고 본서 『여기가 끝이 아니다』에서는 "어떻게 모든 것을 가질 수 있는지, 어떻게 사고할지, 어떻게 하면 부자가 되고 성공할 수 있는지를 설파하는 수많은 책은 왜 여태까지 우리를 이 지경에서 구해주지 못했는가? 이유는 단순하다. 그 모든 책 하나하나가 삶의 가장 중요한 열쇠를 놓쳤기 때문이다. 바로 이것이다! 우리는 느낌으로 창조한다, 생각이 아니다!"라고 확실히 알려주었다. 끌어당김의 법칙에 관한 다른 책들에서도 감정에 대해 말하고 있었지만, 이 책처럼 명확하게 설명한 책은 정말 드물었던 것이다. 시크릿 중의 시크릿은 다름 아닌 바로 우리가 어린 시절부터 억압하고 억눌러야 했다고 배워 왔던 감정에 있었다니!!!

이 진짜 비밀을 제대로 이해하고 나서야 끌어당김의 작동 원리의 핵심을 이해할 수 있었다. 현대 양자물리학이 밝힌 중요한 우주의 진실은 '첫째, 우주 만물은 에너지이다.', '둘째, 우주 만물은 모두 연결되어 있다.'이다. 이러한 양자물리학의 주요 개념에 비추어 보면, 강력한 에너지로 우리의 무의식에 지대한 영향을 미치는 감정 에너지가 바로 끌어당김의 핵심인 시크릿임을 이해할 수 있다.

하지만 수많은 좋은 책이 출판사 규모나 마케팅 영향력에 따라 알려지지 못하고 사장되는 열악한 출판계의 현실 속에 다른 양서와 마찬가지로 『여기가 끝이 아니다』 또한 절판된 상태였다.

많은 분들의 지원과 사랑으로 재출간된 책인 만큼 독자들에게 더 많이 읽혀서 삶의 진정한 변화와 성장에 큰 도움이 되기를 두 손 모아 기도드린다.

기획자: 책추남TV 조우석 코코치(Co-Coach)

지난 10여 년 동안 '생각의 물리학'을 향해 거창한 영적 여정의 길을 걸어왔다. 약간 무모할 수도 있는 주제이지만, 그 여정의 끝에서 더 깊은 이해를 얻게 된다면 우리 모두 삶에서 더 많은 것을 얻을 수 있으리라 생각했다. 연구를 하면서 박식한 물리학 교수로부터 신비 철학의 깊숙한 곳까지, 평이한 고대 의학과 그 사이의 모든 것을 스스로 전문가라 부를 수 있을 정도로 두루 섭렵했다. 문제는 그만 한 지식을 가지고도 '삶에서 더 많은 것을 얻는 일'은 일어나지 않았다는 것이다. 이 사실이 조금씩 거슬리기 시작했다. 무언가 놓친 것이 있었다. 그렇지만 그 놓친 것이 무엇인지 도대체 알 수 없었다.

이 주제에 관한 방대한 지식을 가진 상태에서, 문맹인데다 과학적이지도 않은 한 무리의 스승으로부터 새롭지만 오래된 가르침을 접했을 때 나의 첫 반응이 무시였다는 것은 어쩌면 당연한 일이다. 나에겐 엄청난 주제를 그들은 지나치게 단순화했기 때문이었다. 그래서 나는 무례한 일이라고 여겼지만 한 친구가 좋은 의도로 녹음된 그 헛소리를 내밀었을 때 마지못해 들어보겠다고 했다.

그런데 나는 변해버렸다! 그 후 그들의 자력과 추진력, 주파수, 감정 사이 관계, 경험에 미치는 영향 등을 가르침받는 제자가 되었다. 스승들은 내가 애타게 찾고 있던, 심지어는 존재하지 않는다고 믿어 왔던 인생에서 존재하는 벽의 마지막 조각을 가장 단순한 형태로 가르쳐 주었다. 별것 아닌 것처럼 "저기요, 죄송한데요. 이걸 찾으시는 것 아닌가요?"라고 하는 식으로 아주 가볍게 말이다.

그들이 준 정보에 깊게 파고들었다. 무려 수백 시간을 들였을 만큼 빠져들었다. 처음 2주간이 지났을 때 놀랐다. 한 달 즈음에는 큰 충격을 받았다. 그리고 석 달 후에는 인생의 전환점을 맞이했다. "바로 이거야! 다른 사람들도 나처럼 변할 수 있게 글로 써서 알려야겠다"라고 결심했다.

"인생에서 더 많은 것을 얻는 일"이라는 주제로 나온 이 책의 발매 부수가 이미 800만 권을 넘어섰을 것이다. 하지만 잘 알려지지 않은 이들 법칙이 정말 신기한 것은 바로 ① 복잡하지 않고 ② 효과가 빠르며 ③ 그 효과가 보장된다는 점이다.

그래서 여기에 평범한 단어와 글로 텍사스주의 힉스 씨 가족에게서 얻은 심오하면서도 단순한 가르침을 다시 정리했다. 나만의 관점과 용어 그리고 과거 몇 년의 경험과 연구를 추가했다. 완성된 이 작품을 부끄럽지 않게 인류가 여태껏 알아 온 삶, 그 삶의 잃어버린 조각으로서 선보인다. 그 말은 나는 이 법칙을 따라왔고, 지금도 따르고 있으며, 앞으로도 계속해서 따를 것이다. 왜냐하면 효과가 있으니까!

린 그라본

1부 생각인가, 느낌인가

1장

어쩌다 우리는 이 지경이 되었는가?

우리가 삶에서 갖게 되는 것은 어떻게 얻어지는가? 왜 어떤 사람들은 다 가진 것같이 보이는데 어떤 다른 사람들은 고생을 할까? 왜 그 녀석은 고속도로에서 내 차를 받았을까? 왜 그 아이는 그 어린 나이에 죽어야 했을까? 왜 그 친구는 승진하고 나는 안 됐을까? 왜 모든 사람이 풍족하고 즐거우며 안정된 삶을 살 수 없는 걸까?

우리는 더 많은 행복을 끊임없이 추구하며 수백만 권의 긍정적 자기계발 서적을 읽는다. 하지만 그런 책에 정말로 풍족하고 즐거운 삶의 비밀이 있다면, 왜 계속해서 새로운 책을 사고 있는가? 물론 이 교묘한 '좋은 삶'이란 열쇠에 가까이 다가간 책은 몇 권 있었지만, 진정한 승자는 없었다. 우리 인생은 그렇게 크게 변하지 않는다. '이 책은 안 맞나 보다'라고 합리화한다. 그리고 '다른 책을 읽어볼까?'로 가다가 '다른 종교?', '다른 종류의 명상?' 아니면 '다른 선생님, 무당, 의사, 아니면 새로운 인간관계?'로 흐른다.

일상의 권태와 고통으로부터 벗어나기 위해 우리는 어떤 곳이든 찾아본다. 그렇지만 절대다수는 여전히 찾고 있다. 왜, 어째서 우리는 그게 무엇이든 간에 좋은 삶을 살기 위한 간단한 비밀을 배우지 못한 것일까? 어째서 우리는 아직도 원하는 것을 가지기 위해 미친개처럼 날뛰고 있는 것인가? 우리의 가장 깊숙한 욕구를 충족시키는 열쇠는 삶 자체만큼 근본적인 것인데도 말이다.

인생에서 맞이하는 일들이 좋고 나쁜 운이나 우연이나 실수, 아니면 두뇌를 열심히 써서 극복하는 것으로 일어난다고 생각한다면, 정신 차려라. 당신이 가진 불만에 이 책은 위협이 될 수 있다.

슬러거 제시

수년 전 끌어당김의 법칙에 관해 들어보기 훨씬 전 일이다. 친구 민디가 어린이 야구 경기를 보러 가자고 졸랐다. 민디의 아들이 외야수로 출전했지만, 그래서 같이 가자고 한 것은 아니었다.

그 주말 경기에 모인 사람들의 규모에 깜짝 놀랐다. 전설적인 야구 선수 베이브 루스가 환생하여 게스트로 나오는 게 아닌가 할 정도였다. 민디에게 대체 무엇이냐고 캐물어 보아도 답을 들을 수 없었다. 포기하고 그냥 경기를 즐기기로 했다.

민디의 아들이 타석에 들어왔다가 삼진 아웃을 당했다. 우리 편은 안타를 두 개 쳤지만 득점 없이 공격이 끝났다. 상대 팀 선수들이 나오자 관중의 뜨거운 열기가 느껴졌다. 몇 명의 어린 타자들이 나왔지만 막강한 우리 팀 투수 덕분에 모두 삼진 아웃을 당했다.

이제 제시가 타석에 섰다. 양쪽 모두 응원을 시작했다. 제시는 작았다. 정말 작았다. 들고 있는 배트가 제시보다 큰 것 같았다. 소탈하지만 자신감 있게 타석에 들어선 제시가 초구를 쳐냈다. 운동장 너머 덤불로 날아가 공을 찾지 못할 정도였다. 나는 엄청 놀랐고 관중도 환호했다. 민디는 나를 보고 윙크했다.

그렇게 믿지 못할 일이 네 번이나 반복되었다. 작은 슬러거 제시는 관심사이자 경이 그 자체였다. 그 당시 느낌의 물리학을 연구하고 있던 나는 이 작은 꼬마가 가진 비밀을 당연히 알고 싶었다. 민디가 예상한 대로 말이다.

시끌벅적한 축하가 끝나갈 무렵 나는 관중 사이를 비집고 제시에게 다가가서 잠깐 이야기를 나눌 수 있느냐고 물었다. 관람석 꼭대기에서 "제시, 어떻게 하는 거야? 어떻게 홈런을 그렇게 많이 칠 수 있니?"라고 물었다.

"모르겠어요." 제시는 같은 팀 친구들에게 손짓으로 인사하며 순진하게 대답했다. "타석에 들어설 때마다 어떻게 칠지 느낌이 와요. 그리고 그대로 해요."

그때는 몰랐지만 제시가 이야기한 것은 끌어당김의 법칙이라고 알려진 느낌의 역학에서 가장 기초적인 원리였다.

오늘날 제시는 사랑스러운 아내와 두 아이와 함께, 세계 여행을 하며 모은 수집품으로 가득한 집에서 멋지게 산다. 제시는 집에서 컴퓨터로 자산 관리를 하며 엄청난 양의 돈을 번다. 시간에 구애받지 않고 누구의 간섭 없이 일하기를 원했기 때문에 야구 선수의 길을 포기했다. 제시가 어떻게 그렇게 성공했느냐고? 야구공을 치는 그대로 했을 뿐이다. 느낌이다. 생각뿐만 아니라 느낌!

'인간적 한계' 좋아하시네!

우리는 모두 엄청 똑똑한데도 우리 삶은 이다지도 힘들다는 것이 정말 이상하지 않은가? 양자를 쪼개고, 달로 날아갈 줄 아는 지능적인 종임에도 불구하고 우리는 여전히 서로를 터뜨려 죽이고, 심장마비를 겪으며, 굶주림에 아사하고 있다. 도대체 말이 되지 않는다. 어쩌다 우리는 이 지경이 되었나, 아니면 흔히 말하는 인간적인 한계일 뿐인가?

이 모든 것은 영겁의 시간 전, 권력을 추구한 사람들이 최초로 진실되지 않은 주장을 하면서 시작되었다. 인생은 다른 사람들에게 지배받는 것을 포함하여, 우리가 마음대로 하지 못할 상황에 따라 그 결과로 귀결된다고 주장했다. 그때부터 모든 사람이 이 말을 믿었기 때문에 오늘날까지 우리도 그렇게 생각한다.

그래서 우리 부모와 부모의 부모, 또 그의 부모까지, 수천수만 년 동안 우리는 삶의 불필요한 요구들 때문에 고통받고 걱정하며 죽었다. 이것이 인간의 한계라고, 현실이라는 불행과 고통의 일부라고 믿었다.

그렇지만 인간의 한계란 신화이다. 같은 의미에서 우리가 현실이라고 부르는 것도 마찬가지이다. 사실 우리에게는 일상의 자연스러운 상태에서 '인생'이라고 부르는 것을 원하는 어떤 방향으로든 마음대로 이끌어 나갈 신성한 능력이 있다. 마음대로! 화목한 가족부터 회복된 오존층까지. 예외 없이.

그렇다면 어떻게 모든 것을 가질 수 있는지, 어떻게 사고할지, 어떻게 하면 부자가 되고 성공할 수 있는지에 관해 설파하는 수많은 책은 왜 여태까지 우리를 이 지경에서 구해주지 못했는가? 이유는 단순하다. 그 모든 책 하나하나가 삶의 가장 중요한 열쇠를 놓쳤기 때문이다. 바로 이것이다!

우리는 느낌으로 창조한다, 생각이 아니다!

맞다. 우리가 무엇을 얻는지는 억지로 애를 쓰거나 마음을 통제함으로써가 아니라, 어떻게 느끼는지에 달려 있다. 교통사고, 승진, 멋지거나 그저 그런 연인, 가득 차거나 텅 빈 은행계좌 잔액은 가장 기본적인 역학 법칙에 따라 우리에게 온다. 같은 것끼리 서로 끌어당긴다.

그리고 우리 중 많은 사람이 일생 동안 얻은 것 중 대부분을 크게 좋아해 본 적이 없기 때문에 그다지 원치 않는 상황을 이끌어내는 데는 훌륭한 재능을 가지게 되었다.

새 차를 원하는가? 가져 보라! 사업에 성공하고 싶은가? 성공하라! 계약을 성사시키고 싶은가? 돈을 더 벌고 싶은가? 좋은 관계를 맺고 싶은가? 두려움 없는 삶을 살고 싶은가? 영적으로 풍족한 삶을 원하는가? 건강과 자유, 자립을 원하는가? 느낌으로 이를 현실로 만드는 방법을 안다면, 누구나 가질 수 있다.

같은 것끼리 서로를 끌어당긴다는 '끌어당김의 법칙'은 절대적이다. 이는 개인의 성격과 아무런 상관이 없다. 전 우주에 적용되는 이 법칙에서 아무도 벗어날 수 없다. 그저 이 법칙이 우리에게도 적용된다는 것을 최근까지 깨닫지 못했을 뿐이다. 모든 성공과 실패 뒤에는 이 법칙이 존재한다. 가벼운 접촉 사고가 될지 인명 피해가 나는 큰 사고가 될지를 이 법칙이 결정한다. 끌어당김의 법칙이 우리 삶의 모든 순간을 지배한다.

인생을 확 바꾸고 싶다고? 풍족과 건강, 안전 그리고 행복을 원한다고? 우리의 느낌을 조절할 수 있게 해주는 간단한 몇 가지만 배우면 된다. 그러면 세상의 모든 것이 당신에게 열릴 것이다.

인생을 거꾸로 배웠다

우리가 삶에서 갖게 되는 것이 어떻게 얻어지는 것인지 아는 사람은 거의 없다. 먼저, 우리가 원하지만 절대 갖지 못하는 것 혹은 가지리라고 기대조차 못하는 것이 아주 많다. 거기에 우리가 원치 않는 일들은 가슴 아프게도 점점 자주 생긴다. 이렇게 늘 꿈이 이뤄지지 않는 것은 그 누구의 책임도 아니다. 우리 모두 인생을 거꾸로 배웠기 때문이다.

우리가 배운 것 중 가장 위험한 것은 인생은 '운'이라는 믿음일 것이다. 인생이 운명이라는 거대한 그릇에 담긴 채 우리 앞에 놓였으며, 낳아 준 부모부터 자라난 환경까지, 우리는 그저 주어진 대로 살아간다는 것이다. 운이 좋아서 부자로 태어나는 것이고, 반대로 가난하게 태어난다면 평생 고생하고 사는 게 당연한 운명이라고 배웠다. 삶의 행복을 찾았다면 행운의 여신에게 감사할 일이고, 길을 가다가 음주 운전자에게 사고를 당했다면 재수가 없는 것이다.

노력하고 애를 써야 얻을 수 있다고, 행동하는 것이 마법의 주문이라고 배웠다. 하라. 하고 또 하라. 일하고 또 일하라. 노력하고, 땀 흘리고, 고생하라. 그러다 운이 좋으면 남들을 조금 앞지를 수도 있다. 어른들은 우리에게 늘 조심하고 주의하라고 가르쳤다. "나무에 올라가지 마라. 떨어져서 다칠 수 있어.", "그 이상한 옷은 입지 마라. 사람들이 웃는다.", "문 꼭 잠가라. 도둑 들어온다." 우리 모두 방어적인 사람이 되었고 조심하고 주의하라는 두려움의 가르침에 따라 인생을 살게 되었다. 가드를 내릴 생각은 하지도 말라!

무엇보다 가장 큰 걸림돌은 걸음마 하던 시절부터 배운, 무엇이 잘못되었는지 찾으라는 가르침에 있다. 일에서, 자동차에서, 인간관계에서, 옷에서, 신체에서, 건강에서, 고속도로에서, 지구에서, 믿음에서, 오락거리에서, 아이들에게서, 정부에서 그리고 친구까지. 그럼에도 불구하고 이 세상에는 무엇이 맞고 무엇이 잘못된 것인지에 대해 통일된 의견도 없다. 그래서 우리는 전쟁을 하고, 서로 충돌하며, 시위하고, 법을 만들고 정신과 의사를 보러 간다.

"인생이 그런 거지.", "좋은 게 있으면 나쁜 것도 있고, 오르막이 있으면 내리막도 있지. 항상 준비하고, 열심히 일하고, 옳은 일을 하고, 조심하면서 행운이 오기를 바라는 거야. 그게 인생을 사는 법이야."

아니다. 절대 아니다! 진짜 인생은 그렇게 사는 것이 아니다. 우리가 세상에서 만들어 내는 것들, 현실이라는 이름 아래의 모든 것들…. 텅 빈 혹은 가득 찬 은행계좌, 멋진 혹은 지루한 일, 행운 아니면 불운을 실제로 어떻게 만드는지를 제대로 마주할 때다.

어떻게? 웃지 말라. 이 모든 것은 우리가 어떻게 진동하느냐에 달려 있다!

우리는 진동하고 있다

이 세상의 모든 것은 에너지로 만들어졌다. 당신과 나, 돌덩이, 탁자, 풀잎. 에너지는 실제로 파동이기 때문에 존재하는 모든 것이 진동하고 있음을 의미한다. 당신과 나를 포함한 모든 것이 말이다.

현대 물리학자들은 에너지와 물질이 동일하다는 것에 동의한다. 당신이 볼 수 있든 없든 모든 것은 에너지이고, 그 때문에 모든 것은 진동한다고 말할 수 있다. 순수하고 끊임없이 고동치며 흘러가는 에너지이다.

모두 다 같은 하나의 에너지이지만 각기 다르게 진동한다. 악기에서 흘러나오는 소리처럼 어떤 에너지는 높은 주파수로 높은 음처럼 빠르게 진동하고, 어떤 에너지는 낮은 음처럼 낮은 주파수로 낮게 진동한다. 그렇지만 악기의 소리와 다르게 우리에게서 나오는 에너지는 강렬한 감정으로부터 만들어져 강력한 전자기장의 파형 에너지를 형성한다. 이는 우리를 매우 강력하지만 불안전한, 걸어 다니는 자석으로 만든다.

이게 무슨 상관이냐고? 당신이 왜 평생 고생하고 사는지 알고 싶다면, 상관이 있다. 삶을 원하는 대로 바꾸고 싶다면, 당신은 이 사실에 아주 상관할 필요가 있다. 왜냐하면 당신이 매분 매초 내보내는 전자기장의 진동이 당신이 삶에서 얻은 모든 것을 가져온 당사자이기 때문이다. 크든 작든, 좋든 나쁘든 예외 없이 인생의 모든 것을 말이다.

계약 실패의 연속

중부 캘리포니아는 부동산중개업자의 천국이다. 목장, 포도농장, 리조트, 주거지역, 개발 신도시 등 판매자와 구매자 모두에게 좋은 계약을 따낼 노하우와 인내심이 있다면, 어마어마한 양의 수수료로 큰돈을 만질 수 있다.

나와 또래인 지인 톰은 40대 중반의 부동산중개인으로 이곳의 상업 지역 세일즈계의 유명 인사였다.

그 당시 나는 로스앤젤레스에 있던 사업을 정리하고 중부 해안지대로 막 이사했고, 톰을 만날 때까지 그다음에 무엇을 할지 아무런 계획이 없던 상태였다. 나는 부동산중개면허를 딴 지 몇 달 만에 톰의 유명한 중개 사무소에서 인턴 생활을 시작했다. 내 실적이 좋으면 서로에게 이익이기 때문에 톰은 나에게 신경을 써서 잘 가르쳐 주었다. 포도 수확량이나 토질 검사 결과, 구역별 목축 생산량 같은 정보를 비교하며 오랜 시간을 함께했다. 목축에 가장 가까운 경험은 마트에서 산 우유나 소고기 정도였고, 한때 애주가였지만 와인에 관해서는 아는 게 별로 없었음을 생각해 볼 때 새롭게 배우는 정보가 내겐 아주 신기했다.

톰은 몇 달 동안 함께 일하며 내가 경험을 충분히 쌓도록 해 주었다. 부동산업계라는 새로운 세상을 배우면서, 중부 캘리포니아 땅을 해외 구매자에게 소개하려는 계획을 세웠다. 인턴 생활의 첫 단계가 끝나갈 즈음에는 웨스턴랜즈(Western Lands USA)라는 이름의 특수 부동산중개사무소를 세우고 흠잡을 데 없는 마케팅 콘셉트도 개발했다. 여태까지 왜 아무도 이 생각을 하지 못했을까 궁금할 정도였다.

그것이 바로 나의 첫 실수였다. 내 계획은 너무 간단하면서도 완벽하고 당장 큰 실적을 올릴 기세였다. 그런데 뭔가 이상하다는 생각이 들었다. 지나치게 완벽했다. 모든 일이 너무나도 빠르게 일어나는 것 같았다. 누군가가 가로챌 거라는 생각이 들었다. 너무나 좋은 계획인 나머지 겁이 날 정도였다.

그리고 대망의 디데이가 왔다. 캘리포니아 빅서(Big Sur)의 해안이 내려다보이는 큰 목장을 소개하는 중이었다. 가격이 수백만 달러를 호가했을 뿐만 아니라 수수료가 평생 일하며 번 돈을 모은 것보다 더 컸다. 몇 주 안으로 구매자와 판매자 모두 가격에 동의했다. 계약을 따낸 것이다. 나는 바로 패닉 모드로 들어갔다.

　톰을 비롯해 다른 모든 사람이 기뻐했다. 나는 겁이 났다. 계약이 완성되는 클로징이 다가올수록 점점 더 패닉이 왔다. 현실이라기엔 너무나도 쉬웠고 좋았으며 놀라웠다. 뱃속이 부글부글 끓기 시작했다.

　톰은 이렇게 깔끔하고 간단한 계약을 본 적이 없다며 자랑스럽다고 격려하며 내 걱정을 잠재우려 했다. 하지만 난 겁에 질려 있었다. 너무 비현실적인 일이라 절대 일어나지 않을 일이라고 생각했다. 그리고 실제로 그 일은 일어나지 않았다! 클로징 당일에 구매자는 계약을 취소할 조항을 찾아냈다. 내 최악의 걱정이 현실이 된 것이다.

　이런 일이 두 번이나 더 있고 나서야 나는 톰에게 이런 큰 계약이 성사 직전에 취소될 때의 압박감과 스트레스를 이제는 버틸 수 없다고 토로했다. 톰은 이렇게 말했다.

　"이보게, 자네의 지나친 걱정이 일을 그르친 셈이야. 그 별 것 아니 건수를 클로징하는 느낌을 느껴야 해. 사람들이랑 악수하고 축하하는 그 느낌을 말이야. 성공할 거란 걸 알아야 해. 아니면 절대 안 돼. 날 믿으라고. 성공할 거라는 느낌이 없으면, 성공 못 해."

　톰이 무슨 이야기를 하는지 도통 이해할 수 없었다. 첫 계약이 깨지고 긍정적 사고와 부자 되기에 관한 베스트셀러를 섭렵한 나였지만, 계약 두 건이 연달아 클로징 며칠, 몇 시간 전에 취소되니 이 길은 나에게는 환상일 뿐이라는 생각이 들었다. 그래서 나는 부담이 훨씬 적은 부동산 담보 대출 전문 회사를 열기로 했다.

몇 년이 흐르고 끌어당김의 법칙을 알고 나서야 그때 톰이 한 이야기의 의미를 알게 되었다. 의식적으로 알고 한 것은 아니었지만, 톰은 이미 에너지를 자신에게 유리하게 쓸 줄 알았던 것이다. 톰은 본능적으로 계약을 성사시키는 것은 거창한 생각이나 긍정적 사고에 달린 것이 아니라는 걸 알았다. 제시처럼 톰은 자신이 원하는 것을 느낌으로써 현실화하는 법을 알았던 것이다.

소리굽쇠와 끌어당김의 법칙

1930년대 동양에서는 몇 사람이 생각은 실제로 존재하는 현상이며 생각에 따라 다른 파동을 만들어 낸다는 것을 입증하려고 했다. 그들은 생각의 파동을 사진으로 찍기로 했다. 강철판을 사용해 성공한 후 이 실험은 계속 반복됐다.

그들이 증명한 또 다른 하나가 있는데, 이것이야말로 정말 중요하다. 생각 중인 사람이 강렬한 감정을 가지고 있는 상태일 때 사진이 더 선명하게 나타났다. 이 실험을 한 사람들은 처음으로 우리의 생각과 자기 에너지가 관련되어 있고, 우리의 생각은 감정에 따라 발산된다는 것을 증명한 것이다. 다만 그들이 놓친 것은 우리가 보내는 진동파(감정)는 자기로 가득 차 있어서 우리는 걸어 다니는 자석이나 마찬가지이며, 그 때문에 세상에서 동일한 주파수나 파장을 가진 것들을 끊임없이 끌어당기고 있다는 점이다.

예를 들면 우리가 기분이 좋을 때, 즐거움이나 감사로 가득 차 있을 때 우리의 감정은 긍정적인 것들만 끌어모으는 고주파의 진동을 발생시킨다. 동일한 고주파를 띠는 것은 그 어떤 것이든 따라온다는 것이다. 비슷한 것은 서로를 이끈다.

반면에 공포나 염려, 죄책감 혹은 가벼운 걱정이라도 즐거움이 아닌 감정을 느끼고 있다면, 이는 저주파의 진동을 만든다. 저주파도 고주파와 똑같이 자기 에너지를 지녔기 때문에 좋지 않은 것들만 끌어당긴다. 우리가 보내는 저주파가 끌어당긴 것은 다시 우리의 기분을 더 엉망으로 만든다. 부정적 에너지가 나가면 부정적 에너지가 돌아온다. 파장은 언제나 일치한다.

고주파의 기쁨이든 저주파의 염려이든 우리가 매 순간 진동을 통해 내보내는 것을 동시에 끌어당긴다. 우리가 자석이다. 진동의 시작이자 원인이다. 마음에 들든지 그렇지 않든지 우리가 만들어 냈다. 우리는 살과 피로 이루어졌지만 가장 근본적으로 에너지, 바로 자기 에너지를 지녔다. 즉, 우리는 살아 숨 쉬는 자석이란 뜻이다. 근사하지 않은가? 잘나가는 중견 기업의 회장이든, 자녀를 둔 어머니이거나 남편을 가진 아내이든, 수석 졸업생이든 항공사 정비공이든, 당신의 실체는 걸어 다니는 자석이다! 정말 놀랍지 않은가?

정신 나간 소리로 들릴지 모르겠지만, 우리는 고등 사고력으로 이리저리 돌아다니며 세상에서 원하는 것은 무엇이든지 생각에서 오는 느낌으로 현실에서 자력을 통해 끌어올 수 있는 전자기적인 존재라는 사실을 깨달아야 할 때다.

그렇지만 이 세상은 80억 명이 느끼는 스트레스와 공포로 발생한 저주파 에너지로 가득 차 있기 때문에 우리는 비록 원치 않지만 그 진동을 받아들이고 반응하고 만다. 의식적으로 주변에 팽배해 있는 저주파를 무시하는 법을 배우지 않는 이상 우리는 매일 불쾌한 결과물을 재활용하며 살 것이란 이야기이다. 바닷물에서 수영하는 경우처럼, 잔여물을 깨끗하게 씻어내지 않으면 곧 온몸이 끈적끈적해질 것이다.

이를 피할 방법은 없다. 우리가 느끼는 것을 끌어당긴다. 그리고 그 느낌은 보통 우리의 생각으로부터 발생해서 즉각적인 전자기적 연결 반응을 이끌어 낸다. 이 반응으로 일들이 일어나거나 성사되고, 틀어지거나 좌절된다. 규모가 큰 수수료처럼 말이다.

다시 한 번 강조한다. 우리의 느낌은 전자기 파장을 띤다. 나간 주파수는 똑같은 주파수를 끌어들인다. 좋은 일이든 나쁜 일이든 상관없이 주파수가 맞으면 끌어온다.

행복감의 높은 진동은 행복감의 높은 진동 상황을 이끌어 낸다. 그저 그런 낮은 진동은 그저 그런 낮은 진동의 상황을 이끌어 낸다. 그리고 우리에게 돌아온 진동은 우리가 내보낸 진동(느낌)과 똑같이 높거나 낮은 감정을 자아낸다.

소리굽쇠와 동일한 원리이다. 다양한 종류의 소리굽쇠로 가득 찬 방에서 소리굽쇠 하나를 두드리면, 그 소리굽쇠와 동일한 주파수로 맞춰진 다른 소리굽쇠도 소리를 낸다. 같은 것은 서로를 끌어들인다. 전형적인 역학의 법칙이다.

하지만 음조의 주파수가 절대 변하지 않는 소리굽쇠와 다르게 우리 인간이 가진 감정은 계속해서 바뀌고 이는 우리의 주파수와 자기의 세기를 쉴 새 없이 조절한다. 하늘에 뜬 연처럼 높고 태양처럼 강렬하다가도 돌아서면 소파에 깔린 종잇장처럼 에너지 수준이 주저앉는다. 우리를 이렇게 왔다 갔다 하게 만드는 상황은 우리가 가지고 있는 느낌의 종류와 강도에 달려 있다. 적당하게 붕 뜬 행복감부터 하늘 꼭대기로 올라간 느낌 혹은 그저 그런 느낌부터 저 땅 아래로 꺼진 느낌까지.

그래서 우리는 잘 조절된 하나의 안정적인 소리굽쇠가 아니라, 각각 다른 음조와 주파수를 가진 여러 개의 소리굽쇠가 덩어리로 붙어 있는 것과 같다. 정신없이 오르락내리락하는 감정에 맞추어 소란스러운 소리를 내고 있다. 높은 소리를 내다가도 돌아서서 낮은 소리를 내기 때문에 한 주파수가 다음 주파수에 따라 사라지고, 실제 인생에서 바뀌는 건 별로 없다. 최소한 빠르게 바뀌는 건 없게 된다.

다만 우리는 소리굽쇠가 아니다. 초점 없는 감정의 에너지(진동)를 뒤죽박죽으로 섞어 내보낸 결과 돌아오는 작은 음조는 도통 상쾌할 리가 없다. 엉망진창으로 불확실하고 무계획한 일들과 상황으로 돌아온다.

말할 필요도 없이 이 무분별한 에너지의 흐름으로 매일의 일상을 통해 모든 경험과 사람, 경쟁, 우연, 만남, 사건과 사고, 모험과 에피소드를 그 당시의 진동, 즉 감정에 따라 현실로 끌어들임으로써 우리는 최악의 경우 대혼란을, 최선의 경우라도 그저 그런 하류 등급의 인생을 창조한다.

요금고지서, 요금고지서

썩 달갑지 않은 예를 들어보겠다. 각종 요금을 납부하라는 고지서이다. 경제 상황이 매우 좋은 정도가 아니라면, 보통 각종 요금을 납부할 때가 오면 어떤 기분인가? 즐겁고 기쁜가? 행복한가? 아닐 것이다. 아마 걱정이 되거나 염려가 되고, 영 별로일 것이다. 다들 그렇다!

다행히 여기 반전이 있다. 이 모든 것이 바로 우리가 지불해야 할 돈 앞에서 오는 불편한 체념의 느낌 때문이다! 왜냐하면 우리의 느낌이 바로 진동이고, 우리가 진동하는 것이 우리가 끌어당기는 것이기 때문이다. 우주의 법칙이다.

끌어당김의 법칙에 관해 서로 나누고 이야기하기 위해서 나는 토니와 그의 아내 진저를 자주 만났다. 머리를 쥐어뜯으며 서로의 기록을 공유할 수 있는 사람들이 근처에 산다는 것이 행운이었다.

어느 날 우리 집에서 저녁 식사를 막 끝낸 참에 이 가르침을 알기 전의 삶이 어땠는지 이야기를 나누게 되었다. 가볍고 재미있는 이야기들이었다. 토니가 돈이 없던 시절 각종 요금을 납부하는 일이 얼마나 끔찍했는지 이야기하기 전까지 말이다. 토니, 진저와 함께하면 언제나 즐거웠지만, 이 대화로부터 점점 불편한 느낌이 느껴지기 시작했다. 나도 최근까지 경제적으로 어려운 상황에 처했었기 때문이었다. 대화의 주제를 바꾸고 싶었지만 그럴 수 없었다.

토니는 항상 괜찮은 소득을 올리는 편이었다. 자녀들을 모두 키우고 독립시킨 후 그 부부는 토니가 벌어들이는 소득으로 편안하게 살고 있었다. 그렇지만 일을 다시 시작하고 싶었던 진저는 수년 전 그만두었던 부동산중개 일을 재개했다. 끌어당김의 법칙을 알기 훨씬 전의 일이지만,

진저의 일은 어쨌든 꽤 잘됐다고 한다. "그런데 대체 왜 항상 돈이 모자랐을까요?" 토니가 말했다.

"진저가 계약을 따낼 때마다 조금 오버해서 돈을 쓴 게 아닐까요?" 돈 없는 이야기가 얼마나 불편한지를 아는 내가 이를 조금 누그러뜨리기 위해 입을 열었다.

"물론 그랬겠지요?" 토니가 웃었다.

"문제가 얼마나 큰지 깨닫기 전까지 쭉 그렇게 지냈어요. 집은 이미 재대출 상태였고요. 예금을 많이 해둔 것도 아니라서 비상 자금도 없었지요. 새로운 소득이 막 들어오는데도 그 전보다 상황이 안 좋았지요. 지불 못할 요금이 점점 많아졌어요. 진저가 괜찮은 계약을 성사시키면 그럭저럭 괜찮았고, 아무것도 없으면 아주 크게 힘들었지요. 회복하는 데 몇 달은 걸렸으니까요."

"아, 그 느낌 아주 잘 알죠. 이게 다 옛날 이야기라는 게 정말 다행 아닌가요?" 대화의 방향을 틀기 위해 다시 덧붙였다. 그렇지만 진저는 이야기를 계속 이어 나갔다.

"정말이지 매달 점점 안 좋아졌어요. 그놈의 요금고지서가 오면 미룰 수 있을 때까지 최대한 미루다가 마지막에는 피부에 트러블이 나거나 편두통에 시달릴 정도였으니까요. 고지서 뭉치를 책상 위에 꺼내 놓고 하루 이틀 쳐다만 봤다니까요. 배 속 깊이 꺼지는 기분 있죠? 내야 할 돈이랑 통장에 든 돈이 차이가 나는 걸 아니까요. 그 뭉치를 뒤지면서 좀 덜 내도 되는 게 있나 찾았어요. 정말 끔찍했어요. 린도 어떤 느낌인지 알죠? 경험이 있으니까요."

"셀 수도 없지요." 나도 상념에 젖어 이야기했다.

"이 모든 게 바뀌어서 정말 다행입니다."

토니가 한숨을 내쉬며 진저를 애정 어린 눈빛으로 바라보았다. "그대로 일 년만 더 갔다면 생명보험을 깨야 했을 거예요." 토니가 식탁 너머로 진저의 손을 잡고 진저의 눈이 행복한 눈물로 차오르는 것을 보면서 나의 마음도 따뜻해졌다. 몇 년 전 경제적으로 궁지에 몰렸지만, 이를 딛고 올라서서 이제 풍족함과 행복을 즐기고 있었다. 에너지를 통제하는 법을 배운 것이다. 둘 사이에 만족감이 진동하는 것을 보았다. 토니와 진저도, 나도 얼마나 긴 길을 걸어왔는지….

토니와 진저, 나 모두 몇 년에 걸쳐 다양한 수준의 경제적인 혼란을 경험했다. 요금고지서를 받을 때마다 필요한 만큼의 돈이 없다는 것을 확인하면서 매달 점점 더 허덕이게 되었다. 얼마나 부족한지에 집중할 때마다 점점 더 부정적인 에너지가 늘어났고 더 적은 소득을 벌고 더 많은 빚을 끌어당기게 되었다.

가지지 못한 데 느낌을 집중할수록 같은 종류의 것을 우리의 현실로 끌어당기고 있었고, 이는 지난달보다 더 큰 문제와 더 골치 아픈 상황을 만들어 냈다.

부메랑을 던지면 돌아서 제자리로 돌아오는 혹은 한눈파는 사이에 뒤통수로 날아들든지 하는 것과 비슷한 과정이다. 우리가 진동을 통해 내보내는 것이 돌아온다. 다시 말해 낮은 진동을 느끼기를, 내보내기를 멈추지 않으면 계속해서 바닥을 치는 상황을 마주하게 될 것이다.

느낌으로 집중하는 것을 얻게 된다! 당신이 진정으로 원하고 즐기는 것에 집중한다면? 그것이 당신에게 주어질 것이다. 염려와 걱정, 고민과 같이 진정으로 원치 않는 것에 집중한다면? 그것도 당신에게 주어질 것이다.

우주는 당신이 무엇을 원하든지 말든지 신경 쓰지 않는다. 우리가 끌어당김의 법칙이라고 부르는 역학 법칙에 따라 움직일 뿐이다. 우리가 자기를 띤 느낌을 보내면, 우주는 이에 맞추어 대답한다. 우리가 한 결심이나 다짐에는 관심이 없다. 우리의 느낌으로부터 오는 진동에 반응할 뿐이다.

느낌이 어떻게 시작되었는지 상관이 있는가? 그렇지 않다. 느낌은 생각이나 외부의 사건, 아니면 전반적인 기분의 상태를 바탕으로 만들어진다. 무엇이 그 느낌을 만들어 냈는지와 관계없이 우리가 가진 매 순간, 매일, 매년 느낌의 흐름이 인생을 채우는 각종 사건을 발생시킨다.

집중하라

우리 한번 솔직해져 보자. 해고당하든지, 지하철을 놓치든지, 자동차 키를 잃어버리든지 신경 쓰지 않고 마냥 행복해하는 바보가 되라는 이야기를 하는 것이 아니다.

그렇지만 사실은 사실이다. 우리가 내보낸 것을 얻고, 우리가 집중하고 있는 것을 내보내기 때문에, 우리가 무엇을 생각하고 있는지, 그 생각이 어떤 느낌을 만들어 내는지에 약간은 신경을 써도 나쁘지 않을 것이다.

원하는 것에 집중하라. 거부하지 않는 한 그 이상 주어질 것이다. 원치 않는 것에 집중한다고? 그것도 주어질 것이다. 보통 처음 시작한 것보다 조금 더 묵직해져서 당신을 강타할 것이다.

요금고지서 이야기로 돌아가 보자. 요금고지서를 받고 얼마나 싫은지에 대해 이런저런 생각을 했다고 가정하자. 이 생각 하나하나가 당신의 머릿속에 나타난 시점부터 독특한 진동을 파생시키며 동일한 진동을 가진 다른 비슷한 생각들을 찾아낸다. 비슷한 감정의 세기를 가진 생각이 모이면, 서로 함께 진동하며 더 강력하고 빠른 주파수를 만들어 낸다.
처음에는 고지서가 별로 중요하지 않고 하나의 작은 생각을 줄 뿐인데, 이 고지서 생각을 할 때마다 전에도 했던 생각이 합쳐져서 점점 더 크고 강력한 걱정을 하게 된다. 그뿐만 아니다.

부정적인 생각을 할 때마다 당신의 머릿속에서 점점 더 크고 강력한 우울의 사고가 자라나는 것뿐만 아니라, 근처 다른 사람에게서 동일한 주파수로 모든 우울한 생각 덩어리를 끌어들인다. 나는 이것을 쓰레기 폭탄이라고 부른다. 당신이 의식적으로 감정을 바꾸지 않는 한 서로 맞는 주파수의 공포와 불안감이 하나가 되어 당신에게로 돌아간다. 얼마 지나지 않아 당신은 다른 사람에게서 끌어당긴 온갖 종류의 불쾌함으로 가득 찬 쓰레기 폭탄에 잠식되고 지배될 것이다. 여전히 똑같은 진동을 내보내고 있다면 말이다.
그러면 이제 상황은 더 엉망이 된다. 처음보다도 더 늘어난 요금과 그 요금고지서들, 거기에 애초에 문제가 되었던 돈 문제와 별개로 불화가 생기는 일이 잦아질 것이다. 돈은 없는데 자동차가 고장이 났다. 세탁기가 작동을 멈추었다. 자녀가 이웃집의 창문을 깼다. 키우는 개가 지나가는 행인을 물었다. 집안 가득 사람들을 초대해서 같이 월드컵 경기를 보는데, 갑자기 텔레비전이 고장 나 버렸다.

당신이 가진 '끌어당기는 자석'은 감정적으로 강력한 부정적인 진동에 강력하게 반응해 그 진동을 바꿀 때까지 점점 더 많은 쓰레기를 끌어올 것이다. 진동을 바꾸고 나면, 부메랑은 돌아오지 않는다. 당신 말고 다른 사람이 그 부메랑에 맞을 것이다. 그 사람에게는 미안하지만, 최소한 당신에게 돌아오지는 않는다. 일단은 말이다.

좀 더 긍정적인 예를 들어볼까 한다. 새로운 자동차는 어떤가. 원하는 자동차에 집중하고 또 집중하면 가지게 될 것이다. 그렇지만 왜 아직도 그 자동차를 못 가졌는지, 아니면 비싼 유지비를 감당할 수 없다는 생각을 하고 있다면, 그대로 얻게 된다. 바로 가지지 못하는 자동차로 말이다.

"그게 바로 이것이 말도 안 된다는 증거네요. 몇 년 동안 돈을 더 갖고 싶었는데, 아직도 없다고요"라고 말할 수도 있다.

바로 그렇다! 먼저 돈을 원한다고 했지만, 바로 돈이 없음에 집중했다. 우리 중 99.9퍼센트도 똑같다.

집중한 것을 얻는다. 원하는 것을 가지지 못했다는 사실에 집중하면, 점점 더 가지지 못하게 될 것이다. 왜냐하면 우리가 동일한 주파수의 진동을 통해 끌어당기기 때문이다. 순수하고 간단한 끌어당김의 법칙이다.

변화를 위한 네 단계

다시 이야기하지만, 어떤 대상을 미약하게라도 느낌을 가지고 생각하게 되면, 실제 삶에서 그것은 점점 커지고 강력해진다. 그것이 우리가 원하는 것 자체인지, 아니면 원하지만 가지지 못한다는 사실인지 관계없이 말이다.

"건강을 원해." 항상 건강한 상태를 떠올리고 느낀다면 건강하게 될 것이다.

"아프고 싶지 않아." 아픈 상태를 자주 느끼고 생각한다면 건강을 잃게 될 것이다. 아픔에 집중하기 때문이다.

새 집을 원하며 그 집에 사는 자신의 모습을 자주 느껴본다면, 그 집을 얻게 된다. 그렇지만 "지금 사는 집에서 나가고 싶어"라는 생각을 하면, 한동안 그곳에 머물게 될 것이다.

원하는 것이든 원치 않는 것이든 무언가를 충분히 오래 생각하고 느낀다면 맘에 들거나 들지 않거나 그것이 현실이 된다.

우리가 살면서 얻는 것은 실제적 행동에 따라 생기지 않는다. 우리가 얼마나 가치 있고 좋은 사람인지와도 상관없고, 존재하지도 않는 그 운명이란 것에 달려 있지도 않다. 오로지 우리가 어떻게 진동하고 있느냐에 달려 있다! 즉, 어떻게 느끼고 있느냐는 것이다. 느낌이 곧 끌어당김이다.

이것이 바로 우리 부모들도 미처 알지 못했기에 가르쳐주지 못한 메시지이다. 각종 자기계발서와 수많은 강사가 강연으로 전하기를 원했지만 미처 완성하지 못한 메시지이다.

여기에 당신이 삶에서 원하는 것 그 이상을 의식적으로 창조해 낼 수 있게 보장하는 네 단계가 있다. 모든 것을 창조해 낸 가장 근본적인 우주의 법칙에 따른 것이기에 보장할 수 있다. 당신이 원한다면 가질 수 있다.

1단계: 원하지 않는 것이 무엇인지 확인한다.
2단계: 원하지 않는 것을 바탕으로 당신이 원하는 것이 무엇인지 확인한다.
3단계: 원하는 것의 느낌에 집중한다.
4단계: 원하는 것이 현실이 될 거라고 기대하고 귀를 기울이고 받아들인다.

이게 전부이다. 새로운 여정을 시작하면서, 인생의 모든 부분이 마법처럼 바뀌는 것을 느끼게 될 것이다. 항상 마음 한구석을 차지하던 걱정, 염려, 의심과 두려움은 몇 주에 한 번 떠올릴까 말까 한 드문 일이 될 것이다. 원하는 것이 현실에서 나타나는 것을 매일 보고 경험할 것이다.

건강이 회복된다. 은행계좌 잔액이 늘어난다. 인간관계가 풀린다. 계약이 성사된다. 승진한다. 매일이 기쁨이 된다. 현실이 된다. 나의 삶이란 배의 키를 조종하던 것은 오직 한 사람, 당신이었다는 것을 깨닫게 될 것이다.

이제는 피해자가 아니다

끌어당김의 법칙을 따라 사는 모험을 시작하면 이내 충격적인 사실을 이해하게 될 것이다. 바로 피해자는 없다는 것, 피해 의식에 사로잡혀 사는 삶은 낮은 진동으로 가득 차 있고, 그 때문에 계속해서 불만을 느낄 수밖에 없다는 것을 말이다.

물론 세상 사람들은 여전히 자신들의 느낌 외의 것에서 이유를 찾을 것이다. 다른 사람들에게 책임을 전가하고 상황을 핑계 삼을 것이다. 자신의 느낌이 아니라 도로 위의 음주 운전자와 무능력한 상사, 경제, 아니면 신 때문이다.

우리는 운명이나 우연, 다른 외부적인 조건에 따라 산다고 배웠고 또 그렇게 믿어 왔다. 이 세상 사람 대부분이 이렇게 믿고 살아간다. 하지만 끌어당김의 법칙이 작용하는 것을 보게 되면 이 세상에 피해자라는 것은 없다는 것, 과거에도 없었고 미래에도 없을 것이라는 사실을 이해하게 된다. 행운이나 불운, 우연은 없다. 운명이나 숙명, 세상의 섭리도 존재하지 않는다. 하늘 위에서 당신이 하는 일을 하나하나 살피는 심판자는 존재하지 않는다. 전생의 업보나 속죄 같은 것도 없다. 이는 다 피해 의식의 산물이다. 우리 중에 피해자란 없다. 생각과 느낌의 창조자, 꿀벌이 꿀을 찾듯이 일치하는 진동을 끌어당기는 강력한 자석만 존재할 뿐이다.

인생에서 내가 통제할 수 없는 상황이 있다는 것을 다시는 믿지 않아도 된다. 무엇을 원하는 것이 잘못이라고 생각하지 않아도 된다. 나 이외의 위대한 존재가 세상을 조종하고 있다는 이야기, 나 자신 외에는 아무것도 바꿀 수 없다는 이야기를 믿지 않아도 된다. 이제는 아무것도 두려워할 것이 없다.

그래서 우리는 어쩌다 이 지경이 되었는가? 80억 명 이상이 공포로 가득 찬 결핍의 진동으로 태어나 원치 않는 일에 집중하기 때문이다.

이렇게 되란 법은 없었다. 하지만 왜 일이 우리 뜻대로 풀리지 않는지 그 이유를 알아야 하는 불안한 마음에 우리 자신 이외의 것에서 문제를 찾았다. 정부, 경제, 상사, 결혼, 성장 배경, 교육, 재수 없는 운, 심지어 신까지도. 아니면 우리가 그럴 가치가 있는 사람이 아니든지, 충분히 노력하지 않은 것이다. 죄를 지었거나 시험에 들었고, 죗값을 치르지 않았기 때문이다.

현실, '진짜' 현실은 이러하다. 우리는 이미 충분한 가치가 있는 사람이고 통과해야 할 시험 같은 것은 없으며, 죄란 우리를 통제하려는 사람이 만들어 낸 거짓이다. 우리는 고통이 아닌 즐거움을 느끼기 위해, 이 세상을 누리고 즐기기 위해 태어났다. 배움을 즐기고 고통 없이 성장하며 우리의 에너지, 즉 감정을 조절할 줄만 알면 원하는 모든 것을 가질 수 있다는 절대적인 사실을 통해 우리가 가진 모든 욕구를 충족시키기 위해 이 세상에 왔다.

우리 존재 그 자체로부터 주어진 선택의 자유를 지니고 태어났다. 이 천부적 권리를 행사할 때가 왔다. 우리를 막는 장애물과 상황은 없다. 우리는 어떤 한계의 피해자도 아니다. 우리의 마음이 한계 없이 만들어 내는 그 어떤 기상천외한 욕망도 실행할 수 있는 신성한 권리를 가진 존재이다. 제한 없이, 규칙 없이, 방해 없이 선택할 수 있는 자유를 가졌다.

눈을 뜰 때이다. 실제의 삶에서 우리가 원하는 것을 선택해야 함을 기억해야 할 때이다. 고개를 들고 우리가 삶에서 얻는 것들은 우연으로 온 것이 아님을 인정해야 할 때이다. 기록된 역사 훨씬 이전으로부터 전해온 고대의 비밀, 단순히 의도함으로써 우리의 열정을 현실로 만들게 해주던 지혜를 기억해야 할 때이다. 그때가 바로 지금이다.

당신은 원하는 모든 것을 가질 권리가 있다. 어떤 열망과 포부든지 성취할 자격이 있다. 그저 원하고 느끼기만 하면 된다. 행복으로 가득 찬 놀랍고 새로운 세상이 당신에게 열릴 것이다. 열릴 수 있는 게 아니라, 열리는 것이다. 우주가 약속한다.

2장

우리의 마술 요정

청바지 디자인이든, 별자리 시스템이든 창조의 과정은 어디서든 똑같다. 적절한 감정을 담아 생각하면 적절한 진동이 생겨난다. 짠! 완성이다.

온갖 긍정적 사고를 한다고 해도 바뀌는 것은 없다. 항상 정직하고 선한 사람이 된다 해도, 기도를 하고 원하는 것을 시각화한다고 해도, 새벽까지 명상을 한다고 해도 마찬가지이다. 인생의 꿈을 향해 애를 쓰고 몸부림쳐도 똑같다. 꿈을 현실로 만들어 주는 전자기장의 힘, 결코 실패하는 법이 없는 '느낌'이라는 이름의 마법을 통해 자기의 진동을 만들어 내지 않는 한 아무것도 생기지 않는다.

나쁜 감정, 좋은 감정

느낌과 감정이라는 주제를 다루는 모든 책, 어두운 프로이트적 접근을 통해 인간의 의식을 탐구하는 모든 수업, 내면의 어린아이와 소통하려고 시도하는 모든 심리 상담, '감정'이라는 이름의 괴물에게서 해방되는 법을 가르치는 모든 가르침 등 온갖 화려하고 복잡한 기술과 노하우를 살펴보아도 결국 얻게 되는 것은 단 하나의 간단한 해결책이다. 바로 풍요롭고 만족스러운 삶을 살기 위해서는 나쁜 감정과 좋은 감정을 구분할 줄 알아야 한다는 것이다.

간단하다. 이 방법을 배우게 되는 순간 게임은 끝이다. 당신의 마음이 원하는 것은 무엇이든 창조할 수 있다.

이것이 바로 우연의 창조자에서 의도적인 창조자로 진화하기 위한 단 하나의 비밀이다. 좋은 감정과 나쁜 감정을 구분할 줄 아는 간단한 기술이 꿈만 꾸던 것을 현실로 이루게 하는 능력을 준다. 바로 이것뿐이다.

미리 겁먹지 말기를 바란다. 우리가 구분해야 할 이 감정은 어두운 과거를 드러내는 것이나 굳게 닫힌 마음 문 너머의 괴물을 마주해야 하는 것과 아무런 상관이 없다. 그저 일상을 지내면서 느끼게 되는 갖가지의 감정에 불과하다. 어떤 것이 좋게 느껴지고 어떤 것이 그저 그렇게 느껴지는지를 기억할 수 있으면 된다.

이게 핵심이다. '행운'이라는 것이 바로 이것이다. 이것이 큰 계약을 성사시키고 바닷가의 별장을 마련해 주며 건강과 영적인 만족감 그리고 은행계좌의 잔액을 넉넉하게 채워 준다. 그저 그런 일상의 감정 속에서 좋은 감정을 찾아내는 법을 배우기만 하면 된다. 마법이 시작될 것이다.

유리 조각 삼키기

우리가 그토록 두려워하는 감정, 너무 두려워해서 조금이라도 부정적인 느낌이 들면 이내 걱정이 앞서고 마는 그 감정이란, 사실 우리의 생각으로부터 발생해 몸을 통과하는 전자기적 에너지에 불과하다. 우리가 감정을 마주하지 않으려고 그렇게도 노력하는 것은 부정적인 감정은 느끼기가 괴롭기 때문이다. 우리는 부정적인 감정이 주는 감각을 좋아하지 않는다. 그래서 그런 감정들을 마음속 깊숙이 숨겨두고 다시는 마주하지 않아도 될 거라고 생각한다. 사실은 우리의 자기장을 쓰레기장으로 만들어놓고 있는데 말이다.

일단 그렇게 깊숙이 숨겨두지 않는 것들, 일상에서의 기분 나쁜 습관들부터 시작해 보자. 올라가지도 않고 내려가지도 않으며 그저 존재하는 평범한 상태, 좋지도 나쁘지도 않은 것부터 약간 가라앉는 정도의 기분, 폭발하는 수준의 분노까지 다양하다.

즐겁지 않은 것을 생각할 때 우리는 나쁜 느낌을 받는다. 죄책감이나 외로움, 분노, 후회, 걱정, 의심, 짜증, 스트레스, 약간의 염려 같은 것들이다. 이들은 모두 공포를 바탕으로 한 생각으로서 내부로부터 아주 낮은 주파수의 진동을 발생시키는데, 그것이 바로 우리가 나쁜 느낌을 받는 원인이다. 고주파의 자연스러운 상태와 정반대 현상이다.

반대로 즐거운 것을 생각할 때 우리는 좋은 느낌을 받는다. 인정, 즐거움, 기쁨, 흥분, 열정, 존경, 경외, 감사, 사랑 등 배 속부터 따스한 느낌이 들게 하는 감정이다. 이들 감정이 좋게 느껴지는 이유는 이들이 고주파의 진동을 발생시키기 때문이다. 이 고주파가 바로 자연스러운 상태이다.

유리 조각을 삼키면서 기분이 좋을 사람은 없다. 그럼에도 불구하고 우리는 하루 종일 어두침침한 생각과 우울한 느낌이라는 유리 조각을 삼키고 있다. 자신의 생각과 주변 사람들의 생각으로부터 나오는 부정적인 에너지 속에 무의식적으로 몸을 담그고 있다. 우리의 자연스러운 상태인 즐거움과는 정반대인데도 말이다. 그래서 힘이 넘치는 느낌을 받는 일이 거의 없다. 낮은 주파수의 에너지가 정상이라고 생각하면서 그 안에서 헤엄치고 있는 이상 힘이 넘치는 느낌을 받을 수가 없다.

그렇게 악순환이 시작된다. 우리가 정상이라고 생각하는 의식적, 무의식적인 일상의 감정이 우리 몸을 통해 부자연스러운 부정적인 진동을 내보낸다. 우리가 기분이 처진다고, 겨우 버티고 있다고 느끼거나 아무런 감정도 느끼지 못한다는 생각이 드는 이유는 바로 그 때문이다. 그 모든 감정이 다양한 저주파 에너지의 흐름을 만들어 내고, 우리가 하루 종일 낮은 주파수의 진동을 내보내기 때문에 우리의 삶에는 그저 그런 이류의 일들만 일어난다. 그래서 우리는 기분이 나빠지고, 나빠진 기분은 더 낮은 진동을 내보내고, 더 낮아진 진동은 더 안 좋은 일들을 끌어당기고, 그러면서 우리의 기분은 더욱 나빠진다. 이 사이클이 계속해서 반복된다.

패트의 미소

몇 년 전 끌어당김의 법칙을 다루는 주말 세미나를 열었다. 거기에 사람들 중 너무나도 지나치게 친절한 30대 중반으로 보이는 매력적인 여성이 있었다. 그 여성을 패트라고 부르겠다.

그 당시 나는 허름한 상의와 구멍 난 청바지를 입고 있었는데도 패트는 나의 옷차림을 칭찬했다. 참가자들이 현재의 실망스러운 기분이 과거의 불쾌한 경험과 어떤 관계가 있는지 이야기를 나누고 있었는데, 패트는 이 사람들의 이야기가 얼마나 진솔한지 갖은 미사여구를 동원해서 칭찬하고 있었다. 이렇게 대놓고 밝은 사람에게서 나는 낮은 주파수의 진동을 감지했다.

첫날 세미나가 끝나면 간단한 야식을 나누는 시간이 있었다. 패트는 식당을 떠나 건물 밖 흡연구역을 향했고, 건물을 나서자마자 진흙탕에 엎어지고 말았다. 바로 씩씩하게 일어났지만 뭔가 잘못되었음이 분명했다.

그다음 날에도 패트는 여전했다. 칭찬과 감사, 끊임없는 미소 그리고 실수와 작은 사고의 연속이었다. 식당에서는 의자에 걸려 넘어져서 다른 사람의 접시에 막 담은 커피를 쏟고 말았다. 한 참가자가 가슴 아픈 이야기를 나누고 있을 때는 사탕을 잘못 삼켜서 응급 처치를 받아야 했다. 목숨을 살려준 응급 처리를 한 남자에게 감사하는 말을 끝없이 반복했다. 패트에게 사고가 기다리고 있는 게 아니라, 패트가 바로 사고 그 자체 같았다.

드디어 다른 참가자들의 격려 속에서 패트가 발표할 차례가 되었다.

패트는 '선한 사람'이 되는 것이 전부였던 아주 종교적인 가정에서 자라났다. 패트의 삶의 방식을 그렇게 엄격하게 독재한 사람은 바로 아버지였는데, 3대에 걸쳐 같은 교회를 이끈 목사이기도 했다. 아버지가 가르친 "어떤 기분을 느끼든지 세상에 선함만을 보이라"는 삶의 방식이 패트 안에 너무 강력하게 각인된 나머지, 패트는 이것이 올바른 행동이라고 진심으로 믿었다. 얼굴의 미소와는 정반대로 패트의 마음속에서 자라나는 강력한 적대감만 아니었다면, 그게 올바른 행동이었을지도 모른다.

"사람들 앞에서, 특히 교회의 어른들 앞에서 항상 몸가짐을 바르게 하고, 친절하게 행동해야 하는 게 정말 싫었어요." 패트는 세미나 시간 중 조용하게 발표했다. "어른들에게 칭찬하는 게 끔찍했지만 그래도 해야 했어요. 항상…."

패트의 현재는 엉망인 쪽에 가깝다. 대학 졸업장도 땄지만 처음 입사 때의 위치에서 전혀 승진하지 못했다. 이미 두 번의 이혼 후에 다시 결혼한 상태였으며 차 사고가 너무 자주 난 나머지 보험사에서 보험을 취소했다. 패트의 삶은 극단적인 편에 속했지만, 우리 모두 어느 정도 공감할 수 있었다. 패트의 동의를 받아 우리는 그녀의 삶과 감정의 관계를 해부해 보기로 했다.

그 결과는 놀라웠다. 패트가 오랫동안 숨겨 왔던 혼란과 적대감, 낮은 자존감이 미소 지으며 칭찬할 때마다 계속해서 매우 낮은 진동을 내보내 왔다는 것을 참가한 모든 사람이 쉽게 알 수 있었다. 패트도 자신이 내보낸 것과 그 결과 삶으로 끌어들이고 있던 것의 직접적인 상관관계를 이해하게 되었다. "별로인 게 나가면 별로인 게 들어오죠"라고 누군가가 말했다. 패트도 분명하게 볼 수 있었다.

그 세미나 후에도 패트는 나에게 꾸준히 연락하면서 그동안 감히 꿈꾸지 못한 이상으로 풍족한 보상이 가득 찬 새 삶을 즐겁게 이야기했다. 자기 자신을 제외한 모든 사람을 기쁘게 하려는 것을 그만두고 필요할 때는 가끔 비판할 점을 이야기하기 시작했다. 진심으로 띠게 되는 미소만 짓고 진정으로 느끼는 칭찬만 한다고 이야기했다.

패트는 현재 약물중독치료상담소 소장으로 일하고 있다. 현재의 남편과 2년째 결혼 생활을 하고 있으며 몰고 있는 차도 멀쩡하다고 한다.

우리가 내보내는 것이 돌아온다. 패트는 부정적인 에너지의 흐름을 바꾸기 위해 열심히 노력해야 했고, 지금도 부정적인 감정이 전부 사라진 것은 아니다. 패트뿐만 아니라 어느 누구도 부정적인 감정을 전부 없앨 수는 없을 것이다. 그렇지만 패트는 절망과 불운이 아닌 넘치는 인정과 감사의 감정이 그녀의 삶을 완전히 바꾸었다.

우리가 내보내는 감정이 우리가 끌어당기는 실체가 된다. 아주 간단하다.

무엇이 감정을 만드는가

대부분은 우리가 어느 날 갑자기 이 세상에 나타났다는 생각을 가지고 있다. 틀린 말은 아니다. 다만 우리를 극진히 사랑하는 단 하나의 동반자와 함께 왔다. 무시하고 있기에 모르고 있을 뿐이다. 내면의 자아, 정말 하기 싫은 표현이지만 고차원의 자신, 확장된 자아 등 어떤 이름으로 부르든지 이는 우리의 육체와 하나로 이 세상에 온 자신보다 더 큰 자아이다. 이것이 우리를 살아있게 만들기 때문에 이것 없이는 육체적으로 존재할 수 없다. 우리 자신을 포함해 모든 것을 이루는 순수한 긍정적 삶의 에너지, 즉 우리 자신의 순수한 긍정의 에너지이다.

모든 것을 알고 있는 자신의 일부가 어딘가에 숨어 있다는 느낌을 받은 적이 있는가? 그렇다, 그 일부가 존재한다. 더 넓고 나이 들었으며 지혜로운, 우리 자신과 감정이라는 유일한 통로를 통해 소통하는 우리 자신의 확장된 자아가 바로 그것이다.

우리와 함께 온 확장된 자아는 우리 기준에는 열반에 들어가야 할 정도로 엄청나게 높은 주파수의 영역에서 진동한다. 그 자아는 결핍과 스트레스의 진동이 무엇인지도 모른다. 그렇지만 우리가 그 정도로 빠르게 진동한다면 육체로서 존재하지 못할 것이기 때문에 그 대신 기쁨과 흥분, 인정과 같이 우리가 행복과 건강으로 여기는 감각을 통해 그와 최대한 가깝게 진동한다. 그래서 좋은 느낌이 좋은 것이다. 당신의 진정한 자아와 가깝게 진동하기 때문이다. 육체의 자아와 그 이상의 자아가 합을 맞추어 경이로운 고주파로 함께 진동한다.

그래서 기분이 좋을 때 우리는 더 빠르게 진동한다. 그렇게 만들어져 있다. 우리의 육체에는 너무나도 이질적인 공포를 기반으로 한 저주파의 에너지를 더는 재사용하지 않는다. 인생의 답을 얻고 방향을 안내받을 수 있는 공간에 있다. 우리의 진정한 자신과 손을 잡고 같은 진동으로 걷고 있기 때문이다.

같은 원리로, 우리가 즐거움이 아닌 감정을 느끼게 하는 결핍이나 걱정의 진동을 내보내고 있다면, 보이지 않는 동반자로부터 멀리 떨어지게 된다. 모든 것이 서로 반대로 움직이는 것 같이 느껴진다. 어린아이에게 크고 푹신푹신한 인형을 주었다가 뺏는 것과 같다. 자신을 기쁘게 하는 인형을 빼앗긴 어린아이의 기분이 그다지 좋을 수는 없다.

기분이 좋을 때, 확장된 자아와 연결되어 그의 높은 주파수와 가깝게 진동한다. 기분이 그저 그렇거나 나쁠 때, 혹은 아무런 감정도 느끼지 못할 때, 확장된 자아와 연결이 끊어진 채 몸을 통해 저주파의 이질적이고 부정적인 진동을 내보낸다. 다시 말해 기쁜 것이 아니라면 무조건 부정적이다. 기쁜 것이 아니라면 유리 조각을 삼키는 것과 같다. 좋은 소식은 삶을 되돌리기 위해서 매일 매초의 생각을 다 관찰해야 하는 것은 아니라는 점이다. 천만다행이다. 그저 우리가 무엇을 느끼고 있는지, 나쁜지 좋은지, 높은지 낮은지의 감만 있으면 된다.

감에서 나온다

조금 극단적이지만 흥미로운 사례가 있다. 한 친구가 우리 회사에서 운영하던 초등교육 프로그램을 위한 음악을 녹음할 때 만났던 세션 보컬의 이야기이다. 그녀의 이름은 기억나지 않지만, 제법 나이가 든 경력자로 보였던 것을 기억한다. 나는 스튜디오에서 녹음을 해 본 적이 없었기 때문에 모든 것이 새롭고 신기했다. 아주 재미있었다.

여러 곡을 준비 중이었는데, 녹음을 함께 하던 편곡자가 그중 한 곡을 위해서 세션 보컬을 쓰는 것이 어떻겠느냐고 제안했다. 가수 몇 명이 곡에 잘 맞는 화음을 배경으로 더해 주면 소리가 더 풍성하고 전문적으로 들릴 수 있다고 설명했다.

좋은 제안이라는 생각이 들었지만 우리의 곡이나 프로그램을 전혀 모르는 사람들이 어떻게 우리가 원하는 음악과 테마를 함께 만들 수 있을지 궁금했다. 해 보면 알겠지 싶었다.

처음에는 확신이 들지 않았다. 세 명의 세션 보컬이 너무 서두르는 것 같았다. 각자 악보를 보고 고개를 끄덕이며 대화를 조금 나누고는 "오케이! 우리는 준비 됐어요. 샘 씨가 준비되는 대로 시작합시다"라고 말했다.

벌써? 어떻게? 연습도 없이? 편곡자랑 이야기도 하지 않고? 우리에게 아무 질문도 없이?

전주가 시작되고 메인 보컬이 마이크 앞에 서서 노래를 시작했다. 그 뒤에는 세션 보컬이 각자 마이크를 하나씩 들고 여유 있게 서 있었다.

메인 보컬의 파트가 끝나자 세션 보컬 중 한 명이 바로 다음 구절을 받아 노래를 시작했다. 그 소리가 정말 아름다워서 듣고 있던 모두가 놀랐다. 이내 세 명이 동시에 "아아", "우우", "음음" 하는 화음을 내다가 자연스럽게 가사를 부르기 시작했는데 메인 보컬의 배경으로 기가 막히게 녹아들었다.

나는 너무나 놀랐다. 편곡자가 미소를 짓고 있었다. 곡을 쓴 친구는 입을 벌리고 서 있었다. 메인 보컬은 아주 기뻐 보였다. 녹음 부스 안에 있던 다른 사람들도 미소를 지으며 고개를 연신 끄덕였다. 처음에는 피곤해 보였던 그 여성 세션 보컬은 갑자기 생기가 넘치고 심지어는 회춘한 것 같이 보였다. 녹음은 한 번 만에 성공했다. 믿을 수 없었다.

녹음이 끝나고 세션 보컬 그룹이 스튜디오를 나서려고 할 때 리더 역할을 맡기도 했던 그 여성에게 다가가 대체 비결이 무엇이냐고 물었다. 어떤 곡인지도 모른 채 녹음실에 들어가서 우리는 상상도 못한 수준의 소리를 창조해 낼 수 있는 건지, 그것도 단 한 번의 시도로….

"별거 아니에요."

베이스처럼 낮은 목소리로 그 여성이 답했다.

"하도 오래 하다 보니 어디에서 어떤 소리를 내야 할지 척하면 알아요. 화음을 맞추는 건 일도 아니죠. 유일하게 어려운 건 내 감이죠."

"무슨 소리에요?"

"잘 흘러가고 있을 때는 하늘을 나는 기분이에요. 감이 너무 좋아요. 그런데 그 감이 없을 때는 수백 번을 시도해도 답이 안 나와요. 프로듀서가 좋다고 해도 말이에요. 그냥 아니다 싶어요. 신이 나야 하나 봐요. 그 감에서 오는 흥분 말이에요. 그걸 느끼면 '아, 됐다' 싶지요. 이번에도 첫 시도 만에 그 감이 딱 왔어요. 바로 녹음을 마쳐도 된다는 걸 알았죠. 나머지 보컬도 마찬가지였고요. 순수한 행복 그 자체가 온몸으로 느껴져요, 매번 그래요. 무슨 말인지 아시죠?"

아니, 지금은 알지만 그때는 무슨 이야기를 하는지 이해하지 못했다. 그 여성은 자기도 깨닫지 못한 채 저주파에서 고주파로 온몸을 통해 진동이 전환돼 퍼져 나가는 실제 과정을 묘사하고 있었다. 우리가 배우고자 하는 것처럼 의도적으로 한 것도 아니었다. 동료 보컬들과 감이 딱 맞을 때 그녀의 몸을 통해 아주 특별한 일이 일어난다는 것 그리고 그 감각을 올바르게도 '순수한 행복'이라고 불렀다.

물론 내가 말하는 좋고 나쁜 기분의 구분은 이 여성의 경우처럼 극단적이고 명확하지는 않을 것이다. 이 여성이 말하던, 외부의 모든 것이 완벽하게 들어맞을 때만 생기는 온몸을 통해 느끼는 순수한 행복까지는 아니어도, 원할 때마다 기쁨을 느낄 수 있는 법을 배울 수 있다.

원래의 목적, 욕구라는 보물지도

이기적인 소리라고 생각할 수 있지만, 우리가 이 축복 받은 행성에 나타난 목적은 바로 좋은 기분을 가끔이 아니라 최대한 자주 느끼기 위해서이다.

우리 모두 그 유일한 목적으로 태어났기에 충분히 신경만 쓰면 각자에 맞는 행복의 보물지도를 얻을 수 있다. 왜냐고? 어떤 이유에서든 기분이 좋으면 우리의 태어난 목적인 좋은 기분을 느끼고 행복을 누리며 저 높이 진동하는 데 맞는 방향으로 가고 있음을 의미한다. 오랜 시간 이를 추구해 왔든지 비교적 짧은 시간이든지 상관없이 그 목적에 다가가는 것은 우리를 행복하게 할 것이다. 우리의 삶을 더 나아지게 하는 방향으로 가고 있기 때문에 기분이 좋고, 그러면 내보내는 진동의 주파수가 높아지며, 높은 주파수의 진동은 우리의 자연스러운 상태에 가까워지게 한다. 이 자연의 상태에 다가가는 것이 바로 우리 삶의 과제이다.

이 원래의 목적은 욕구를 통해 발현된다. 신형 스포츠카를 원하든 다른 생명체와 화합하는 삶을 살기를 원하든, 그 대상이 무엇이든 우리의 열정에 불을 지피는 욕구를 통해 그 모습을 드러낸다. 그 어떤 욕구라도 상관없다. 깨끗하게 정리된 창고를 원할 수도 있고 춤을 배우거나 시골에 내려가 철물점을 여는 것, 아니면 오래전부터 꿈꾸어 온 해변의 집을 갖는 것이나 피아노를 배우는 것일 수도 있다. 대상이 무엇이든 우리가 무언가를 원하는 것이 바로 욕구라고 할 수 있다.

그렇지만 우리의 콤플렉스 때문에 이러한 욕구를 가지는 것이 문제가 될 때가 있다. 사회가 이기적이라고 판단하는 종류의 욕구가 있는데, 이런 욕구를 가지게 되면 우리는 심적으로 위축된다. 그럼에도 불구하고 이 내면의 충동을 진정으로 추구하면, 단순히 우리 스스로가 그것이 행복을 가져다 준다고 믿고 있기 때문에 실제로 행복해질 것이다. 이는 우리가 가지고 태어난 태초의 목적을 충실하게 따르는 행위이기도 하다. 고통이 아닌 즐거움의 진동을 통해 살아있는 동안 행복을 누리고 우리에게 주어진 삶의 지혜를 얻는 것, 그 어떤 한 부분도 이기적이라고 할 수 없다.

그렇지만 사회의 압박이 너무나도 강력한 나머지 우리는 종종 각종 의무에 굴복하고 행복을 가져다 줄 욕구의 반대 방향으로 간다. 그러다 우리는 길을 잃는다. 슬프게도 우리 중 대부분이 인생의 길을 잃은 채로 산다. 사회의 영향을 의식하고 염려해 우리는 태초의 목적과 멀어지고 낮은 주파수에서 살게 된다. 그 낮은 주파수가 우리의 정신을 완전히 망가뜨리지 않는다고 해도 절대로 즐거움으로 가득하게 해 주진 못한다. 그럴 수가 없다. 한 진동은 사회적 고려인 저주파이고, 한 진동은 태초의 목적인 고주파이다. 이 두 가지는 절대 섞일 수 없다.

여전히 길을 잃은 채 자신에게 즐거움을 허락하지 않고 이타주의를 요구하며 우리가 가지고 태어난 태초의 목적을 무시하면, 높은 진동의 행복감이 아닌 낮은 진동의 '해야만 하는' 의무감으로 따르는 절대다수의 군중과 똑같은 사람이 된다. 세상에 이런 에너지의 흐름이 계속되면 그 결과가 좋을 리 없다는 것은 자명하다.

적신호와 청신호

새 스포츠카를 가지고 싶다고 하자. 그렇지만 지금 가지고 있는 자동차도 꽤 좋은 상태라서 굳이 새로운 차를 사야 할 이유는 없다. 그저 새 차를 원하는 마음만 깊다. 생각해 보면 어릴 때부터 빨간 컨버터블 스포츠카를 가지고 싶어 했다. 추운 지역에 살고 있어 빨간색을 싫어한다면 알아서 다른 차를 상상해 보라. 그렇다면 대체 왜 그럴까? 정말 오랫동안 스포츠카를 원해 왔다. 수년간 살까 말까 고민했는데 왜 아직도 차고에는 스포츠카가 없는 건지. 이유는 바로 이러하다.

하루는 고속도로를 달리는데 당신이 꿈에 그리던 그 차가 바로 앞에 서 있다. 당신의 수입으로는 살 수 없다는 것을 알기에 그저 부러움에 탄식한다. 동경이 시작된다. 갈망하는 마음으로 그 차를 바라보며, 저 차를 탄다면 얼마나 좋을까 상상하다가 이내 고개를 젓는다. 드림카를 보게 되어 신이 나는 대신 기분이 가라앉고 뒤통수를 치는 '꿈 깨라' 하는 반응만 경험한다.

그렇기 때문에 바로 당신의 차고에 그 차가 없는 것이다. 그 차를 가지는 즐거움이 아닌 가지지 못한 결핍에 집중하고 있기 때문이다. 나쁜 기분의 부정적인 진동만 잔뜩 내보내고 있기에 당신의 확장된 자아는 적신호를 보내고 있다. "이보게 친구, 그 차가 없다는 사실에만 집중하니까 기분이 엉망인 거라고. 자꾸 그러고 있으면 똑같은 기분만 계속 느낄 걸세. 차가 없다는 그 결핍의 기분 말이야. 진심으로 원한다면, 그 차를 떠올릴 때마다 기분이 좋아지도록 해 봐. 그리고 어떻게 되는지 보라고!"

부정적이라는 감정의 형태로 적신호의 경고를 받은 셈이다. 충분한 수입을 가지지 못했다고 생각하고 있기 때문에 그 결핍에만 집중하고 있다는 점을 지적한다.

가라앉는 기분 내보내는 에너지의 흐름, 즉 당신이 그 차를 어떻게 생각하고 느끼는지가 그 차를 영영 가지지 못하게 할 것임을 알리는 힌트이자 적신호라고 볼 수 있다. 당신이 그 차, 즉 당신의 욕구를 생각하고 느끼는 방식을 바꾸기만 하면 된다. 그러면 얻게 될 것이다.

우리는 매일 이런 종류의 가라앉는 기분의 에너지를 뿜어내고 있다. 그래서 원하는 것 중 아주 일부밖에 가지지 못한다. 값비싼 자동차를 사는 것이든, 양자물리학을 이해하는 것이든 우리가 무엇인가를 원할 때, 먼저 그것을 가지지 못했다는 사실에 빠져들어 거기에만 자꾸 집중하고 에너지를 쏟는다. 그러면 계속해서 그 결핍의 에너지를 끌어들이게 된다. 물리학의 법칙은 변하지 않는다. 우리가 집중하는 것을 얻게 된다.

무엇인가를 동경하고 희망하는 것은 우리가 원하는 것에 집중하는 행위가 아니다. 원하는 것을 절대 가지지 못할 것이라는 비관주의적 믿음으로부터 태어난 결핍과 좌절로부터 진동하는 부정적인 생각일 뿐이다. 이런 느낌을 흘려보낸다면 원하는 것을 절대 가지지 못할 것이다.

우리는 집중하는 것을 얻게 된다. 무언가의 결핍에 집중하면 계속해서 결핍을 얻게 될 것이다. 우주는 매일 매초의 일상에서 우리가 진동하는 것을 정확하게 맞추어 돌려주기 때문이다.

결론은 이렇다. 무엇인가를 생각할 때 신바람이 나지 않는다면, 어느 정도 부정적인 감정을 내보내고 있다는 것이다. 즉, 우리가 어떤 에너지를 내보내고 있는지에 주의를 기울이라는 적신호이자 경고이다.

위에서 스포츠카를 예로 들었을 때 아무런 흥분감도 들지 않고 온몸에 소름도 돋지 않고, 배 속에 간질간질한 기분 좋은 느낌도 느껴지지 않았다면 당신은 정반대를 느꼈다. 차를 가지지 못했다는 불만에서 오는 부정적인 진동을 내보냈다.

결핍에 집중하면서 그 반대를 끌어들일 수는 없다. 삶에서 원하는 것을 끌어들이고 싶으면 우리의 초점을 바꾸어 우리의 기분, 나아가서는 우리의 진동을 변화시켜야 한다.

차를 얻는 법

말을 주저리주저리 했지만 이제 그 스포츠카를 당신의 것으로 만드는 방법을 이야기하려고 한다. 앞서 말한 네 단계를 다시 살펴보자.

> 1단계: 원하지 않는 것이 무엇인지 확인한다(더는 그 차를 가지지 못함을 원치 않는다).
>
> 2단계: 원하지 않는 것을 바탕으로 당신이 원하는 것이 무엇인지 확인한다(아주 쉽다).
>
> 3단계: 원하는 것의 느낌에 집중한다(우리의 현재 지점이 이곳이다).

그러면,

4단계: 원하는 것이 현실이 될 거라고 기대하고 귀를 기울이고 받아들인다.

이제부터는 그 차를 볼 때마다 당신의 기분만 가라앉게 할 헛된 희망과 동경의 감정을 가지는 대신 그 아름다움을 감상하라. 그 차의 스타일, 휠, 인테리어, 속도와 자신감. 결핍에 집중하는 것보다 당신을 훨씬 빠르고 높게 진동하게 만들어 주라. 그러면 똑같이 높은 진동을 끌어당기게 해 줄 것이다.

계속하자.

그 차를 소유하는 자부심에 젖어 새 차의 냄새, 거울 같이 깔끔한 마무리, 저세상에서 온 것 같은 사운드시스템 같은 것들을 상상하며 즐길 때, 당신이 내보내는 자기의 진동은 온전히 긍정적으로 변하여 당신의 욕구를 현실화하는 데 방해 받지 않는 길을 열어주는 강력한 새 신호를 내보낸다.

당신이 내보내는 이 높고 높은 에너지로 이제 당신은 걸어 다니는 고주파의 자석이 된 것이다. 엄청나게 좋은 기분과 함께 사방에 청신호를 보낸다. 즐겁게 살라는 태초 인간의 목적과 당신의 감정이 하나가 된다. 당신이 원하지 않는 것 대신 원하는 것을 끌어당긴다. 어떻게 지불할 것인지는 신경 쓰지 말라. 그것은 당신의 일이 아니다. 당신의 차고에 그 차가 없다는 사실에 집중하지 않는 이상 당신의 꿈은 현실로 오고 있다.

'없다', '가질 수 없다', '절대 가지지 못할 것이다'라는 생각에서 오는 부정적인 감정은 태초 인간의 목적과 하나가 될 수 없다. "해야 한다" 또한 마찬가지이다. 아주 간단하다. 침울한 기분을 내보내면 침울한 상황을 돌려받게 될 것이다.

반면에 드림카를 상상함으로써 흥분되고, 실제로 눈앞에서 일어나는 일과는 정반대로 당신의 인생이 바뀌는 중이라고 확신하면, 이들 긍정적 사고가 당신의 욕구를 현실로 만들어 줄 것이다. 이는 우주의 물리법칙일 뿐이다.

생각뿐 아니라 느낌이 필요하다는 것을 기억하라. 느낌이 우리가 내보내는 자기장과 진동을 창조한다. 우리의 생각에서 오는 느낌, 바로 느낌이다!

한결같은 매체

며칠 전 저녁 식사를 시작하려던 참이었다. TV에서 지역 방송이 뉴스가 막 시작됐는데, 첫 술을 뜨기도 전에 거의 토할 뻔했다.

먼저 이상한 종류의 독감이 유행하고 있다는 소식이었다. 이전에는 보지 못한 종류라서 가장 강력한 백신도 소용없다고 했다.

"1,500마일이나 떨어진 어느 어느 지역에서는 주민 다섯 명 중 세 명이 이 통제 불가능한 새로운 바이러스에 감염되었다고 합니다."

이제 이 뉴스를 보는 다섯 명 중 네 명이 이 작은 바이러스를 "원치 않는다"라는 공포의 감정에 집중하기 시작할 거고, 이 감정은 점점 자라나고 무르익어서 같은 공포의 주파수를 지닌 사람에게 전파될 것이다. 이 뉴스가 아니었으면 한 마을의 몇몇 기침 소리에 불과했을 것이 이제는 골칫거리가 될 것이다.

이것은 그저 시작에 불과했다. 다음은 교외에서 박테리아로 발생한 햄버거 식중독 사건이었다. 이 모두가 실화이다! 지난 번 비슷한 사건이 생겼을 때, 회복하지 못하고 죽은 아이들이 몇 명 있었기 때문에, 현재 입원 중인 어린아이들을 염려하는 내용이었다.

이제 수천 명의 부모가 눈부신 적신호를 켜고 내보내는 부정적인 진동과 공포의 에너지가 이 조그만 박테리아와 이 불행한 사건으로 전해져서, 모든 사람들이 피하고 싶어했던 일이 현실로 일어날 것이다. 실제로 일어났다. 한 달 만에 이 박테리아로 발생한 식중독에 걸린 여섯 명이 죽었다.

슬슬 화가 나려고 하던 차에, 내 스스로의 느낌도 그다지 좋은 게 아니라는 걸 깨닫게 되었다. "알았어, 나의 확장된 자아야, 무슨 말인지 알겠어. 이게 내 기분을 영 언짢게 하는구나. 텔레비전을 끌게"라고 크게 되뇌며 텔레비전을 끄려던 찰나 보게 된 뉴스는 성폭행 후 살해당한 할머니의 이야기였다. 그 시점에 이미 나는 몹시 화가 났고 기분이 아주 나빠졌다. 이후 며칠간 얼마나 많은 여성 노인이 가장 피하고 싶은 일에 대한 공포에 집중함으로써 역설적으로 현실로 일어나게 되는 사건의 피해자가 될까 하는 생각을 했다.

항상 언론을 통해 또 다른 폭탄 테러와 방화, 바이러스의 유행 관련 뉴스를 듣게 된다. 그래서 모든 사람이 현재 일어나고 있는 일이 얼마나 끔찍한지에 집중하게 되고, 똑같이 나쁜 일이 현실로 반복해 나타난다.

1865년에도 교내 총기 사건이나 집단 성폭행, 건물이 폭탄 테러를 당하는 사건에 연쇄 범인이 있었나? 아니다. 왜냐하면 집단적인 진동을 만들어 낼 언론이 없었기 때문이다. 그 대신 기차 강도와 은행 강도는 전파하는 종이 신문과 전단이 있었고, 그 때문에 더 많은 기차 강도와 은행 강도 사건이 있었다.

이전에도 지금처럼 끌어당김의 법칙은 똑같이 우리 세상에 적용되었다. 우주를 관통하는 창조의 근본적인 법칙이기 때문이다. 우리가 원치 않는 것 혹은 원하는 것에 강력하고 반복되는 감정에 집중하라. 곧 그 대상이 우리의 품으로 안겨들 것이다.

대형 트럭 신드롬

당연하게도 우리의 기분을 좋게 만드는 것과 나쁘게 만드는 것, 딱 두 가지의 에너지만 존재하지는 않는다. 우리가 내보내는 생각에 맞는 다양한 종류의 좋은 느낌의 진동과 나쁜 느낌의 진동이 있다. 동일한 에너지가 다르게 진동하는 것뿐이지만, 우리는 긍정 에너지와 부정 에너지로 다르게 부르기로 한다.

무언가를 생각할 때마다 우리는 어떤 종류의 긍정 에너지나 부정 에너지(감정)를 생각의 대상으로 흘려보낸다. 여기에 적용되는 원칙은 항상 동일하다.

우리가 생각하는 대로 느끼고,

느끼는 대로 진동하며,

진동한 대로 끌어당긴다.

이 원칙을 따라 우리는 끌어당김의 결과를 즐길 수 있다. 그렇다면 이 결과는 어떻게 해서 우리에게 주어지는가? 어떤 과정을 통해 우리가 항상 꿈꿔 오던 것을 현실로 만들 수 있는가?

한창 놀던(?) 젊은 시절 차를 대형 트럭에 바짝 붙여 운전하는 무모한 일을 시도해 본 적이 있는가? 내 차의 코를 큰 트럭 뒤에 붙이면 어떻게 될지 잘 알고도 남을 것이다! 가속 페달에서 발을 떼고 가만 있어도 트럭이 가는 방향으로 끌려갈 것이다. 나는 그런 행위를 절대로 권하지 않는다. 그렇지만 끌어당김의 원리는 이와 같은 것이다.

무언가를 진지하게 생각할 때 두 가지 현상이 일어난다. 첫째는 우리의 생각이 일으키는 감정(행복, 슬픔 등)으로부터 만들어지는 진동이고, 둘째는 내가 생각 입자라고 부르는 작은 생각 조각들로 생기는 감정의 움직임이다. 이 자력을 띤 조각들이 우리의 감정에 따라 활성화되면, 즉각 우리가 진동하는 것과 일치되는 것은 무엇이든 끌어당기게 되어 있다. 그러므로 우리가 무엇에 대해 생각을 거듭하고 말을 하고, 그다음 날, 다다음 날도 계속 생각하면, 마침내 동일한 진동의 생각들에 둘러싸이게 되어 밀가루 반죽 덩어리처럼 뭉치게 된다. 같은 종류의 생각을 더 많이 내보낼수록 이 덩어리는 더욱 커져서 거대한 힘을 가진 자기 에너지 소용돌이를 만들 수 있게 된다. 긍정적이든 부정적이든 상관없이 말이다.

이제 이 엄청난 자기 에너지는 유사한 진동을 지닌 모든 것을 소용돌이 중심으로 끌어들인다. 그리하여 결국 일이 일어나게 만든다. 당신이 알기 전에 당신은 이미 당신의 반복적인 생각과 감정으로 시작된 일의 중앙에 서 있는 것이다. 그것은 당신이 집중해 온 것일 수도 있고 아니면 전혀 다른 것일 수도 있지만 동일한 진동으로 이루어진 것이다. 물론 생각 없이도 약간의 감정을 흘려보낼 수 있겠지만, 반복적인 생각이 반복적인 감정을 만들어 내서 자기 덩어리가 굴러다니도록 만든 것이다.

여기서 반드시 기억해야 할 것은 우리가 어떤 것을 더 많이 생각할수록 그것이 우리 삶 속에 이루어지도록 더 빨리 끌어당긴다는 점이다. 이것이 '같은 것끼리는 서로 끌어당긴다'라는 끌어당김의 법칙이라는 것이다.

당신의 능력

우리는 오랫동안 무의식중에 우리가 원하지 않는 방향으로 가고 있는 대형 트럭 뒤에 코를 박고 에너지를 흘려보내는 세상에서 양육을 받았다.

여기에는 희생자는 없고 오로지 에너지를 흘려보내는 사람만 있다. 우리의 경우, 불행하게도 우리가 무엇을 원하든 우리의 삶과 세상을 만들어 낼 능력이 있다는 것을 망각하는 일을 흘려보내고 있었다. 그러나 이제는 에너지 흐름의 이해 부족에서 벗어나게 되었다.

의식적인 창조자가 되는 과정은 너무도 단순하지만 반드시 쉽지는 않다. 그것은 이 개념이 우리에게 낯설기 때문이다. 우리는 감정만으로 우리 세계를 창조해 왔다는 개념은 처음에는 매우 의심스러울 수 있다. 우리에게는 언제 어떤 방식으로든 이런 창조를 할 능력이 있다는 사실을 아는 것은 분명히 한심스럽기도 하고 받아들이고 싶은 생각이 들지 않을 수도 있다.

그렇지만 물리학은 물리학이고 자력은 자력이다. 이들은 "같은 종류는 서로 끌린다"라고 말한다. 사라져 가는 성운이든 블랙홀이든 인간이든 이렇게 움직인다.

우리는 이 새로운 것을 우리만 곱씹고 있을 필요가 없다. 우리만 이런 상태가 아니기 때문이다. 우리는 엄청난 지식과 아름다움, 능력을 지닌 파트너, 확장된 자아를 가지고 있다. 이 자아는 우리를 끝까지 지원하고, 감정 하나하나를 구체적으로 이끌어 준다. 이 고귀한 보물이 우리에게는 느낌, 느낌, 느낌이라는 마술 요정이다.

2부 절대 느낌의 4단계

3장

1단계: 내가 원하지 않는 것

어느 날 내가 좋아하는 닐 다이아몬드의 음악을 들으면서 아무 생각 없이 고속도로를 달리고 있었다. 그때 배 속에서 무엇인가 작은 덩어리 같은 것, 심각한 구멍이 뚫려 그리 부드럽지 않은 바람이 부는 것 같은 느낌이 들었다. 내 속 깊은 곳에서 나의 확장된 자아가 내 느낌에 집중하라는 분명한 신호를 보내고 있었다. 그러나 집히는 것이 없었기에 무시하기로 했다.

그게 큰 실수였다!

내 생각이 헤매도록 내버려 두면서 내가 느끼는 그 분명한 빨간 깃발에 주의를 기울이지 않은 것이다. 결국 오락가락하던 나의 생각은 마무리 단계에 있던 대출 건 하나에 꽂혔다. 그 당시 나는 부동산 담보대출 회사를 차려서 집을 새로 사거나 집을 담보로 대출을 원하는 사람들을 대상으로 대출해 주는 사업을 하고 있었는데, 그때쯤 대출 건 하나가 마무리 단계에 있었다.

그 젊은 부부의 대출을 마무리하려는 단계에서 해결할 자신이 없는 까다로운 문제가 생긴 것이다. 마무리 단계에서 그런 일이 생긴 것도 문제이지만 더 큰 문제는 이 부부가 이것을 통해 그들의 경제적 문제를 해결해야 하는 상황이었다. 그래서 나의 초점은 일어나지 않기를 바라는 것에 100% 집중되어 있었다. 그래서 도처에 펄럭이고 있는 부정적 감정이라는 빨간 깃발을 무시했던 것이다. 그 부정적 에너지의 흐름의 결과는 바로 나타났다.

음악을 열심히 듣고 있는데 카세트테이프가 꼬이기 시작했다. 3킬로미터쯤 더 갔을 때 4차로의 도로가 주간 공사 때문에 막히기 시작했다. 20분쯤 후에는 나보다 더 급한 아저씨가 내 차를 뒤에서 들이받았다. 또 10분쯤 후에는 남아있던 커피를 대출서류 원본에 쏟았다. 겨우 그 복잡한 곳을 빠져나와 전화를 걸었더니 대출이 거부되었다는 대답이었다.

내가 에너지를 어떻게 흘려보냈는지를 생각하면서 놀라지 않을 수 없었다. 어떤 일이 일어났는지, 내가 얼마나 어리석었는지를 알았고 당장 어떻게 해야 하는지를 알게 되었다.

무슨 일이 일어났는가? 그 일련의 사건의 원인은 무엇인가? 단지 우연히 그 불행한 상황이 이어진 것인가? 아니다. 유치원 때부터 우리 모두는 그렇게 주변의 좋아하지 않는 일, 원하지 않는 일에 집중하면서 더욱 악화되는 상황에 무력감을 느낌으로써 우리의 날을 만들어 왔다.

우리는 삶이 우리가 통제할 수 없는 외부의 힘에 좌우된다고 생각해 왔다. 다시 말해서 좋지 못한 윗사람, 강도, 해고, 독감 등을 자기 책임이라고 여기는 사람이 얼마나 되는가? 또 정부나 경제 사정, 가족 또는 '시스템'이 우리의 삶에서 겪는 나쁜 일의 원인이 아니라고 생각하는 사람이 얼마나 되는가? 물론 그중 일부, 자기가 한 일에 대해서는 자기가 책임지려 할 것이다. 그러나 우리에게 일어난 모든 일에 대해 정직하게 책임지려 하는 사람이 얼마나 될까?

잘못된 것은 잘못된 것이다

이 세상에는 자기는 부정적인 생각을 절대로 하지 않는다고 장담하면서도 마음속 깊은 곳에서는 고통스러워하는 사람들이 있다.

그들은 자신의 삶은 문제가 없으며 행복하다고 한다. 그러나 바로 이들은 인생을 공평하지 않으며 시련이 가득하고, 자기 몫의 고통을 감당하는 법을 배워야 한다고 말한다. 하지만 그들은 아주 행복해한다. 원하는 것을 다 얻지는 못하지만 인생을 그대로 받아들여야 한다고 한다. 그래서 그들은 꽤 만족한다.

그들을 향해 나는 "어리석은 소리!"라고 한다.

우리는 부정적인 감정은 어떤 종류의 것이든 조금이라도 흘려보내면서 행복할 수는 없다. 부정적인 것이란 가벼운 짜증에서 정상적인 무감정, 항구적인 두려움까지 모든 것을 포함한다. 그런 종류의 에너지가 흐르는 상태에서는 행복할 수가 없다. 두 가지 서로 다른 외적 결과를 활성화하는 두 가지 진동을 흘려보내기 때문이다.

은밀하게 고통을 겪는 사람들은 분명 희생자이다. 우리 대부분이 한두 번은 우리가 겪는 세상이 우리가 통제할 수 없는 환경의 결과라고 생각했다. 우리는 모두 그랬거나 지금 그러고 있다. 그것은 우리가 피해자 신화를 얼마만큼이나 선택하는가 하는 문제이다.

그러나 우리는 거기 머물 필요가 없다. 일단 이 자력이 활동하는 것을 진정으로 보기 시작하기만 하면 '우리의 삶은 운이나 운명, 환경, 부유한 가족 등이 아니라 우리 자신의 에너지 흐름에 따라 결정된다'라는 명백한 증거를 무시하기 어렵게 된다.

수십 년 동안 무엇이 문제인가 질문하면서 우리가 좋아하지 않고, 원하지 않으며, 고치기를 원하지 않던 세계에 집중해 왔다는 생각을 하게 되면, 그런 많은 시련을 당해 왔다는 것이 이상하게 여겨지지 않을 것이다. 자신의 근원적 에너지와 그토록 단절되어 있으면서도 원하는 것을 무엇이든 얻을 수 있는 사람은 없다.

요는 이것이다. 계속해서 환경의 희생자로 살아가면서 끝까지 모든 것, 모든 사람의 잘못된 것에 집중하면 결코 원하는 삶을 얻을 수 없다. 그렇게 되면 단 한 가지, 즉 우리가 간절히 바꾸기를 원하는 일만 계속될 뿐이다.

창조를 위한 레시피

어떤 것을 창조하기 위한 레시피는 정말로 간단하다. 좋거나 나쁜 감정 혹은 긍정적이거나 부정적 진동을 택한 다음 다양한 정도의 감정으로 구워서 자력을 증가시킨다. 그러면 원하든 원하지 않든 우리가 끌어당긴 것이 오게 된다. 우리가 집중한 것과 그것에 대해 우리가 진동하는 방식으로 우리가 얻는 것이다.

그러므로 우리 주변의 원하지 않는 것들을 해결하는 방법을 계속 찾아왔다면, 또는 원하지 않으면서도 그렇게 되도록 허용해 왔다면, 우리는 원하지 않은 것에 계속 집중하는 상태에 있었던 것이다. 그것도 오랫동안!

우리가 무엇에 집중하든 16초면 진동으로 이어진다. 사실이다. 단 16초면 좋든 나쁘든, 긍정적이든 부정적이든 생각과 연결된다. 그 짧은 시간에 우리는 감정적으로 생각하고 있는 것과 동일한 주파수로 진동하기 시작한다. 이 말은 우리가 어떤 것을 계속하면 그것을 끌어당길 수 있게 된다는 것이다. 말할 것도 없이 우리는 반복되는 16초 동안 수많은 것을 생각하고, 원하지 않는 것, 좋아하지 않는 것, 할 수 없는 것, 어떻게 할 줄 모르는 것, 참을 수 없는 생각 등 수없이 많은 것을 걱정해 왔다. 바로 그것 때문에 우리 대부분은 계속 동일한 것을 끌어당기고 있는 것이다.

지금까지 이것이 우리의 삶을 조각하는 근본적인 방식이었다. 우리가 할 수 없는 모든 것에 끝없이 집중함으로써 계속 부정적인 긴장의 물결을 만들어 왔다.

여기서 내가 말하는 것은 매일의 분노가 아니라, "해결해야 해, 더 잘해야 해, 바르게 해야 해, 길을 찾아야 해"라고 끝없이 그리고 조용히 중얼거리는 이른 바 조용한 걱정이라는 것이다.

동전의 다른 면과 같은 것으로는 "받아들여야 해, 견디고 살아야 해, 좋든 싫든 이에 대해 내가 할 수 있는 것은 없어"라는 것이다. 같은 것은 같은 진동을 지닌다.

그래서 부정적 감정이 무엇이며, 그것이 어떻게 작용하는지, 왜 그것을 찾아내는지, 왜 그것을 계속하는지, 그것을 통제하는 일이 왜 중요한지 등을 폭넓게 이해하는 것이 중요하다.

그러므로 '부정적인 것'에 관한 이 장을 부정적으로 보지 말기 바란다. 이것은 우리가 가기 원하는 곳으로 데려다 주는 은밀한 요소이기 때문이다.

장난감 전문점

대형 장난감 전문점을 돌아다니면서 원하는 것은 무엇이든 가질 수 있다는 허락을 받은 어린아이가 되었다고 생각해 보라. 상상조차 할 수 없는 일이겠지만, 이것이 바로 우리가 사는 우주이다. 우리가 가지고 놀고 싶은 것은 무엇이든 이미 갖추어져 있거나 만들어질 수 있다. 우리가 해야 할 일이란 단지 우리가 원하는 것을 느끼고 느껴서 그것을 끌어당기는 일뿐이다.

예를 들면 이곳 마법의 장난감 전문점에 멋진 새 일이 당신을 기다리고 있다고 생각해 보자. 아니면 옆집에 이제까지 보지 못했던 화려한 발명품들이 있다고 하자. 모퉁이 저쪽에 환상적인 새로운 일이 있다. 당신의 몸도 적절히 교정되어 새롭게 되어 있다.

대단하다! 그런데 이 모든 것은 어디서 오는 것일까? 그냥 하늘에서 떨어지거나 외계의 수호천사가 보내는 것일까? 아니다. 그것은 당신에게서 나온다. 그것을 끌어들이기 위해 당신이 할 일은 단지 좋은 느낌의 진동으로 그것을 원하는 것뿐이다.

케케묵은 옛 신념

이제까지 삶에 실제로 있어 온 것이 우리에게 가능한 것과는 아무 상관이 없다는 개념은 쉽게 받아들이기 힘들 것이다. 이것은 일이 이루어지는 방식에 대한 우리의 생각과는 정반대인 까닭이다. 그러나 이제까지 있어 온 것, 아니면 지금 이 순간 우리 앞에 있는 것은 지난날 우리의 에너지를 흘려보낸 결과이다. 이것은 '일이 이루어지는 방식'이 아니다.

이제까지 있어 온 것은 '외부의' 사람이나 사물이 미친 영향의 결과가 아니다. 또한 행운이나 불운의 결과도, 좋은 사람, 의로운 사람, 성자인 체하는 바보 노릇을 한 결과도 아니다. 이제까지 있어 온 것은 가족이나 정부, 학교와도 상관이 없다.

우리 삶에 있어 온 것은 반드시 우리가 초점을 두었던 곳에서 온다. 그리고 우리의 초점 대부분은 오래된 신념, 우리 머릿속에 자리 잡고 있거나 아기 시절부터 맹목적으로 사실로 받아들인 그 냄새나는 옛 철학에서 온다. 우리가 사실이라고 여기는 것에 대한 오래된 생각 방식, 솔직히 쓰레기통에 들어가야 할 생각 방식이 전에도, 지금도 우리를 가득

채우고 있다.

신부 프레드

오래전 여름날 나는 회중교회 사제 프레드와 데이트를 하고 있었다. 나는 이 사람이 남성으로서 이상형이라고 생각했다. 그는 키가 크고 균형이 잡힌 몸매로 멋있었다. 나보다 열 살 정도 많은 그는 머리도 좋고 학력도 좋은데다 뉴잉글랜드 집안 출신이었다. 정말이지 나의 이상형이었다.

신부 프레드는 탁월한 강사로 교육뿐 아니라 설교도 잘했다. 그러나 그의 교회는 텅 비어 있었다. 그 난감한 상황을 타개하기 위해 그는 자신의 스타일을 바꾸고, 말투도 바꾸고 물건도 바꾸고 심지어 제단 복장까지 바꾸었지만 아무것도 통하지 않았다. 사람들은 그의 설교를 듣거나 가까이 오는 것을 좋아하지 않았다.

그 당시 나는 편안하게 살고 있었다. 이십 대 초반으로 내 인생을 어떻게 살지 전혀 생각하지 않고 술을 마시고 즐기는 데 집중했다. 프레드 신부 역시 나와 같이 술을 좋아했으므로 우리 둘은 함께 즐겼다.

그런데 뭔가가 나에게 거슬리기 시작했다. 뭔지 모르지만 멈추지 않고 계속되었다. 술을 마시거나 드라이브를 할 때, 파티에 빠져있을 때, 어디서 무엇을 하든 프레드는 교회의 일이나 사람을 비난했다. 강박관념에 빠진 것 같았다. 어느 날 밤에는 주교를 비난하고 다음 날 밤에는 자신의 잘못된 교육이나 적은 예산, 교구의 '좋은' 예배 제한 등을 비난했다. 그의 비난은 끝이 없어 보였다. 마침내 그것이 나를 괴롭게 하기 시작했다.

나는 심리학 전공자는 아니지만 이것은 아니었다. 마침내 내가 그 부분에 관해 묻자 그의 퉁명스러운 대답은 "난 그런 사람이요. 나는 잘못된 것을 찾아내는 능력이 있어요. 이 교회는 시대에 뒤떨어져서 혁신이 필요해요. 그런데 그건 내 일이 아니에요. 난 다만 변화가 필요한 것을 보는 재능만 있어요"라는 것이었다.

이내 나는 프레드가 교회뿐 아니라 인생의 모든 것을 비판적으로 본다는 것을 알게 되었다. 세상은 엉망이고 모든 것은 변화되거나 고쳐져야 하는데, 자기는 그렇게 할 사람이 아니란 것이었다. 사실 그는 그럴 능력이 없다고 생각했고, 그것 때문에 자신이 이끄는 예배를 가능한 한 흠 없이 진행하는 데 집착하고 있었던 것 같다. 교회야 텅 비든 말든 적어도 이 부분에서는 탁월할 수 있다고 생각했다.

그러면서도 그는 권위를 두려워했다. "내가 할 수 없는 이유는…"이 그의 언어였다. 그는 교회를 위한 기금도 직원도 예산도 확보할 수 없었고 심지어 출타할 때 대신할 초빙 강사도 확보할 수 없었다. 그는 절대로 이루어지지 않는다는 사실에만 집중할 뿐이었다. 그래서 당연히 이루어지지 않았다.

불쌍한 프레드 신부는 '원하지 않은 것이 가득한 세상'에 살면서 자신이 그것에 집중할수록 그것을 사라지게 할 가능성이 많다는 생각을 하고 있었다. 그는 자신이 더 큰 힘에 굴복해야 하는 힘없는 희생자로 여겼다. 지금 돌이켜 보면 왜 사람들이 그에게 가까이하지 않았는지 이해가 된다. 그의 설교에는 그의 부정적인 성격이 거의 반영되지 않았지만 사람들은 직관적으로 그의 에너지를 파악하고 그것을 원하지 않았던 것이다.

다시 말하지만 이것은 우리 대부분이 살아온 방식을 보여주는 극단적인 사례이다.

프레드가 권위와 운명에 대해 가졌던 것과 같은 그런 종류의 케케묵은 신념은 의도적인 창조를 막는 가장 큰 장애물이다. 우리가 다른 방향으로 나아가고 싶다고 생각할 때마다 튀어나와 가로막기 때문이다. 내 말을 이해하겠는가? 당신이 새로운 직장을 가지고 싶다는 생각을 하면 매우 감정적인 생각이 튀어나와서 "~ 때문에 안 돼!"라고 말한다는 것이다.

새 차를 원할 때는 "~ 때문에 안 돼!"

새로운 관계를 원할 때도 "~ 때문에 안 돼! 절대로 안 돼!"라고 한다.

이것은 우리 조상들이 '당위성'과 '희망', '옳고 그름'에 대해 가졌던 가치관과 윤리이다.

이들 개념은 이 세상을 떠날 때까지는 더 나은 삶을 살 수 없다고 하거나 '오로지 고난을 통해서만 하나님 나라 성취를 소망할 수 있다'라고 하는 종교에서 온 낡은 철학이다.

이들 개념은 성취와 성공, 일과 수입에서는 확신되어 있다.

이들 개념은 우리가 모든 일에서 잘못된 것을 늘 찾도록 강요하고, 직장과 환경, 배우자, 정부, 학교, 자녀 그리고 우리 자신의 문제에 있어서 앞으로 나아가기 전에 먼저 문제를 해결해야 한다고 확신시켜 온 신념이다.

"이걸 해결해야 해, 해결해야 해, 이렇게 하려고 하면 안 돼, 이렇게 바라면 안 돼, 고쳐야 해."

그렇지만 아마도 가장 해가 되는 신념은, 어리석은 지도자, 술고래 가족, 엄한 상관 등 다른 사람의 잘못 때문이라고 생각하는 것이다. 우리는 매일 해가 뜨는 것처럼 한결같이 비난하면서 세상이 그렇게 돌아가는 것이기 때문에 문제가 없다고 생각한다. 우리는 남을 비난하면 기준이 좋아진다고 확신한다. 그래서 조금씩 비난을 증가시킨다. 그런 부정적인 진동이 우리에게 얼마나 파괴적인지는 전혀 눈치채지도 못한다.

그렇지만 좋은 소식이 있다. 오늘날 수많은 심리학자와 상담자가 어떤 반대의 말을 한다 해도 그 쓸데없는 말에 집중할 필요가 없다. 그 간단한 방법을 알고, 그것이 어렵지 않고 단지 우리가 느끼는 방식에 집중하는 것임을 알게 되면, 오랫동안 우리를 속박해 온 그 케케묵은 것을, 우리가 항상 완전히 정상이라고 생각했던 고된 삶을 극복하는 법을 습득할 수 있다.

원하지 않는 것

부정적인 에너지가 나오는 곳은 단 한 곳, 즉 우리가 원하지 않는 것이다. 때로 우리는 이것을 죄책감이라 한다. 다른 때에는 두려움, 책임, 걱정, 의심이라고 부르기도 한다. 여기서는 심리학자들의 진부한 용어를 던져 버리고 모두 다 그냥 '원하지 않는 것'이라고 하겠다.

믿기 어렵겠지만, 우리가 일상적으로 하는 생각이나 그에 따른 감정의 대부분은 우리가 원하지 않는 것에 관한 것이다. 크든 작든, 여기든 저기든, 지금이든 과거이든 미래든 상관이 없다. 이런 종류의 생각은 끝이 없고 대부분 자동적이며, 무의식적이고, 끔찍하게도 우리를 속박한다. 이런 것을 보자.

우리는 날씨가 나쁠 때는 운전해서 출근하기를 원하지 않는다.

우리는 지각을 원하지 않는다.

우리는 상관이 기분 나쁘게 하기를 원하지 않는다.

우리는 궁핍이 계속되기를 원하지 않는다.

우리는 질 나쁜 고기를 구매하기를 원하지 않는다.

우리는 흉하게 보이기를 원하지 않는다.

우리는 자녀가 다치기를 원하지 않는다.

우리는 감기에 걸리기를 원하지 않는다.

우리는 해고당하기를 원하지 않는다.

우리는 늘어선 긴 줄을 원하지 않는다.

우리는 아침에 일어나기를 원하지 않는다.

우리는 더 많은 청구서를 원하지 않는다.

우리는 이런 추운 기후에 살기를 원하지 않는다.

우리는 빨간 신호등을 원하지 않는다.

우리는 이혼을 원하지 않는다.

우리는 시험에 떨어지기를 원하지 않는다.

등등….

위에 나열한 것 가운데 한두 가지는 단지 순간적으로 생각하는 것에 불과하므로 많은 감정이 나오지 않을 것이며 따라서 큰 해를 끼치지 않을 수도 있다. 그러나 나머지 것들이 별거 아닌 것처럼 보일 수도 있지만 절대로 그렇지 않다. 어떤 것 하나를 장시간 집중해 보라. 그러면 자신도 알아채기 전에 눈앞에 나타나 있을 것이다.

더욱 나쁜 것은 우리가 종일 내뿜는 의식적, 무의식적으로 원하지 않는 것들이 결합된 힘은 진동의 결합체가 되어 우리의 세계를 만들어 낸다. 좋든 싫든 그 결합체는 보통 부정적이다.

예를 들어 과거의 그 진부한 집착인 '만일 …을 했더라면'을 생각해 보자.

만일 다른 부모에게서 태어났더라면
만일 대학을 다녔더라면
만일 그 사람과 결혼을 했더라면
만일 그 직장을 택했더라면
만일 차선을 바꾸지 않았더라면
만일, 만일, 만일 …을 했더라면….

'만일 …을 했더라면'은 원하지 않는 것의 과거형이다. "나는 그런 부모를 원하지 않았다", "나는 학위 없는 직장을 찾는 일을 원하지 않았다", "나는 불행한 결혼을 원하지 않았다", "나는 이런 보수 적은 일자리를 원하지 않았다", "나는 차 사고를 원하지 않았지만 차선을 변경했다" 등이 그것이다.

다음으로는 부정적 욕구를 교묘하게 표현하는 것으로, 이 또한 '원하지 않는 것'의 위장된 표현에 불과하다.

나는 병이 낫기 원해.
나는 빚에서 벗어나기 원해.

나는 체중을 줄이기 원해.

나는 담배를 끊기 원해.

나는 우리의 비참한 결혼 생활이 정돈되기를 원해.

나는 배우자가 더 나은 일자리를 얻기 원해.

'원하지 않는 것'을 말하지 않는다 해서 부정적이 아니라고 생각할 수도 있다. 그러나 어디에 초점이 있는가? 삶에서 더는 원하지 않는 것을 정조준하고 있다. 그런데 우리가 집중하는 것을 얻게 된다. 그래서 그것이 닥치는 것이다.

이제 당신이 부정적인 사람이 아니라는 주장에 처음으로 동의하려고 한다. 우리 대부분은 프레드 신부와 같지는 않다. 우리는 할 수 있는 한 인생을 즐긴다. 일몰 장면을 보며 전율한다. 작은 물고기를 낚으면 도로 놓아준다. 친구들이 승진하면 기뻐한다. 아이들이 재미있는 조크를 하면 웃어준다. 금요일 밤에는 외출을 즐긴다. 우리가 성취한 것에 자부심을 느낀다. 칭찬받아야 할 것은 칭찬한다. 우리뿐 아니라 다른 사람들의 삶에 기쁨이 될 수 있는 일을 한다.

그럼에도 삶의 초점은 끝없이 원하지 않는 것에 두어 왔다. 우리는 열심히 일하기를 원하지 않았고, 차가 고장 나기를 원하지 않았고, 온종일 이것저것을 원하지 않았다. 그래서 우리가 원하지 않는 것을 더 끌어당기게 되었다.

하는 일에 원하지 않는 것이 있거나, 차가 고장이 났거나, 당신을 화나게 하는 동료가 있다고 해 보자. 그 일로 돌아가서 격해진 감정으로 16초간 지속할 때마다 그것이 더욱 커지고 힘이 더해져서 더욱 그것을 생각하기가 쉬워진다.

정글에 길을 내는 것처럼 여기저기를 쳐내다 보면 이내 멋진 길이 만들어져서 오갈 수 있게 되는 것이다. 당신이 하는 일이 그렇다. 같은 주제를 생각하고 또 생각하면 이내 생각하기가 쉬워지고 그것을 머릿속에서 털어내기 어려워진다. 그러면 자신도 모르는 사이에 당신이 원하지 않는 일이 일어나 버린다!

새 차에 흠집이 생기기를 원하지 않으면 '주차장의 바보짓'이라는 같은 진동을 끌어들이게 된다.

맘에 들지 않는 사람이 옆집으로 이사 오기를 원하지 않으면 요란한 개를 키우는 얼간이를 끌어들여 계속 살도록 만들게 된다.

대금 지급 문제를 더는 겪기를 원하지 않으면, 이 문제가 더욱 악화된다.

휴일에 혼자 있기를 원하지 않으면 반드시 혼자 있게 된다.

당신의 진동에 16초 이상의 무엇을 포함시키면 좋든 싫든 그대로 받게 된다. 그러므로 당신이 원하지 않는 것에 관해 이야기할 때는 그것이 당신의 일부, 당신의 일상적 진동의 일부가 된다. 이내 당신은 그렇게 살게 될 것이고, 진동할 것이고, 그것에 대해 말할 것이고, 그것에 대해 불평할 것이고, 그것에 대해 곱씹을 것이고, 그리하여 그것이 처음보다 더 강하게 당신의 일상 진동과 일치하게 될 것이다. 당신은 원하지 않는 것을 진동하게 되는 것이다.

이제 그것은 당신을 떠나지 않는다. 당신의 일부인 것이다. 아무리 불평하고 걱정해도 떨어지지 않는다. 당신의 일상 진동에 포함되었기 때문이다. 그리고 그렇게 살아가고 집중하며 곱씹을수록 당신의 진동과 더욱 일치되어 당신이 떨치기 원하는 그것을 오히려 단단히 붙들게 된다.

이것뿐이 아니다

또 다른 문제가 있다. 방안에서 진동하면 같은 주파수를 가진 다른 모든 것도 함께 진동하는 소리굽쇠를 기억하는가? 우리의 생각에서도 이와 같은 일이 일어난다. 어떤 것에 관해 더 많이 생각할수록 무엇을 생각하든 그것을 더욱 끌어들일 뿐이다.

당신이 진정으로 생각하는 것이 지붕을 고칠 돈이 충분하지 않다는 것일 때도 그 결과는 독감과 같은 나쁜 일에서부터 해고에 이르기까지 모든 것에 미칠 수 있다. 갑자기 당신은 동일한 진동을 가진 것들의 덩어리가 닥치는 것을 경험한다. 물론 동일한 것은 아니지만 당신이 원하지 않는 것이고 반기지 않는 것이다. 한 가지를 생각함으로써 당신은 동일한 주파수로 진동하는 다른 모든 것을 모두 초대하는 것이다. 진동수가 일치하면 당신이 집중했든 집중하지 않았든 상관없이 당신의 것이 될 수 있다.

한 가지 일이 잘못되기 시작하면 다른 모든 것도 잘못되는 것을 경험해 본 적이 있는가? 그것은 당신이 내보내는 진동이 동일한 파장을 지닌 다른 온갖 것들과 조화되기 때문이다. 한 가지를 거듭거듭 생각함으로써 생각을 소용돌이로 만들며, 그것은 더욱 커져서 온갖 것이 함께 돌아가게 되어 다시 당신에게로 돌아오게 된다.

예를 들어 당신의 직장이 얼마나 싫은지를 오랫동안 생각했다 하자. 그러면 자동차 접촉 사고를 당하고, 싱크대가 막히며, 열쇠를 잃어버리고, 냉장고가 고장 나며, 발가락을 다칠 것이다. 이 모든 것은 당신이 원하지 않는 것 하나를 거듭 생각하는 데서 나온다. 그것이 이제 이전보다 훨씬 더 악화된 것이다.

원하지 않는 것은 거창할 것일 수도, 사소한 것일 수도 있다. 어쨌든 한 가지에 집중하든 백한 가지에 집중하든, 우리는 부정적인 흐름을 흘려보내는데 그것은 즐거움과 조금이라도 가까운 것은 절대로 끌어들이지 않는다. 그럴 수 없는 것이 그것이 전혀 다른 주파수를 지니고 있기 때문이다.

그리하여 우리는 계속 그렇고 그런 상태에 머물게 된다. 우리의 진정한 상태요 우리의 절대적이고 반박 불가능한 권리인 높은 에너지의 행복과는 동떨어진 삶에 머물게 된다.

이제 두 가지가 분명해진다.

1. 원하지 않는 것을 오랫동안 생각하면 당신이 그것을 끌어들이게 되거나 아니면 그것이 당신을 끌어가게 된다.
2. 원하지 않는 것을 감정을 가지고 생각하면 자동적으로 유사한 주파수를 지닌 부정적인 일을 끌어당기게 된다.

조화 혹은 부조화

그러면 우리는 어떻게 해야 하는가? 이것을 어떻게 변화시켜야 하는가? 종일 하는 생각과 말과 행동을 낱낱이 살필 수는 없는 노릇이다.

걱정하지 말라, 그리 어려운 일은 아니다. 우리가 해야 할 일은 단지 우리의 마술 요정인 감정으로 돌아가서 이런저런 종류의 에너지 흐름을 어떻게 느끼는지 찾아내는 법을 익히고, 언제 기분이 좋거나 나쁜지, 무 감각해지는지 진정으로 행복해하는지를 알아내는 법을 아는 것이다.

그러나 잠시 진동으로 돌아가 보자. 우주 안의 모든 것은 진동에 반응한다. 그것은 법칙이다. 이곳 지구 위에 있는 우리에게는 그것이 접촉, 냄새, 색, 맛, 소리, 감정을 의미한다.

우리가 기쁨이나 열정, 사랑 혹은 그 외 다른 종류에서 최고의 행복을 느낄 때, 그 느낌은 특정 종류의 진동에 관한 우리의 해석이다. 반면에 걱정이나 죄의식, 증오 같은 감정을 느낄 때도 그것 역시 진동에 관한 해석이다. 어떤 종류가 다른 종류보다 좋은 느낌이 드는 이유를 명심하라. 하나는 우리의 근원에 가깝고 다른 것은 그렇지 못하다.

우리는 눈에 보이는 것의 물리적 확장 이상의 존재이다. 거대한 비물리적 존재 즉, 우리의 근원적 에너지가 인간의 몸으로 나타난 것이다. 우리가 그 에너지와 조화되는 진동을 할 때 좋은 느낌을 가진다. 반대로 나쁜 느낌을 가질 때는 그 순수하고 긍정적인 에너지와 부조화하는 진동을 하기 때문이다.

원하지 않는 것은 우리가 조화되지 못함을 의미한다. 어떤 것을 바라보면서 "난 이것을 원하지 않아"라고 할 때 두 가지 일이 일어난다.

첫째, 원하지 않는 것이 사라지게 하는 방법이 없다. 그것은 우리가 그것에 집중함으로써 진동으로 붙들고 있기 때문이다.

둘째, 우리가 나쁘거나 침울하거나 행복이 아닌 다른 종류의 느낌을 가지게 된다.

그러므로 우리의 근원 에너지와 조화될수록 더 좋은 느낌을 가지게 된다. 또한 근원 에너지와 부조화할수록 나쁜 느낌을 가지게 된다. 달리 말하면 좋은 느낌은 자연스러운 것인데, 지금은 정상적이 아닌 것이 되고 있다. 그러지 못한 것은 부자연스러운 것인데 안타깝게도 지금은 우리에게 정상적인 것이 되고 있다.

그러나 알아야 한다

부정적 감정의 일차적 문제는 우리 스스로 그런 감정을 가진 줄 거의 모른다는 사실이다. 그렇지만 우리가 항상 낮은 진동 대신 즐거움이라는 높은 진동을 흘려보내면, 번영과 풍요, 성공 등의 풍성함이 넘치게 된다. 최고의 행복과 안전한 건강은 말할 것도 없다.

그러므로 우리의 시간 중 99% 동안 가지고 있으며 정상이라고 하는 이 상태는 부정적 진동에 지나지 않는다.

부정적 진동은 어떤 종류이든, 어느 정도이든, 어떤 이유이든 우리가 생명의 근원에서 스스로를 단절시켰음을 의미한다. 우리는 존재하지만 살아있는 것이 아니다. 엄청난 차이이다!

부정적 진동은 우리 자신은 우리의 근원으로부터 단절시켰음을 의미한다.

부정적 진동은 무엇이 우리를 행복하게 하는가에 대해 생각하기를 거부할 때 생긴다.

부정적 진동은 원하지 않는 것과 함께 살 때 생긴다. 그것은 오직 거기에서 생긴다.

부정적 진동은 장난감 전문점으로 들어가는 문을 쾅 닫아버렸음을 의미한다. 우리가 진심으로 바라는 것은 원하지 않는 것이 지닌 낮은 진동을 통해서는 나타날 수 없다. 그것은 '기쁨'이라는 다른 진동의 일부이다. 그러므로 좋은 느낌이라는 높은 진동으로 불러낼 때까지는 우리에게서 멀리 존재한다.

이처럼 간단하다. 우리가 원하는 것들은 단순히 우리의 내면적 존재, 확장된 자아의 높은 진동과 조화되는 것일 뿐이다. 우리의 부정적 진동과 조화되는 것이 아니다. 이들은 정도의 차이는 있겠지만 우리에게 즐거움을 주기 때문에 그것과 일치하는 유일한 진동은 우리의 원래 의도, 즉 기쁨 가운데 있는 것의 진동과 일치한다. 원하지 않는 것을 생각하면서 원하는 것을 기대할 수는 없다. 그것은 물과 기름이 섞이는 일과 같다. 낮은 주파수를 높은 주파수와 섞는 일은 절대로 이루어지지 않는다. 반드시 그 시간에 지배적인 하나가 다른 하나를 지배하게 되어 있다. 약간 걱정하는 느낌을 가지기만 해도 하나님이 주신 천부적 권리인 풍요와 행복으로 들어가는 문이 닫혀버린다.

그러므로 근본적으로 우리는 우리 자신의 목적을 좌절시켜 왔다. 돈, 자녀, 부모, 세상 형편 같은 모든 것에 관심을 가지는 것이 중요하다고 생각하면서 우리가 해 온 일은 낮은 주파수의 에너지 흐름을 끝없이 생성해 우리 자신, 다른 사람 그리고 세상에서 바라는 것 대부분을 억제하는 것이었다.

부정적인 것과 작별

이것을 보는 다른 방법이 있다. 기쁨과 가족이 아닌 감정은 무엇이든 완전히 낡고 부정적인 것으로 무언가가 결여된 데서 온다.

이것을 생각해 보자. 우리가 가졌던 모든 부정적 감정은 그것이 미약하든 잘 감추어져 있든 상관없이 우리가 진정으로 원하는 것이 없는 데서 비롯된다. 비난을 예로 들어보자. 우리는 어떤 사람이나 사건이 우리가 원하지 않은 것을 주었다고 비난한다. 그러나 그것은 단지 우리가 원하는 것이 없는 것일 뿐이다.

우리는 사람이나 물건을 잃는 것을 염려한다. 그래서 그 사람이나 물건이 없는 것을 두려워한다.

우리는 안전하다는 느낌이 없는 것 때문에 무엇이 '거기 있는 것'을 두려워한다.

우리는 어떤 사람의 동의가 없기 때문에 정당화하고 합리화한다.

우리는 원하는 것이 없기 때문에 우울해한다.

우리는 만들어 낼 시간이나 자원이 없기 때문에 초조해한다.

사전에 있는 모든 부정적 감정은 결핍에서 온다. 그러므로 이를 감사해야 한다!

무슨 말이냐고?

그래, 이상하게 들릴 줄 안다. 그러나 먼저 원하지 않는 것을 알지 않으면 어떻게 원하는 것을 알 수 있겠는가? 알 수 없다. 원하지 않는 것을 바탕으로 원하는 것을 알 수 있다. 비참한 경험, 끔찍한 사건, 불행한 순간, 작은 걱정 등은 모두 인생의 기회가 된다는 의미이다.

원하지 않는 것은 깨어나라는 요청이요, 숨어있던 데서 나와 기어를 바꾸어 참된 삶으로 나아가라는 요청이다. 그러므로 이제까지 가지고 있거나 지금도 가지고 있는 모든 부정적 감정에 대해 감사하라. 아무리 끔찍하고 많아도 상관없다. 그것은 당신의 소중한 자산이요 행복으로 가는 도약대이다.

물론 스트레스와 같은 것을 기뻐한다는 개념에 익숙하게 되는 데는 약간의 시간이 걸릴 것이다. 그러나 만일 그것을 이해해서 그것을 인정하고 느끼기만 하면, 의도적 창조자가 되는 법을 배우는 첫째요 가장 큰 걸음을 내디딘 것이다.

1단계: 원하지 않는 것을 찾는다.

향은 중요하지 않다

원하지 않는 것에는 보편적인 것과 개인적인 것 두 가지가 있다. 보편적인 것은 좀 더 일반적이고 알기도 쉽다.

보편적으로 원하지 않는 것은 세계적으로 싫어하는 것, 깡통 계좌, 질병, 좋지 않은 관계, 만족스럽지 않은 직장, 볼품없는 몸매, 낮은 자존감, 비가 새는 지붕, 고장 난 차, 강도, 공격, 교통사고, 지구 온난화 같은 것으로 이 지구상 어느 누구도, 조금도 원하지 않는 것이다. 이 정도면 이해가 될 것이다.

개인적으로 원하지 않는 것은 대체로 다른 사람들은 아니고 오직 우리만 괴롭게 하는 약간 불쾌한 것이다. 모임에서 연설하기, 거미 잡기, 아이들 양말 깁기 같은 것은 우리가 개인적으로 선호하지 않는 것들이다. 이런 것은 보편적으로 원하지 않는 것보다는 덜 발생하는데 그것은 그런 것이 발생하기를 그렇게 원하지 않기 때문이다. 그래서 많이 일어나지 않는다.

예를 들어 당신이 상사에게 정말로 화가 났다고 해 보자. 이는 개인적으로 원하지 않는 것이다. 퇴근하는 길에 당신은 마켓에 들러 물건을 고른다. 그리고 당신의 진동을 내보내면서 심술궂은 직원이 있는 계산대 앞에서 줄을 선다. 다른 때는 별로 개의치 않는데 오늘은 많이 거슬린다.

집에 오면서 그 여자를 두고 곱씹는다. 물론 16초 이상이다. 그러면 생각이 이어지고 감정이 따르고, 진동이 시작된다.

저녁을 먹으면서도 16초보다 훨씬 오랫동안 그 여자를 생각하면서 원하지 않는 것이 당신의 일부가 되게 하는 그 멋진 일을 한다. 다음 날 출근해서도 그 여자 이야기를 한다. 이런 것은 커피타임에 좋은 이야깃거리이다. 그리고 점심시간에도 절친에게 이야기한다. 이제 당신이 그토록 집중하여 내보낸 에너지가 커져서 부메랑처럼 돌아온다.

다음 날 저녁, 오기로 그 상점과 경쟁하는 가게로 간다. 쇼핑을 마치고 계산대로 가면 어떻게 될 것 같은가? 아뿔싸! 또 한 명의 냉혈 직원이 떡 버티고 있다. 당신이 그렇게 피하기를 원했던 것에 집중함으로써 당신이 끌어들인 것이다. 당신은 놀랄지 모르지만 바로 당신이 불러들인 것이다! 당신이 진동한 것을 얻는다. 그게 삶의 법칙이다.

내 친구 스킵은 좋은 음식과 식당을 찾아다니는 미식가로, 그의 아내 무리엘을 재미있고 새로운 먹을 곳으로 데리고 가 깜짝 놀라게 하는 일을 즐겼다. 최근 그는 강이 내려다보이는 화려하고 편안한 작은 식당을 찾아갔던 이야기를 해서 나는 배꼽을 쥐고 웃었다. 스킵은 잘 꾸며내는 사람이기도 했다. 식당에는 촛불과 바이올린 연주는 물론이고 검은 넥타이를 맨 웨이터까지 분위기를 돋우는 여러 가지가 있었다.

그들은 자리를 잡고 와인을 주문했다. 그리고 물가의 풍경을 즐기는데 뒤에서 싸움이 시작되었다. 처음에는 작은 소음 정도였지만 소리가 점점 더 커져서 마침내 이들 연인의 말 한마디 한마디가 그 안락한 식당 전체에 들릴 정도가 되었다.

스킵과 무리엘은 무시하려고 했지만 쉽지 않았다. 싸움이 매우 험하고 급박해서 두 사람은 자신에게 어떤 진동이 일어나는지 생각할 겨를이 없게 되었다. 그들은 자리를 뜨지 않았지만 그들의 에너지는 곧바로 그 싸우는 부부의 진동을 흡수했다. 차라리 자리를 뜨는 편이 나았었다.

스킵은 불평하기 시작했다. 그는 지배인에게 그 부부를 진정시켜 달라고 요구했지만 되지 않았다. 그는 식사 시간 내내 신경이 날카로워져서 집으로 돌아오는 동안에도 투덜댔다. 잠자리에 들 때도 두 사람은 불평을 했다. 그러나 거기서 끝나지도 않았다.

스킵과 무리엘은 그 후 세 번의 저녁 외식 때도 그런 경험을 했다. 첫 번째는 옆자리의 부부가 티격태격했고, 두 번째는 아이가 울었고, 세 번째는 술 취한 사람이 소란을 피웠다.

비로소 그들은 알게 되었다. 그들이 원하지 않는 것에 심히 집중했기 때문에 그만큼의 에너지를 흘려보냈고, 끌어당김의 법칙이 작용해 이에 상응하는 진동을 지닌 환경을 그들이 경험하게 된 것이었다. 그들은 자신이 어떻게 느끼고 있는지 관심을 기울이지 않았기에 작은 '원하지 않는 것'이 전쟁이 되도록 방치한 것이다.

개인적으로 원하지 않는 것은 보통 그렇게 심각하지 않다. 적어도 처음에는 그렇다. 그것은 삶에 필수적인 것을 경험하려는 내재적 욕구에서 시작된다. 반면에 보편적으로 원하지 않는 것은 깊이 뿌리박고 있는 것으로 대부분 오랫동안 계속된 인간의 두려움과 불안에서 야기된다.

그러나 원하지 않는 것이 보편적인 것이든 개인적인 것이든, 심각한 것이든 간단한 것이든, 지속적인 것이든 일시적인 것이든 상관없다. 중요한 것은 그것을 알아채고 파악하고 느끼고 또는 찾아내어 그것을 바꾸는 것이다.

나쁜 느낌을 좋은 느낌으로, 느낌을 바꾸는 것이다. 재빨리….

4장

2, 3단계: 내가 원하는 것

이제까지 원하지 않는 것을 바탕으로 사는 일이 우리 삶의 대부분을 창조하는 방식이라는 사실을 살펴보았다. 이제 원하는 것이란 진정으로 무엇인지 그리고 그것을 알게 되면 그것으로 무엇을 하는지를 살펴보도록 하자.

어리석게 들리지 않는가? 사람들은 누구나 자신이 삶에서 원하는 것을 알지 않는가?

그렇지 않다! 원하는 것이란 전 인류 가운데서 가장 두려운 일이요, 오해하는 일이요, 무시되어 온 것이다. 장담컨대 대부분의 사람들에게는 이것을 생각하는 것만으로도 마취 없이 치과 치료를 받는 것보다도 더 끔찍한 일이다.

그러나 원하는 것이라는 까다로운 영역을 파고들기 전에 먼저 이것은 우리의 삶에 기쁨과 열정을 주고 삶을 가치 있게 하는 것이라는 사실을 이해하는 것이 중요하다. 이상하게도 우리에게 행복을 주는 것은 우리가 회피하고 싶다고 생각하는 바로 그것, 즉 좋아하는 것과 좋아하지 않는 것, 원하는 것과 원하지 않는 것을 대비하는 일이다. 이 논리가 낯설어 보이겠지만, 대비되는 게 없고 똑같으면 우리는 미칠 수도 있다.

이 괴상한 개념을 설명하기 위해 세임빌(sameville, 같은 구성 요소로 이루어진 마을)이라는 가상의 행성에 있는 가공의 마을로 상상의 여행을 떠나보자.

세임빌

세임빌은 바로 우리에게 있다. 그곳은 꼭 지구와 같아서 지형도 같고, 사람들도 같은 모양이고, 모든 것이 같다. 그것은 지구와 동일하다. 단 한 가지 다른 점이 있다면 모든 것이 회색이라는 것이다. 경치도, 건물도, 차도, 동물도, 사람 몸통도 모두 회색이다. 모두 다 같은 색으로, 심지어 그림자도 회색이다. 모든 것이 같기 때문에 사람들은 매력을 느끼지 않는다. 도전도, 장애도, 거치는 것도 없다. 대조되는 것이 없는 것이다!

무기력한 사람들이 보이는가? 권태로 가득하다. 이상할 게 없다. 세임빌에서는 결정을 하지 않는다. 어떤 결정을 하든 결과가 같기 때문이다. 배우자도 다르지 않고, 일의 흥미도 모두 같다. 이제 좀 파악되는가? 이 세임빌의 모습은 거의 지옥이다.

그런 곳에서 살기를 원하는 사람이 어디 있겠는가? 목표가 있겠는가? 탁월할 것도 없고, 바랄 것도 없고, 즐길 만한 차이점도 없고, 열정을 불러일으킬 것도 없다. 쉽게 말해서 끝없는 권태의 장소이다. 우리가 이 지구에 온 것은 바로 그것을 피하기 위해서이다. 우리는 다양성과 차이를 찾아 살아왔다. 이상한 말이겠지만 대비되는 것을 찾아온 것이다.

삼차원의 지구가 주는 것은 바로 풍부한 대안과 선택으로, 이것은 우리가 좋아하지 않는 것이 무엇인지 알 수 있는 근거이다. 그래서 우리는 주위를 둘러보면서 우리가 좋아하는 것을 만들어 낼 수 있다. 누군가가 말했듯이 아이스크림이 모두 바닐라라면 인생은 너무도 단조로울 것이다.

그래서 우리는 선택이 가능하다. 수없이 많고 많은 선택은 우리가 바라는 이 풍부한 세상에 살면서 무엇이든 즐길 기회일 뿐 아니라 그 바람들이 우리 삶에 이루어지게 하기 위해 얼마나 많은 고독과 박탈을 견뎌야 하는지도 알게 해 준다.

이것을 생각해 보자. 우리는 불쾌하게 하는 것을 찾아내는 데 탁월한 마법사이지만, 우리가 진정으로 원하는 것을 찾아내어 그것을 삶으로 끌어들여 즐기는 일에는 별로 열심을 보이지 않는다.

인생은 '저것은 좋아하지 않아, 저것을 좋아해'라는 선택이 아니다. 그런데도 '저것은 좋아하지 않지만 거기에 빠졌어'라고 한다. 그러면서 우리가 붙잡혀 있는 그것을 불평하고 초조해하고 괴로워한다. 당연히 그 때문에 우리가 원하지 않는 상태로 더욱 빠져들게 된다.

당신은 무엇을 원하는가? 알고 있는가? 꿈꿀 수 있겠는가? 감히 바랄 수 있는가? 상상의 나래를 펴서 환상의 나라로 들어갈 수 있겠는가? 당신은 무엇을 원하는가? 진정으로 무엇을 원하는가?

원함이 주는 고통

우리가 경험하는 모든 것은 우리가 초점을 두고 있는 것과 느끼는 방법으로부터 온다는 다소 놀라운 사실을 알게 되면서 자연스럽게 '원하는 것이 다른 사람들에게는 좋을지 몰라도 나는 그런 백일몽을 시작하고 싶지 않다. 나의 삶은 문제없다. 이제까지 잘 지내왔는데 굳이 이제 와서 더 많은 실망을 겪을 일을 시작하고 싶지 않다'라는 생각이 드는 것이다.

우리는 우리가 갖고 싶지만 갖지 못한 것, 가고 싶지만 가지 못한 곳, 오르고 싶지만 오르지 못한 사다리를 안다. 이제까지 우리가 의도적으로 선택해 온 길을 가본 적이 별로 없으니 이제 시작해 보는 것이 어떻겠는가? "더 많이 원할수록, 덜 얻는다"라는 말이 있지만 또한 같은 의미에서 "바라고 원하는 것은 분명 많지만 그렇게 되리라 기대하지는 않는다"라는 말도 있다.

안타깝게도 우리는 원하는 것은 대부분 자기중심적 에고주의에서 비롯된 잘못된 것일 뿐 아니라 전혀 불가능한 것이라고 믿도록 세뇌당해왔다.

어린 시절, 즉 초등학교 3, 4학년 시절을 기억하는가? 그때쯤에는 실망과 그것이 주는 상처를 알 뿐만 아니라 그런 감정을 회피하는 데도 노련한 사람이 된다. 당신은 인생 초반에 무엇을 많이 원할수록 그것을 가지지 못한 고통을 더 많이 겪는다는 사실을 배웠다. 그래서 당연히 원하는 것이 실현될 확고한 보장이 없으면 원하는 것을 얻으려는 의지를 멈추었을 것이다.

그 이전 탐구심 많은 아장걸음 시절에도 TV 위에 놓인 반짝이는 유리병을 향해 기어오르면 "안 돼, 안 돼, 만지지 마!"라는 외마디를 들어야 했다. 전문가의 말을 빌리면 그 3년 동안에 한 번도 아니고 수백 번도 아니고 수만 번이나 "안 돼. 나빠. 그걸 원하면 안 돼!"라는 소리를 들었다. 만 네 살이 될 때쯤에는 무엇을 원하는지를 두 배로 생각하게 된다. 원하는 것은 '나쁜 것'과 동일화된 것이다.

아장걸음 시절이 지나도 이런 일은 멈추지 않는다. 자라면서 하려는 거의 모든 것에 "이건 안 돼", "저건 안 돼", "절대 안 돼"라는 말을 듣는다. 고등학교에 들어갈 때쯤에는 차를 갖거나, 무도회에 가거나, 초급대학을 통해 자신이 원하는 길로 가는 등 사회적으로 용납되는 일을 넘어서는 일을 원하는 것은 거의 불가능한 일이 된다. 빈둥거리면서 더 나은 일을 하지 않는 것은 절대 안 된다. 내년까지 백만장자가 되기를 바라는 일은 있을 수 없다. "바보 같으니, 그 허황된 생각을 버려!" 그래서 우리 대부분은 그런 열정을 내려두고 믿고 따라야 하는 의무와 반드시 해야 하는 의무만 있는 성인기로 들어선다.

이제 우리는 '사회 규범에 벗어난 것을 많이 원할수록 그것을 얻지 못할 것이 분명해진다'라는 위대한 진리를 터득했다. 꿈을 꾸지만 절대로 이루어지지 않는다. 꿈을 좀 더 많이 꾸어 보지만 이루어지지 않는다. 머지않아 우리는 규범을 벗어난 것을 꿈꾸거나 원하는 일은 좋은 일이 아니라는 거짓된 진리에 굴복하게 된다. 더 많이 원할수록 얻지 못하는 상처가 더 커진다.

마침내 우리는 신중하게 생각해 얻을 수 있는 것만을 원하는 최소한의 꿈을 꾸는 것 외에는 꿈꾸는 일을 모두 중단하게 된다. 그래서 작은 꿈을 꾸면 아무것도 일어나지 않는 대신 큰 상처는 받지 않는다는 그릇된 신념의 보호를 받으면서 세임빌이라는 절망적인 곳에 머물게 된다.

원함의 장벽을 무너뜨리라

박탈이 프로그램화된 삶을 무너뜨린다는 것이 약간 두려운 일일 수도 있는 이유는 그것이 변화를 의미하기 때문이다. 그러나 우연한 창조자가 아니라 의도적 창조자가 되기 위해서는 반드시 이것을 깨부수어야 한다. 솔직히 말해서 생산적으로 원하는 방법 그리고 그것이 문제없다는 것을 확인하는 법을 배우는 일은 그리 대단한 것이 아니다. 원하지 않는 법이 아니라 원하는 법을 배우기만 하면 된다.

원하는 것에는 기본적으로 세 가지가 있는데 각각의 목적이 있다.

1. 진정으로 원하는 것

첫째는 진정으로 원하는 것으로 원하지 않는 것에서 온다.

"나는 휴일에 시댁에 가기를 원하지 않는다. 오히려 내가 원하는 것은…."

"나는 이제 여기서 살기를 원하지 않는다. 오히려 내가 원하는 것은…."

이런 것은 아주 쉽다. 원하지 않는 것을 뒤집기만 하면 된다. 그러면 반대편에 진정으로 원하는 것이 있다.

2. 부정적으로 원하는 것

둘째로는 부정적으로 원하는 것으로, 이것을 뒤집어야 거기서 빠져나올 수 있다. 이것은 느끼는 방식을 통해 확인할 수 있는데, 그것은 원하는 방향을 바꾸지 않는 한 결코 좋은 느낌을 주지 않기 때문이다.

"나는 건강을 원해"라는 말은 당신이 건강하지 않다는 분명한 사실에 집중하는 것이다. 이것이 부정적으로 원하는 것이다. "나는 부자가 되기를 원한다"라는 말도 마찬가지 문제를 보여준다. 이 둘은 우리가 원하는 것을 갖지 못했다는 사실이 야기한 결핍에서 나온 것이다. 부정적으로 원하는 것은 언제나 원하지 않는 것이므로, 감정을 조정하지 않고는 찾아낼 수 없다.

만일 당신이 비만이어서 날씬해지기를 원하기에 순진하게 "난 날씬해지기 원해"라고 한다면, 그것은 부정적으로 원하는 것으로 절대로 편안함 같은 것을 느낄 수 없다. 그것은 갈망이나 동경, 공허한 바람 등에서 오는 것으로 모두 부정적인 에너지이다. 이것은 근본적으로 두려움인 부족에서 오는 것이지, 유쾌함인 소원에서 나오는 것이 아니다.

그렇기 때문에 그것이 있다면 원하지 않는다. 그러나 오로지 그것을 가지지 못했다는 사실에 집중하게 되면 절대로 이루어지지 않는다. 없는 것에 초점이 있기 때문에 불가능한 것이다.

만일 당신이 원하는 것이 그리고 그것을 말하는 방법이 좋은 느낌을 가지게 하지 않는다면, 그것은 부정적으로 원하는 것으로 뒤집어서 긍정적 목적, 신나는 소원이 되게 해야 한다.

3. 정당하게 원하는 것

마지막으로 세 번째 것을 나는 정당하게 원하는 것이라 하는데, 그 이유는 우리의 종교나 부모, 친구, 동료들이 아무리 반대하는 것이라도 우리가 그 소원을 가질 권리가 있기 때문이다. 우리는 존재하기 때문에 우리가 원하는 방식으로 우리의 창조 기술을 검증할 권리가 있다. 우리는 언제든지 원하지 않는 것을 원하는 것으로 대치할 권리가 있다. 그것이 우리에게 즐거운 것이라면 다른 사람들에게도 즐거울 수 있다. 그 반대도 마찬가지이다.

정당하게 원하는 것을 통해 우리는 마침내 '당위'와 '의무'의 감옥을 벗어나 자신만의 인생을 살 수 있게 된다.

정당하게 원하는 것을 통해 우리가 원하는 것이 적절할 뿐 아니라 중요하다는 사실을 받아들이게 된다. 무엇이든, 어디서든, 언제든, 어떤 종류든, 어느 정도든 우리가 바라는 대로 할 수 있다. 우리의 삶을 자유롭게 하고, 세임빌에서 나오게 하고, 진정한 자아가 기뻐하는 것으로 진동할 수 있게 한다면 어떤 것이든 원해도 된다. 오직 그 이유 때문에 우리는 원하는 것이며, 그걸 가지게 될 때 좋은 느낌을 갖게 된다.

이 말이 냉정하게, 무정하게, 이기적으로 들릴 수도 있다. 그러나 서둘러 결론을 내리지 말고 내 말을 계속 들어주기 바란다. 그러면 이 과감한 삶의 방식이 당신 주변 사람들과 당신을 의지하는 사람들 모두에게 큰 유익이 된다는 사실을 알게 될 것이다.

원하는 것: 삶의 필수조건

내가 당신에게 "좋습니다. 원하는 것이 무엇입니까?"라고 하면 당신은 "오, 그건 쉬워요. 써야 할 돈과 아이들 돌보는 일, 멋있는 집, 좋아하는 직장, 늘 함께할 사랑하는 배우자, 완벽한 건강, 새 차가 있으면 더 좋고요"라고 할 것이다.

좋다. 그것이 시작이다. 좋은 출발이다. 그러나 그것이 다는 아니다. 시작이다. 이 세상 사람 대부분은 이런 멋진 것이 다 있으면 천국에 사는 것 같을 것이다. 그러나 심오한 기쁨 가운데 있는 본연의 자아 주파수에 더 가까운 삶을 살 수 있으려면 열정이라는 능력을 분출해야 하는데, 그러기 위해서는 눈에 보이는 그런 것을 넘어서야 한다.

그러면 그 다른 것은? 다른 무엇을 원하는가?

물론 원하는 것이란 시간이 흐르면서 변한다. 아마 생일 선물로 조랑말을 원하거나 토요일 밤에 시내 중심가를 누빌 멋진 새 차를 원하는 수준을 넘어섰을 것이다.

그렇지만 아직도 당신 속에는 오랫동안 잊고 있는 환상이 많이 있을 것이다. 어떤 것일까? 그 감칠맛 나는 멋을 누리거나 매혹적인 모험에 참여하기를 꿈꾸어 온 지 얼마나 되었는가?

당신의 가장 작고, 가장 크고, 가장 오래 되고, 가장 새롭고, 가장 깊이 감추어진 소원, 야망, 포부는 무엇인가? 너무 멀리 있고 너무 불가능하고, 너무 이룰 수 없는 것이어서 그 누구에게도, 심지어 신에게도 속삭이지 못했던 그것은 무엇인가? 당신이 원하는 것을 허락하지 않았던 그것은 무엇인가?

이 행성은 세임빌이 아니다. 우리는 비교를 위해 이곳에 왔다. 우리의 소원을 표현하는 법을 배우기 위해 이곳에 왔다. 우리는 구별을 배우고 원함이라는 이 새로운 기술을 배양하기 위해 이곳에 왔다. 그런데 원하지 않는 것을 부지런히 모으는 맹목적인 기술에 붙들려 있다.

우리는 우리의 소원을 만들고 꿈을 이루며 번영하여 '구체화'라는 이 아름다운 경험을 극대화하는 법을 배우기 위해 여기에 왔다.

우리는 나쁜 것과 함께 좋은 것을 경험하여 좋아하지 않는 것을 버리고 좋아하는 것을 선택하는 법을 배워야 한다.

그러므로 배워야 한다.

당신이 소중한 꿈을 오래된 벽장 속에서 끄집어내어 먼지를 털어내고 하나하나 자세히 살펴보라.

그 꿈이 너무 멀리 있다는 생각을 버리라.

그 꿈이 가망이 없거나 생각할 수도 없는 것이라는 생각을 버리라.

다른 사람들이 당신은 꿈을 잃어버렸다고 생각해도 무시하라.

이기적이라 비난을 받아도 무시하라.

이 모든 것을 무시하라!

원하는 일은 당신의 권리일 뿐 아니라 행복한 삶을 위한 절대적 조건이다.

물론, 당신은 자격이 있다

좋은 소식이 있다. 당신이 소원을 가지는 데는 어떤 자격이 필요하지 않다는 것이다.

증명이나 증인, 윤리 시험도 필요 없다.

가족이나 자신, 신에게 이유를 설명하거나 변명할 필요도 없다.

현재 상태보다 더 대단해지거나, 자격을 갖추거나, 신뢰를 쌓거나, 고결해질 필요도 없다.

단 한 가지…. 결심, 행복해지겠다는 결심만 하면 된다.

그렇지만 꿈, 소원 같은 당신이 원하는 것을 먼저 벽장에서 끄집어내야만 그 길을 출발할 수 있다.

당신이 의식적으로 혹은 무의식적으로 알고 있었지만 맘 놓고 꺼내지 못했던 숨겨진 재능처럼, 일단 원하는 그것이 당신의 일부이며 그것이 문제없다는 사실을 받아들이기만 하면 그것은 즐거움이 된다. 기쁨이 흐르기 시작한다. 당신의 진동이 달라지기 시작한다. 삶에서 기쁨을 누릴 때는 부정적으로 진동할 수 없고 부정적인 것이 아니라 긍정적인 것만 끌어들일 수 있기 때문이다.

당신이 삶에서 기쁨을 누리면 불안과 수치, 죄책감, 열등감은 전혀 느낄 수 없다. 그런 진동을 하지 않기 때문이다. 어떤 결핍도 느낄 수 없다. 따라서 결핍을 끌어들일 수도 없다.

당신이 원하는 것을 끄집어내려 할 때 해야 할 일은 더 많은 기쁨, 더 많은 풍요, 더 많은 자유를 존재 속에 진동시키는 것이다. 꿈을 위한 대가로는 값이 싸지 않은가?

어떤 꿈이든 상관없다. 당신이 행복하게 될 꿈을 선택하라. 그러면 그 진동을 삶에 발산할 것이다. 기쁨의 꿈을 꾸고, 성취의 꿈을 꾸고, 환희의 꿈을 꾸라. 반드시 꿈을 꾸어야 한다.

소원을 갖는 것, 원하는 것은 숨을 쉬는 것이 죄가 아닌 것처럼 그것도 죄가 아니다. 당신이 원하는 것을 정당화하려고 하지 말라. 그냥 원하면 된다! 정당화하거나 변명하거나 합리화하는 부정적 흐름은 근본적 에너지와 연결되는 일을 불가능하게 한다.

당신의 소원을 두고 위든 아래든 어떤 사람, 어떤 것에도 변명할 필요가 없다. 신에게도 마찬가지이다. 그렇게 하면 당신의 더 높은 에너지로부터 등을 돌리게 되어 당신의 존재 자체, 당신의 신성한 권리를 부정하는 것이 된다. 일반적인 가르침과는 반대로, 행복해지는 것은 당신의 신성한 천부적 권리이다.

그러므로 자아를 해방시켜 꿈을 꾸도록 하라. 당신은 생각하고 진동하는 방법을 통해 매일 매순간 당신의 삶을 창조하고 있다. 그러니 당신이 원하는 대로 삶을 창조하도록 하라.

아직도 당신은 가지고 있다

당신은 원하는 것들을 오랫동안 감추고 있었다. 그것을 찾아내는 가장 좋은 방법은 주장하는 것이다. 당신이 그것을 가지는 데 필요한 것은 오직 그것을 원하고 느끼는 것이다. 설명도 핑계도 사과도 이유도 필요 없다.

지금 극복해야 할 문제는 양파 껍질을 벗기고 벗겨서 "해야 한다. 하면 안 된다. 안 돼"라는 단단한 층을 뚫고 들어가 오랫동안 잊고 있던 삶의 감동에 이르는 일이다.

크리스마스 때라고 생각해 보자. 당신은 덥수룩한 수염에 배가 불룩한 산타클로스이다. 이제 어린아이들이 원하는 것을 말하는 소리를 듣고 있다. 그들은 모두 사회적으로 용납되는 것들만 장황하게 늘어놓고 있다. 얼마 후 당신은 마술을 부려서 모든 아이들이 사회적으로 용납되지 않는 것들도 마음대로 말할 수 있게 해 준다.

여섯 살쯤의 귀여운 꼬마가 당신의 무릎 위에 올라앉아서 TV에 나오는 특별한 장난감과 인형 등을 말하기 시작한다. 전혀 새로운 것이 없다.

그래서 마법의 가루를 뿌리자 새로운 것이 나오기 시작한다. 뒷마당에 둘 큰 그네, 늘 함께 있어 줄 아빠, 시간을 내어 같이 놀아 줄 엄마, 침대에 있는 예쁜 천사를 믿어 줄 사람, 항상 모든 것을 해결해 줄 굉장한 사람 그리고 많은 형제자매를 달라고 한다. 그러더니 종달새처럼 행복해하면서 뛰어 내려간다. 당신은 여섯 살 때 은밀하게 원하던 것이 무엇인지 기억하는가?

이번에는 키가 크고 호리호리한 열여덟 살짜리가 나와서 재미있는 경험을 말하면서 농담만 하려고 한다.

"자, 산타클로스가 네게 무엇을 주었으면 좋겠니?"

이십대도 기꺼이 이 즐거운 일을 시작했지만 원하는 것의 목록은 너무도 짧다.

"글쎄요, 산타 할아버지, 그 자루에 감추어 놓은 새 차를 갖고 싶어요. 그리고 용돈으로 몇 천 달러를 양말에 넣어주시면 좋겠어요. 또 혹 썰매 안에 화끈한 로맨스가 있다면 그것도 주시면 좋겠어요!"

당신은 다시 마법의 가루를 뿌려 십대의 마음을 편안하게 한다. 그러나 진로와 친구, 성공, 여자, 옷, 생활 조건, 가족, 요트, 진정한 행복 등 정당하게 원하는 놀라운 목록이 나온다. 그러면서 "혹시 가능하다면요" 라고 중얼거린다.

당신은 열여덟 살이었을 때 은밀하게 원하던 것이 무엇이었는지 기억하는가? 또 '현실 세계'에서 살기 위해 포기해버린 꿈이 무엇인지 기억하는가?

마지막으로 어른이 아이처럼 즐겁게 깔깔대며 산타클로스에게로 다가온다.

당신은 "무엇을 원하시죠?"라고 기대하며 묻는다. 그러나 실망스럽게도 이 사람이 제시하는 목록은 가장 짧다. 이제까지 가졌던 모든 희망과 꿈이 다른 은하계로 날아가 버린 것 같다. 새 집과 새 차, 복권에 당첨되는 것이 전부였다. 당신은 재빨리 마법의 가루를 뿌린다. 그래도 아무 말이 없다. 다시 더 뿌려본다. 그래도 말이 없다. 남아있는 마법의 가루를 모두 뿌린다.

그러자 천천히, 심해의 가장 깊고 어두운 곳에서 끌어내야 하는 것처럼 파이 가게를 가지고 싶다는 이야기를 한다. 한참 있더니 이번에는 피아노를 배우고 싶다고 한다. 또 한참 있더니 지역 대학에서 원예학을 공부하고 싶다고 말한다. 또 독특한 종류의 배를 가지고 싶다고 한다. 이것은 지금 생긴 것이다. 친구가 댄스 스쿨을 열도록 도와줄 돈을 원하며, 자동차 차고를 원하고, 카리브의 해변이 내려다보이는 우아한 집에서 살고 싶다고 한다.

이제 멈추지 않는다. 또 하나의 깊은 소원은 배우자와 그 꿈에 대해 이야기할 수 있으면 좋겠단다. 도시 아이들을 위해 여름캠프를 열고 싶고, 지진으로부터 안전하기를 원하며, 많은 사람들 앞에서 자신 있게 말하고 싶다고 한다. 가족과 좋은 관계를 유지하기 원하며 더 많이 사랑하는 법을 배우고 싶다는 등 계속 이어진다. 한 자루 가득했지만, 오랫동안 잊고 있던 그 많은 보물을 가두고 있던 둑이 드디어 터졌다.

당신은 어떤 꿈을 포기했었는가? 당신의 야망, 잊었던 목표는 어떤 것인가? 제아무리 작은 소원도 말해 보라. 그것이 무엇인가?

2단계: 원하는 것을 찾는다.

누가 먼저인가?

1940년대에 애벗과 코스틸로 두 사람이 팀을 이루어 진행하던 인기 코미디 프로그램이 있었다. 그들이 늘 하는 말은 "누가 먼저야?"라는 것이었다.

"그래 누가 첫째이고, 둘째는 누구야?"

"아니야, 누구는 두 번째가 아니고 첫 번째이면 무엇이 두 번째야?"

그렇게 계속 반복되었고 모든 사람이 눈물을 흘리며 웃었다. 요즘에도 나는 TV에서 재방송되는 것을 보면서 배꼽을 잡고 웃는다.

우리가 이제 살펴볼 패러독스를 보게 되면 당신도 "누가 먼저인가?"와 같은 것처럼 이상하게 들릴 것이다.

만일 내가 원하지 않는 것, 즉 나에게 나쁜 느낌을 가지게 하는 것을 원하는 것 즉, 나에게 좋은 느낌을 가지게 하는 것으로 바꿀 수 있다 해도, 여전히 내가 알기에 가지지 못한 것, 즉 분명히 나에게 좋은 느낌을 주지 못하는 것과 아마 절대로 가지지 못할 것 즉, 이 어리석은 일을 시작하기 전보다 더 나쁜 느낌이 들게 하는 것에 머물 것이다.

이건 정말 곤란한 상태이다. 만일 당신이 가지게 되면 원하지 않게 될 것이기 때문이다.

그러므로 원하는 행위 자체에는 분명히 당신이 가지지 않고 있다는 분명한 의미가 함께한다. 그리고 만일 당신이 가지지 않았다면, 그것을 가지기 전까지 도대체 어떻게 해야 좋은 느낌을 가질 수 있겠는가?

불가능하다! 계속 옛날 방식으로 원하는 한 불가능하다!

이 딜레마는 우리가 원하는 것은 획득하는 일이 모두 우리에게 달려 있다는 생각에서 온다. 얻는 방법, 필요한 돈을 확보하는 방법, 그것을 준비하는 방법, 그것이 이루어지게 하는 방법이 모두 우리에게 달려 있다고 생각하기 때문이다. 그렇게 되면 다음에 드는 생각은 "어이구, 그건 불가능해"라는 것이고, 이것은 필연적으로 원하는 일을 중단하게 만든다. 이전에 프로그램화된 사고방식에 따른 쉬운 해결책은 이렇게 된다.

해결의 열쇠

마음속에서 진정으로 원하는 것을 얻는 열쇠는 당신이 원하는 그것에 대해 좋은 느낌을 가지는 방법을 찾는 것이다. 원하는 것도, 갈망하는 것도, 고대하는 것도, 한숨쉬는 것도, 낙심하는 것도 아니다. 좋은 느낌을 가지는 것이다. 기억하는가. 필요는 두려움에서 비롯되고 소원은 즐거움에서 나온다는 사실을…. 이들은 진동 막대기의 반대편 끝에 존재한다.

그래서 여기서 우리는 진퇴양난에 빠진다. 우리는 원하는데, 그것은 나쁜 느낌을 가지게 한다. 원하는 것은 현재 가지지 못하고 있을뿐더러 얻을 방법조차 막연하기 때문이다.

해결책은 무엇인가? 느끼는 법을 바꾸어야 한다!

무엇을 원할 때는 당분간 그 원하는 것에 생각을 고정시켜서 어떤 느낌이 들 때까지 지속해야 한다. 그 느낌이 좋든 나쁘든, 붉은 깃발이든 푸른 깃발이든 상관이 없다. 그런 다음 그 느낌에 맞춘다. 혹 신명이 아니라 처지는 것이거나 흥분이 아니라 낙심일 경우, 당신은 가진 것이 아니라 가지지 못한 것을 생각하고 있는 것이다. 원하는 것이 없는 상태를 생각하고 있는 것이다.

반면에 짜릿한 흥분이나 푸근함을 느낀다면 제대로 느끼고 있는 것이다.

의도적으로 창조하는 과정은 원하지 않는 것에 대한 생각을 끄고, 원하는 것에 대한 생각을 켜서 그 상태를 지속하는 것이다. 그 상태에 이르면, 이제 할 일은 원하는 그것들에 대해 좋은 느낌을 얻는 방법을 찾는 것이다. 아무 데도 보이지 않고 나타날 가망도 없어 보인다고 낙심하면 안 된다.

그러므로 중요한 것은 원하는 것을 생각할 때마다 어떻게 하면 처지는 느낌에서 나와 신나는 느낌으로 가느냐 하는 것이다. 느낌이 좋게 되면 이내 처지는 느낌을 진동으로 압도할 수 있기 때문이다.

신바람을 느끼는 법

앞에서 우리는 원하지 않는 것을 원하는 것으로 바꾸는 마술은 낙심하는 대신 그 원하는 것에 대해 아주 좋은 느낌을 가지는 것임을 알게 되었다. 그것이 원함이라는 벽장에 오랫동안 감추어 둔 것이든, 완전히 새로운 것이든 상관이 없다. 과정은 동일하다.

다음은 우리가 가지지 못했거나 가질 수 없다고 생각하는 것, 가질 자격이 없거나 너무 어려워서 도무지 방법이 생각나지 않는 끔찍한 상황에서 좋은 느낌을 가지는 방법이다. 이것은 끌어당김의 법칙에서 가장 중요한 부분으로, 원하지 않는 것 대신 원하는 것을 끌어당기는 보장된 방법이다.

> 자신이 원하는 것을 안 다음에는 원하는 그것을 가진 상태를 느끼는 지점을 찾아야 하고, 그와 동시에 가지지 못한 상태를 느끼는 지점에서 벗어나야 한다.

다시 말해 당신 외에 모든 사람이 물로 뛰어들 때 당황하는 느낌을 가지지 말고, 비록 수영을 못 한다 하더라도 수영하는 것 같은 느낌을 가지라.

지금의 직장에 대해 끝없이 불평하고 얽매여 있는 느낌 대신 새로운 직장에 들어온 자신을 느끼라.

아직 입학도 하지 않았지만 좋은 학위를 받으러 단상으로 올라가는 모습을 그리며 자부심을 느끼라.

원하는 동료의 모습을 그리며 함께 일할 때 얼마나 좋을지 느끼라.

자가용 비행기에 친구와 가족을 태우고 곳곳으로 다니는 기분이 어떨지 느끼라.

이제 당신은 자신의 더 큰 자아와 조화되는 진동을 하고 있다. 당신이 16초 동안만 그것이 실재하는 느낌이 들 때마다 그 소원이 진동에 포함되어 끌어당기고 더 커진다. 이제 당신이 살고 있는 사회의 부정적인 진동을 무너뜨리고, 원하는 것을 끌어당길 수 있는 에너지 안에서 진동한다.

이 공간에 들어오면 당신과 당신이 원하는 것이 공명한다. 빨간 깃발을 흔들어 소원하는 것이 없는 상태와 공명하는 대신, 좋은 느낌의 파란 깃발을 흔들어 가지고 있는 것과 공명하는 것이다.

왜 그것이 아직 이루어지지 않는지 걱정하는 데 많은 시간을 쓰지 않는 한, 그 즐겁고 행복한 진동이 결국은 그것을 이끌어 들여 당신 무릎에 올려놓을 것이다.

좋은 느낌. 그것이 필요한 전부이다. 이것은 우리가 꾸준히 터득해 가지는 법을 잊어버렸던 것으로 삶의 중요한 요소이다.

가져야 하는 이유

원하는 것이 끌어당기도록 하기 위해서는 즐거움이 흘러서 그만큼 긍정적이고 신나는 에너지가 흐르게 해야 한다. 그렇게 하는 최고의 방법은 원하는 '이유'를 말하는 것이다. '무엇'은 정의를 내려주지만, 당신의 배터리를 충전시켜서 즐거움이 흐르게 하는 것은 '이유'이다.

이것은 마치 피가 흐를 정도로 살짝 익힌 스테이크를 좋아하는 사람에게 왜 그런 고기를 좋아하느냐고 묻는 것과 같다. 그는 고기의 맛과 즙, 향기를 설명하면서 고개를 뒤로 젖히고 눈을 감으면서 꿈의 나라로 들어갈 것이다. 이것이 멋진 시간의 느낌이요 멋진 시간의 진동으로, 모두 "왜?"라는 간단한 질문에서 비롯된다.

어떤 것을 원하는 이유를 생각하는 동안 당신은 느낌에 빠져들 것이다. 거기에 더 집중할수록 더 열정적으로 된다. 그러면 당신은 "내가 원하는 것이기 때문이에요"라고 퉁명스럽게 대답하지 않고, 더 많은 시간을 사용해 가득 충전되고 자력이 강한 에너지를 흘려보낼 것이다.

이처럼 '이유'를 말함으로써 원하는 그것이 강력하게 시작되게 한다. 배터리가 방전된 차처럼…. 배터리를 충전하지 않으면 차는 꼼짝도 할 수 없다. 충전돼 있지 않으면 움직일 수 없다. 에너지를 원하는 곳에 전기를 주지 않으면 자력이 없게 되고, 자력이 없으면 끌어당기는 힘도 없다.

이유, 이유, 이유는

어느 주말 세미나에서 한 여성이 이런 말을 했다.

"좋습니다. 이제까지 저는 내 꿈이 실현되지 않은 것에 집중해 왔다는 것을 이해합니다. 그렇지만 이유 한 가지를 말할 수 있습니다."

"좋습니다. 원하시는 것이 뭐죠?"

"저는 바닷가에 있는 여름 별장을 원합니다."

"왜요?"

"여름에 집에 처박혀 있는 것이 싫어서요."

그것은 대표적으로 원하지 않는 것이었다. 그래서 계속 이유를 물었다.

"왜 여름에 집에 머물기를 원하지 않지요?"

"여름 별장에서 누리는 쉼과 한가로운 느낌이 좋으니까요. 그리고 자유, 자유가 좋거든요."

"좋습니다. 이제 연결이 시작되고 있습니다. 계속합시다. 왜 자유를 좋아하지요?"

"좋은 기분이 들고… 행복하니까요. 아참, 어린 시절 여름 별장에서 행복했던 일이 기억납니다. 그땐 정말 좋았어요."

"거의 다 와 갑니다. 좀 더 말씀하세요. 그때 여름 별장은 어땠습니까?"

"글쎄요. 회색 별장이었는데, 오래되어 낡았지만 아늑했어요. 그리고 가장자리가 흰색이었어요. 아, 그 산뜻한 흰색이 얼마나 좋았는지!"

"좀 더 말씀해 보시죠. 바다와 가까웠나요?"

"예, 모래언덕 위에 있었어요."

"왜 바다가 가까운 것이 좋은가요?"

"아, 편안해지거든요. 바람이 부는 날씨에도 그래요. 정말 사는 것 같은 느낌이 들어요. 거기서는 그림도 그리고 일몰을 감상할 수도 있어요. 그 광대함에 나를 잊어버립니다. 그래서 바닷가에 가면 내 안의 모든 것이 살아나는 것 같아요."

맞다. 그녀는 마침내 버너에 불을 붙이고 요리를 하고 있었다. 즐거움이 흐르고, 진동의 주파수가 계속 올라가, 원하는 것에 대한 생각에 새로운 느낌과 생각을 끌어들여 충전시키고 있었다. 나는 계속 이유를 물었고 그녀는 계속 이유를 말했다. 그리고 한 번 이유를 말할 때마다 그녀의 주파수는 올라갔다. 이 '원하는 것'은 이제 그녀의 일부가 되어 진동에 포함되었다.

자신에게 왜 원하는지 거듭거듭 물어보라. 대답할 것이 없다는 생각이 들어도 계속하라. 그러면 곧 놀라운 느낌을 누리는 꿈의 나라에 들어가게 될 것이다. 그곳은 원하는 그것을 끌어들이기 위해 당신이 들어가야 할 곳이다.

이제는 당신이 원하는 만큼 그 진동 안에 머물기 위한 의지력을 끌어내야 할 때다. 반 시간이나 한 시간 아니 하루 종일도 좋다. 몇 분만 그렇게 하면 에너지의 소용돌이가 시작된다. 동일한 진동을 가진 생각이 에너지 소용돌이로 들어오는 데는 16초이면 충분하다. 그런 다음 또 16초, 또 16초를 더해 가라. 그러다가 "포기해, 그건 불가능한 꿈이야"라는 생각에 빠지면, 다시 진동의 추진력을 바꾸어 좋은 느낌이 들게 할 것을 생각해 당신의 자동차를 다시 활성화하라. 그러면 금세 그 빨간 깃발을 억누를 수 있게 된다.

세상은 우리가 말하는 것이나 우리에게 자격이 있는 것, 또는 가지도록 운명 지어진 것을 주는 것이 아님을 명심하라. 우주는 매일, 매 순간 우리가 진동하는 그것을 정확하게 그리고 그것만을 준다. 그 이상도 이하도 아니다.

당신이 알아채기 전에 우주는 당신의 진동에 응답하면서 여기저기에 작은 신호를 보내기 시작한다. 그것은 모두 작은 '우연의 일치' 같지만 사실은 이것을 결합하는 데 필요한 마법의 조각들이다. 이것들이 오고 또

와서 마침내 모두 다 제 위치에 이르게 되면 당신은 한때 '불가능한' 꿈이었던 것 가운데 살게 된다.

그러나 그것이 이루어지기 전에 그것을 맛보고, 느끼고, 냄새 맡고, 심취해야 한다. 먼저 그것에 대해 말을 해야만 그 안에 사는 느낌을 가질 수 있고, 그러면 더 많은 말을 하게 되고, 그러면 3단계의 근본 요소인 도취된 느낌이 아주 편안하게 다가올 것이다.

♟

3단계: 원하는 것을, 느끼는 곳을 찾으라.

마법의 밸브

좋은 느낌의 에너지를 설명할 수 있는 가장 좋은 방법은 소방 호스에 있는 밸브나 노즐로 비유하는 것이다. 우리는 밸브이고 소방 호스는 에너지를 원천, 즉 우리가 항상 연결되어야 하는 우리의 더 큰 부분으로부터 흘려보내는 것이다.

그 비물리적 에너지의 흐름이 우리의 본질로, 기쁨과 풍요, 안전을 가진 이루 말할 수 없는 힘이다. 우리는 대부분의 시간 동안 그 충만한 에너지의 흐름과 단절되어 있다. 왜 그럴까? 부정적인 에너지로 밸브를 잠그기 때문이다.

그러나 밸브 조정을 통해 도취되어 좋은 느낌을 가짐으로써, 그 마법의 밸브를 열어 높은 진동의 흐름이 우리를 통과하게 할 수 있다. 그러면 우리는 살아있고, 신나며, 진동하고, 에너지가 넘치며, 고취되는 등 행복한 모든 것을 누릴 수 있다.

이 에너지는 호스 안의 수압처럼 늘 존재하지만, 우리가 의도적, 의식적 단계를 거쳐야만 그 오래된 밸브를 열 수 있다. 그래야 우리에게 고주파 근원의 에너지가 흐를 수 있다.

밸브를 연다는 것, 즉 좋은 느낌을 갖는 것은 긍정적 에너지가 우리에게로 오고, 우리를 통과하고, 우리에게서 흘러나가서 의도적으로 창조한다는 것을 의미한다.

밸브를 닫는다는 것, 즉 좋지 않은 느낌을 갖는 것은 우리가 부정적 에너지를 흘려서 우리 본연의 흐름을 방해해 부정적으로 창조한다는 것을 의미한다.

그렇다고 온종일 연처럼 높이 떠 있어야 한다는 것은 아니다. 우리가 할 일은 조금이라도 밸브를 여는 것이다. 그러면 즉시 생명을 주는 그 흐름이 좀 더 들어오게 할 수 있다. 이전보다 약간만 더 좋은 느낌을 가질 수 있는 방법을 찾을 수 있다면, 평생 부정적인 것을 끌어당기던 삶을 뒤바꾸는 일을 시작할 수 있을 것이다.

목표하기

당신이 원하는 것을 드러내는 일을 시작한 다음에 할 일이 한 단계 더 있다. 그것은 원하는 것을 목표하는 것으로 바꾸는 일이다. '원하다'라는 말은 터지기 쉬운 감정의 기포를 만들 가능성이 있기 때문에 '목표하는 것'이 훨씬 느낌이 좋을 것이다.

목표하는 것은 '원하는 것'과 '기대하는 것'이 결합된 것이다. 하루 종일 작은 것을 목표하는 것으로 시작하면 좋다. 그러면 확증된 소중한 경험을 빨리 확보할 수 있을 뿐 아니라 이제까지 경험하지 못한 새롭고 풍부한 에너지를 얻는 길을 찾을 수 있다. 이런 새로운 길을 찾을 때마다 근원적 에너지를 이전보다 더 많이 받게 되어 좋은 느낌을 가지는 일이 더욱 쉬워진다. 그러면 더욱더 높은 에너지를 얻게 된다.

매일 목표를 가지게 되면 에너지가 흐르는 새로운 출구를 만들어 낸다. 목표를 더 많이 둘수록 고주파 에너지를 더 많이 사용하게 되고, 그러면 그것이 또 양방향 길이 된다. 고주파 에너지는 많이 사용할수록 더 많이 받는다. 이것은 우리에게 일종의 보호막을 만들어서, 마치 보호 담요처럼 우리를 감싸줌으로써 옛 신념으로 이탈할 가능성을 줄여준다.

나는 반드시 하루 종일 작은 것을 목표하는 일을 하도록 한다. 나는 목적지에 안전하게 도착하는 것을 목표로 삼는다. 나는 정시에 도착해 쾌감을 느끼는 것을 목표로 한다. 나는 편안한 주차장소를 찾는 것을 목표로 한다. 나는 편안한 옷차림을 목표로 한다. 나는 거래를 완성시키는 것을 목표로 한다. 나는 통장 잔액이 일정액 이상이 되는 것을 목표로 한다. 나는 하루 종일 기뻐하는 것을 목표로 한다. 이 또한 작은 일은 아니다. 나는 고객을 편안하게 하는 것을 목표로 한다. 내가 목표를 가지는 동안 밸브가 열려 있기만 하면 이런 것은 이루어진다.

하루의 목표가 즐거움을 느끼는 것이라면, TV에서도 불쾌한 프로그램을 찾을 수 없을 것이다. 목표가 새로운 부엌을 순조롭게 개조하는 것이라면, 당신이 다른 무엇 때문에 밸브를 닫지 않는 한 그렇게 될 것이다. 목표가 저녁 전에 추수를 마치는 것이라면, 그 일이 얼마나 쉽게 이루어지는지 지켜보라.

원하는 것이 크고 중요할 경우, 원하는 것을 목표 진술문으로 바꾸어 "예스!"하고 그 뒤에 있는 힘을 느끼도록 하면 놀라운 일이 일어나는 것을 보게 될 것이다.

"내년에 이사하는 것이 나의 목표이다"라고 하는 것은 "어떻게 이루어질지 막연하지만, 내가 결심했기 때문에 그렇게 될 거야"라는 의미이다.

"새로운 관계를 맺는 것이 나의 목표이다."

"라인댄스를 배우는 것이 나의 목표이다."

"통장에 돈이 가득하게 하는 것이 나의 목표이다."

"어떤 일을 하든 행복하게 하는 것이 나의 목표이다."

"새로운 친구를 사귀는 것이 나의 목표이다."

"더 심오한 영성을 찾는 것이 나의 목표이다."

이런 말을 할 때는 힘을 느껴야 한다. 그것이 주는 권위와 통제력, 그 에너지가 주는 힘을 느껴야 한다.

그러나 주의할 것이 있다. 목표를 남용하거나 아무 생각 없이 목표를 세우는 습관에 빠지면 안 된다.

대담하게 목표를 가지라

목표로 하든 원하든 먼저 속박을 벗어던져야 한다.

대담하게 목표를 가지라. 담대하게 새로운 꿈을 꾸라. 담대하게 벽장에서 오래된 꿈을 끌어내어 먼지를 털어내라.

자신이 원하도록 허락하라. 정말이지 당신 자신이 원하게 만들라.

그다음 파격적이고 본질적이지 않은 원함을 골라서 왜 그것을 원하는지 말하기 시작해 도취되는 느낌이 들 때까지 계속하라. 내가 알기도 전에 그것이 내 손에 들어와 있을 것이다. 여기서 말해 두지만 그런 일이 일어나면 당신은 최고로 기뻐하며 소리칠 것이다.

지금 당신의 삶에서 좋아하는 것과 좋아하지 않는 것을 점검해 보라. 그 다음에는 원하는 일에 대한 죄책감을 버리고 그 원함이라는 자동차의 시동을 걸도록 하라. 원하는 것에는 열정이 따르고, 열정에는 기쁨이 따르며, 기쁨에는 더 많은 원함이 따른다. 그리하여 당신은 의도적으로 창조하게 된다. 당신은 발명가인 동시에 참여자이다. 일이 어떻게 이루어지는가를 알고 있어야만 하는 설계자가 되려고 하지 말라. 그건 이제 당신이 할 일이 아니다.

당연히 구체적인 것을 택하라. 그러나 다음과 같이 보편적 또는 무형적인 것을 요구해도 된다.

나는 마음을 밝혀주는 즐거움을 원한다.

나는 가족 모두가 즐거워하기를 원한다.

나는 만사형통을 원한다.

나는 더 큰 자유 누리기를 원한다.

나는 선택권 갖기를 원한다.

더 많은 선택권을 가지는 것이 나의 목표이다.

나는 세상 모든 것이 잘되기를 목표로 한다.

의도적 창조를 배우는 것이 나의 목표이다.

에너지 관리자가 되는 법을 배우는 것이 나의 목표이다.

나의 저항력을 의식하는 것이 나의 목표이다.

나의 느낌을 의식하는 것이 나의 목표이다.

충만한 삶을 누리는 것이 나의 목표이다.

더 즐겁게 사는 것이 나의 목표이다.

더 활기차게 되는 것이 나의 목표이다.

나의 근원에 더 깊이 연결되는 것이 나의 목표이다.

원함에 대한 부정적 의식을 극복하고 실제로 원하는 것이 핵심이다. 이 넓은 세상에서 당신에게 즐거움이 될 것은 무엇이든 담대하게 원하라. 원하면 이루어지기 때문이다. 원하는 것이 창조하는 것이다. 원하는 것 그리고 그 원하는 것을 실제가 되게 하는 일은 당신이 존재하는 이유를 성취하는 일이다. 바로 여기에 진정한 생명의 풍성함이 있다.

5장

3단계: 원하는 것을 느낀다

이런 의도적 창조의 모든 과정은 매우 단순하지만, 꼭 쉬운 것만은 아니다. 최소한 처음에는 쉽지 않다. 솔직히 나는 뭣 같다고 하고 싶다. 그렇지만 집중해 에너지를 흘려보내는 법을 익혀서 분명한 결과를 보게 되면 아주 쉬운 일이 될 것이다.

더 깊이 들어가기 전에 의도적 창조의 네 단계 중 이제까지 온 과정을 살펴보자.

1단계: 원하지 않는 것을 찾는다.

2단계: 원하는 것을 찾는다.

3단계: 원하는 것을 느끼는 장소를 찾는다.

이제 우리는 3단계의 핵심에 접근하고 있다. 이 부분은 우리가 원하면서 가지지 못한 것에 대해 좋은 느낌을 가지는 법을 배우는 어려운 부분이다.

당신도 나처럼 "저기 있는 것이 이리로 오면 난 행복해질 수 있어" 또는 "내 몸이 좋아지면 나 자신에 대해 좋은 느낌을 가질 수 있어", "돈을 더 많이 벌게 되면 스트레스를 없앨 수 있어" 같은 생각을 달고 산다. 이것은 '그걸 해결하면 행복해질 거야'라는 해묵은 증후군이다.

그러나 바로 이것이 우리의 삶을 어렵게 만드는 생각이다. 대부분의 상황이 우리에게 유리하지 않을 때 우리의 첫 반응은 그것을 제거하거나 해결하거나 고칠 물리적 공격적인 해법을 찾는 것이다. 물론 우리는 물리적 존재이다. "좋지 않아? 상관없어! 던지고 때리고 부셔서 해결해 버릴 거야!"

그러나 우리가 이루기 원하는 것이 해결되지 않거나 고치기에는 너무 힘들거나 원하는 시간 안에 이루기에는 너무 엄청날 경우, 우리는 마음이 상해 좌절한다. 이렇게 당신은 그 일이 어떻게 될지 이미 알고 있다. 그래서 상처와 좌절의 에너지 가운데서 더욱 해결하기 어려운 문제를 끌어들인다.

'안전'에서 시작한 리즈

나의 대학 친구 리즈는 남편과 함께 애리조나의 부유한 지역에서 두 아이를 키우면서 자신이 좋아하는 인도주의 단체에서 자원봉사를 했다.

그런데 최근에 남편 클린트가 죽는 바람에 어려운 결정을 해야 했다.

30년 동안 직장을 다니지 않았지만 이제는 돈을 더 벌지 않으면 안 되는 상황이었다. 남편이 죽기 3년 전에 커다란 새집으로 이사를 했는데, 융자금이 많았기 때문에 그 집을 팔고 작은 집으로 이사하고 매달 갚을 융자금을 줄이는 것이 필수적이었다. 더 큰 문제는 남편이 들어놓은 생명보험이 아주 적었다.

이처럼 리즈는 불시에 진퇴양난에 빠졌다. 집을 팔 경우, 작은 집을 살만한 돈이 없게 되고 계속 그 집에 산다면 매달 갚아야 하는 돈이 문제였다. 물론 자녀들도 도왔지만 일시적인 도움에 불과했다.

리즈는 그림에 재능이 있었다. 그녀는 탁월한 수채화가로, 그녀가 그린 애리조나 사막 그림은 정말 아름다웠다. 좋아하는 친구들 외에는 그림을 팔지도 않았지만, 이제 전업 화가가 될 수 있는가를 고려해야 했다. 리즈는 용감한 여자였으므로 인근 백화점의 세일즈 직업 같은 것을 찾아야 한다는 자녀들의 반대를 무릅쓰고 자기 생각대로 나갔다.

남편이 남겨놓은 것과 약간의 예금 그리고 자녀들에게서 빌린 것으로 한 해 정도는 버틸 수 있었다. 그러나 나와 이야기할 때마다 이렇게 말했다. "어휴, 아직 하나도 못 팔았어. 이게 될지 안 될지 도무지 모르겠어. 빨리 팔아야 하는데, 그러지 않으면 어떻게 될지 모르겠어."

리즈는 에너지 흐름을 연구하는 사람도 아니었고 그럴 생각도 없었다. 그러나 지금의 부정적인 상황에 집중하기를 멈추고 그 대신 원하는 것과 그 느낌이 어떤지에 집중하기 시작해야 한다는 나의 다소 직설적인 제안을 조용히 들었다. 우리는 거듭거듭 대화했다. 그럴 때마다 리즈는 이렇게 말하곤 했다.

"많이 견딜 수 없을 것 같아. 너무 초조해서 그림에도 집중할 수가 없어. 어떻게 해야 하지? 겁이 나."

어느 날 나는 더 참을 수가 없었다. 그래서 그 소중한 친구를 위해 '냉철한 사랑'을 실천하기로 결심하고, 낮은 목소리로 천천히 그리고 아주 단호하게 말했다.

"좋아, 친구야. 네가 탄 배를 침몰시키기 원한다면, 나도 손을 떼겠어. 불행 속에 살아. 그리고 그 문제로 내게 전화하지 마. 하지만 네가 불평을 멈추기만 하면 즉시 상황을 뒤집을 수 있어. 그러니까 네가 준비되면 언제든지 전화해. 그럴 각오가 되기 전에는 이제 전화하지 말란 말이야."

마음이 편하지 않았지만, 나 역시 그녀의 고통의 사슬을 더해 줄 수 없었다.

3주 동안 전화가 없었다. 그런 후에 전화가 왔을 때 나는 울 뻔했다.

"네가 이겼어. 내가 졌어. 내가 어떻게 할까?" 진심이었다.

먼저 나는 그녀가 원하지 않는 것을 모두 말하게 했다. 그건 쉬웠다. 집을 잃는 것, 친구와 자녀들의 신뢰를 잃는 것, 전문 화가가 될 기회를 잃는 것 등이었다.

다음에는 원하는 것을 하나씩 나누었다. 가장 급한 일로 집에 집중했다. 그 다음에는 돈에 관한 문제를 말했다. 온통 그것만 생각하고 있었기 때문에 그것 외에는 말할 수가 없었다. 그림이 팔리지 않았으므로 돈이 모두 다른 데로 나가고 있었다.

"좋아, 리즈. 우리가 제일 먼저 할 일은 좋은 느낌을 가져서 다른 진동을 내는 거야."

"좋은 느낌을 가진다고? 장난하니? 클린트와 내가 가졌던 모든 것을 잃을 지경인데 어떻게 좋은 느낌을 가지기를 바라니? 내가 너에게 전화한 것은 그림을 파는 방법을 찾기 위해서야. 그림만 팔리기 시작하면 모든 것이 해결될 것이고, 나도 네가 원하는 것처럼 좋은 느낌을 가질 수 있어."

바로 그것이 문제였다. 리즈의 눈앞에 보이는 것은 온통 자기가 원하는 것이 없는 것이었다. 리즈가 가지지 못한 것, 오지 않는 것을 볼수록 더욱 나쁜 느낌이 느껴졌다. 느낌이 나빠질수록 더욱 광적으로 그걸 바꾸려고 원 안을 달렸다. 그렇게 달릴수록 더욱 느낌이 나빠졌고 더욱 팔리지 않았다. 그녀는 그 순간의 암울한 상황에 완전히 집중하면서, 그것이 현실의 전부라고 믿었다. 사실은 사실이었다. 그림을 팔아 생계를 지탱하려는 그녀의 계획은 먹혀들지 않았다. 그녀는 체념하면서 "난 현실을 직시해야 해"라며 한숨을 쉬었다.

그러나 나는 계속했고 드디어 그녀가 집을 그대로 갖기 원하는 이유를 말하게 했다. 그 당시 그녀는 그런 말을 하는 것이 말도 안 되는 어리석은 짓이라고 생각하고 있었다.

"좋아, 좋아. 내가 집을 유지하기 원하는 이유는 이사를 원하지 않기 때문이야." 이것은 원하지 않는 것이었지만, 나는 그녀가 세세한 것 때문에 혼란에 빠지기를 원하지 않았다.

"그러면 왜 이사를 원하지 않는 거지?"

갑자기 그녀의 목소리가 부드러워졌다.

"클린트와 내가 이곳을 무척 좋아했거든. 그래서 지금도 클린트가 여전히 나와 함께하는 '우리들의' 공간 같아." 좋은 느낌의 에너지에 대한 저항이 누그러지고 있었다.

"그 느낌이 그대로 남아 있어. 나는 그 느낌이 너무 좋아…. 돈만 생각하지 않으면…."

우리는 조금씩 집에 대한 사랑으로 들어갔고, 드디어 그런 달콤한 기쁨이 흐르는 것을 들을 수 있었다. 그녀는 좋은 느낌을 가졌고 그 후에도 그랬다. 그녀의 밸브가 활짝 열렸다.

"리즈, 잠깐. 지금 이 순간 네가 말하고 있는 것을 느꼈으면 좋겠어."

"무슨 말이야?"

"지금 이 말할 때 느낌이 어때?"

"물론, 좋지! 보살핌을 받고 사랑받고…. 안전함! 매우 푸근하고 안전해!"

"좋았어! 그 느낌으로 계속 가는 거야. 알겠지?"

"그래, 알았어."

"좋은 느낌이 들지 않니?"

"그래, 굉장한 느낌이야."

"좋아. 그 안전한 장소에서, 그 좋은 느낌의 장소에서, 매달 낼 대출금을 쉽게 마련했을 때의 느낌을 생각해 봐. 어떻게 해야 하는지는 생각하지 마. 앞으로 이루어질 상황은 현재 상황과는 아무 관련이 없어. 그것 명심해. 지금 네가 처한 상황은 의미가 없어. 거기서 네 초점을 거둬 봐. 그러지 않으면 네가 원하는 곳에 이를 수 없어. 알겠어?"

"그렇지만 어떻게…."

"방법은 생각하지 마! 네가 할 일은 오로지 좋은 느낌을 가지는 방법을 찾는 것이고, 네 앞에 닥친 것을 잊는 거야. 너는 조금 더 나은 느낌을 가지는 방법 찾길 원해 봐. 조금씩 조금씩 나아지다 보면 아주 좋은 느낌에 이를 거야. 그래서 아주 좋은 느낌을 가지게 되면 그 순간 쉽게 대출금을 마련하는 생각을 해. 할 수 있겠지?"

"어떻게 하는지 잘 모르겠어….'

"좋아, 대출금을 갚을 수 있으면 어떤 느낌이 들 것 같아?"

"굉장히 기쁘겠지!"

"됐어! 네 그림이 팔리는 환희를 생각해 봐. '해야 해, 해야 해' 하지 말고 '와! 내가 해냈네!'라며 좋아하면서 해 봐. 그런 관점에서 생각하면 어떤 느낌이 들 것 같아?"

한동안 조용하더니 "와우, 새보다 자유로워, 천국 같아!"라고 했다.

"맞았어! 그 느낌이야. 바로 그 느낌을 가지기를 원해 봐, 늘. 리즈, 현재의 부정적인 상황에 초점을 두지 마. 그걸 바라보거나 생각하지 마. 더욱 나쁜 느낌만 생기게 돼. 네가 할 일은 오직 좋은 느낌을 얻는 것임을 명심해. 끝. 그러면 나머지는 우주가 알아서 할 거야."

리즈는 자기와 남편이 그 집을 얼마나 좋아했는지 말하면서 놀라운 느낌을 경험했으므로, 그 느낌을 쉽게 재생할 수 있음을 알았다. 그녀는 이렇게 시작했다.

석 달이 걸렸고 그동안 전화요금이 엄청났지만, 석 달이 끝날 때쯤 리즈는 그림을 많이 팔아서 한동안 버틸 돈을 벌었을 뿐 아니라, 열정적인 대행사도 찾았다. 그리고 처음으로 지역 전시회도 계획하고, 개인 사무실 빌딩에 벽화를 그려주기로 하고 상당한 선금도 받게 되었다.

이제 리즈는 자신이 흘려보내는 에너지에 대해 매우 조심한다. 사실 그런 반전 앞에서 우리 둘 중 누가 더 좋아했는지 모른다.

우리가 간직해 온 문제들

리즈가 한 일은 우리 모두가 하는 일로, 자신을 불안하게 하는 그 순간의 상황을 해결하려고 병아리가 고개를 숙이고 뛰어다니는 것처럼 했다. 물에 빠진 사람이 구명 도구를 잡으려고 애를 쓰는 것처럼 두려움과 무력감을 더 많이 느낄수록 그녀는 해결책을 찾기 위해 더욱 더 부정적인 에너지와 싸웠다.

그녀는 자신이 처한 문제 상황, 그 비참한 상황을 바라보고 그것이 자신이 좋아하지 않는 것임을 알고 '정상적인' 물리적 수단을 사용하여 그것을 뒤집는 방법을 미친 듯이 찾았다. 그렇게 해결을 위해 노력할수록 부정적인 에너지를 더 많이 흘려보내게 되었고 상황은 더욱 나빠졌다. 깜깜한 동굴 속에서 바라보는 모든 곳이 현실로 생각되었고, 암울한 것뿐이었다.

우리 모두도 그런 경험이 있다. 상황이 나빠질 때 우리는 그것을 음미하거나 아니면 서둘러 나쁜 상황을 해결할 방법을 궁리한다. 해결하고 개선하고 바로잡는다. 우리 중에 '여기서 빠져나와 저기로 가면 모든 것이 좋아질 텐데'라고 생각하지 않은 사람이 한 사람이라도 있을까?

우리는 수리공으로 눈앞에 닥친 모든 상황에 의무적으로 반응하도록 훈련된 사람이다.

그러나 수리하는 일은 우리 본연의 에너지를 거스르는 일이다. 수리는 닫힌 밸브이다. 수리는 부정적 에너지를 끌어들이는 행위이다.

초점을 걱정과 짜증거리에서 옮겨 원하는 것이 이루어졌을 때의 행복한 느낌에 두어야 한다. 다시 말해 고치기를 멈추고 좋은 느낌을 얻기 시작해야 한다.

예를 들어 지붕이 낡아 교체해야 하는데 당장 그럴 돈이 없다고 하자. 그런데 지금은 장마철이어서 문제가 급하다. 차에도 심각한 문제가 있고 세무서에서는 밀린 세금을 납부하라고 독촉장을 보내왔다.

여러 가지 심각한 상황이 닥쳤는데, 그중 어느 것을 생각해 봐도 특별히 좋은 느낌을 얻을 수 없다. 그런데도 당신은 여전히 그런 문제를 생각한다. 생각하고 생각하고 또 생각한다. 당연히 문제는 더욱 커진다.

이 모든 부정적인 상황은 좀 부드럽게 '문제'라고 말하지만, 우리가 원하지 않은 골치 아픈 것에 불과하다. 그러나 너무 흔해서 우리가 사는 세상의 일부가 되었기에 우리도 삶의 일부로 당연시한다. 실제로 우리는 그런 문제가 누가 가장 큰 희생자가 되는가 하는 한심한 경기에서 좀 나은 사람임을 보여주는 명예로운 신분증이나 되는 것처럼 달고 다닌다. 그래서 자연스럽게 그것에 대해 마음 졸이고 안달할수록 더욱 커지기만 한다.

부정적인 상황 가운데 일부는 심각하고 일부는 사소하지만, 어쨌든 너무도 널리 퍼져 있기 때문에 우리는 그것을 삶의 방식으로 여긴다. 그러나 부정적인 상황은 과거에 우리가 초점을 맞춰 온 것… 에너지를 흘려보낸 것에 따른 결과이다. 그것일 뿐이다. 우리의 부정적인 에너지 흐름이 원인이고, 불쾌한 상황은 결과이다.

이 혼란이 악화되지 않도록 중단시키는 유일한 방법은 거기에 초점을 맞추는 일을 중단하는 것이다. 우리의 문제가 상사나 배우자, 자녀, 세무서, 고속도로의 음주 운전자 때문에 생긴 것이 아니라는 사실을 진심으로 받아들이면, 그것을 끌어들인 방법과 동일한 방법으로 완전히 제거할 수 있다. 에너지의 흐름을 통해서이다. 그러나 이번에는 전혀 다른 진동을 통해서이다.

쉽다고 하면 거짓말이다. 우리 앞에 놓인 것을 직시하고 반응하는 것이 우리가 할 일이다. 우리가 그것을 바꾼다는 것은 그 고귀한 문제들을 간직하고 고민하는 권리, 소중하게 간직해 온 권리를 포기해야 한다는 의미이다.

그렇다고 두려워할 필요는 없다. 육체를 안고 살아가는 한 반드시 좋아하거나 원하지 않는 상황을 맞닥뜨릴 것이며, 그래서 집중해야 할 문제가 항상 있게 된다. 그러나 지금 우리의 목표는 그런 상황에 반응하는 방법을 바꾸어 그것이 우리 삶의 중심이 되지 않게 하는 것이다.

절대로 현실과 맞서지 말라

자라면서 배운 것 때문에, 그리고 대대로 내려온 태도 때문에 우리는 그 순간 보이는 것과 그 순간 경험하는 것은 그것을 제거하거나 수용하지 않는 한 그대로 있으리라 생각한다. 그것이 눈에 보이고 분명히 경험하기에 우리가 읽는 책은 그것을 현실로 여긴다. 그렇지만 현실, 진정한 현실은 우리가 그동안 에너지를 흘려보낸 결과에 지나지 않는다.

예를 들어 당신의 몸을 별로 좋아하지 않는다 하자. 당신은 이를 현실이라고 하는데, 그것은 고칠 수 없으며 받아들여야 하는 것이라는 의미이다.

또는 당신은 지금 경기 침체기에 살고 있어서 수입에 영향을 받는다고 생각해 보자. 당신은 그것을 현실로, 당신이 어떻게 할 수 없는 재난적 상황이라고 한다.

"그게 인생이야. 받아들여야 해."

"다 그렇게 되는 거야."

"시청과 맞설 수 없어."

"무모한 일은 그만해."

"세상은 그런 거야."

"인생을 그대로 받아들이는 법을 배워야 해."

"누구나 어느 정도 어려움은 겪는 거야."

"환상을 버려."

"인생은 공평하지 않아."

"정신을 차리고 현실을 봐."

그러나 현실을 직시하거나 참고 견딜 필요가 없다. 우리가 할 일은 다른 에너지를 흘려보내는 것이다. 우리가 흘려보내는 에너지 외에는 아무것도 우리의 경험에 영향을 주지 않기 때문이다.

우리를 즐겁게 하는 것이 있으면 자연히 밸브가 열린다. 그런 상황이 우리를 기쁘게 하기에 우리의 긍정적 에너지가 더 긍정적인 것을 끌어당기게 된다.

그러나 부정적 상황(문제)을 주로 바라보면 밸브가 꽝 닫혀버린다. 근원 에너지와의 연결은 늘 부족하게 된다. 혹 기쁨이 우리 앞에 다가와도 우리는 기쁨의 진동을 알지 못한다. 우리는 이것을 불편해하고 화를 내고, 어떻게 하면 이를 고칠까 걱정하며, 불평하고, 두려워한다. 그리하여 계속 부정적 에너지를 흘려보낸다. 그래서 잠시라도 기쁨을 가진다는 것은 이상한 일이 되는 것이다.

일자리가 없는 '현실'에 산다고 해서 당신이 멋진 일자리를 끌어당길 수 없는 것은 아니다.

주택 매수세가 없다고 해서 능력 있고 선호하는 구매자를 끌어당길 수 없는 것은 아니다.

당신의 몸이 다른 사람들처럼 건강하지 않다고 해서 400미터 경주에서 우승할 힘을 끌어당길 수 없는 것은 아니다.

그 분야에서 일한 경험이 없다고 해서 거기서 성공할 수 있는 능력을 끌어당길 수 없는 것은 아니다.

이제까지 금연을 할 수 없었다고 해서 지금 금연할 수 있는 의지력을 끌어당길 수 없는 것은 아니다.

이제까지 두 번이나 이혼을 했다고 해서 또다시 파혼을 초래할 수밖에 없는 것은 아니다.

지금 이 순간 어떤 혼란 또는 행복 속에 살고 있든, 그것이 개인적이든 가족 단위든 국가나 우주 단위든, 그 혼란은 과거에 우리가 느끼고 에너지를 흘려보내는 방식의 결과일 뿐이다. 끌어당김의 법칙은 여기 조금, 저기 조금 그렇게 작용하지 않는다. 당신과 나, 우주 전체에 작용한다.

우리는 우리가 진동하는 것을 끌어들인다. 자동차 사고부터 세계대전까지 모두 우리가 만들어 내는 것이다.

그러므로 지금부터 당신은 현실을 그대로 인정해야 하는 것으로 받아들이지 말라. 당신 앞에 있는 좋아하지 않는 상황에 집중하는 생각을 중단하고 당신이 좋아하는 것을 생각하라. 그러지 않으면 당신의 그 현실은 절대로 변하지 않는다. 지금도 끔찍한 일들이 당신의 눈앞에 닥쳐 있거나, 당신을 위협하고 있거나, 당신에게 절망적으로 보일 수도 있다. 그러나 그것을 움직일 수 없는 것이 아니다. 할 수 없어서 견뎌야 하는 것이 아니다.

좋지 않은 현실은 부정적 에너지 흐름에서 비롯된 결과일 뿐이다. 우리는 그런 결과를 안고 살면서 고생하거나 아니면 극복해 즐거움을 누릴 수 있다.

조점을 바꾸는 법

어린 시절 높은 곳에서 다이빙해 본 적이 있는가? 또 처음으로 높은 산으로 오르고 오른 적이 있는가? 그럴 때마다 안전에서 멀어지는 것처럼 보여 두려웠지만 당신은 계속 올라갔다.

그렇게 해서 마침내 사다리 꼭대기에 이르렀다. 당신은 망설이면서도 도약대 끝으로 걸어갔다. 심장이 너무 두근거려 친구들이 저 아래에서 소리치는 것도 들리지 않았다. 물이 십 리나 멀리 있는 것 같았다. 정말 하고 싶지 않았지만 그래도 했다. 당신 안에 있는 무엇이 이 일은 신기원이요, 생애 최고의 순간임을 알아차렸기에, 이 일만 해내면 이전과 다른 사람이 될 것을 알았다. 그래서 점프했다. 얼마나 빠르던지! 그리고 해냈다! 그리하여 당신의 삶은 완전히 변했다.

늘 계속되는 문제라는 다이빙 습관에서 탈출하는 데 가장 어려운 부분은 다이빙에 관한 선입관에서 자신을 해방시키는 것이다.

그렇기 때문에,

당신은 그것을 고칠 필요가 없다;
다만 그것에 집중하는 일을 멈추면 된다.

그 일이 어렵다고? 그렇다. 해낼 수 있을까? 물론 할 수 있다. 그러나 어떤 곳에서 시작해야 한다. 그 어떤 곳은 당신의 초점을 변화시키겠다는 결심이다. 그러면 실제로 그렇게 하게 되고, 더 즐거운 것으로 초점을 옮기게 되어 에너지를 바꾸게 된다. 문제가 창조된 그 동일한 주파수로는 그 문제를 해결할 수 없다. 그래서 그 문제가 더는 삶의 초점이 되게 하지 않겠다는 결심을 한다. 손가락에 난 상처처럼 당신은 그것을 알고 있어서 생각할 때마다 고통을 준다. 그러나 그것이 일상생활을 지배하도록 허락하지 않는다. 당신은 그것이 치료되어 사라질 것을 믿는다. 그리하여 그렇게 된다.

반드시 기억하라. 원하지 않는 상황을 변화시키는 데 가장 중요한 부분은 이것이다. 당신이 그것을 변화시킬 필요는 없다. 다만 거기에 집중되는 생각을 중단해야 한다. 필요한 것은 도약을 하겠다는 의지이다.

방법 #1. 즉시 초점을 바꾼다.

당신이 걱정과 비난의 모터라는 상황에 집중하고 있음을 깨닫는 순간 다른 것을 찾아야 한다. 현재보다 조금이라도 좋은 느낌을 가질 수 있게 하는 다른 것을 생각하라. 그것을 즉시 찾도록 하라.

생각을 당신과 관계가 좋은 배우자 그리고 당신의 가정, 노래, 강아지, 새 옷, 초콜릿 아이스크림, 연애, 곧 있을 휴가, 지난번 휴가, 특별한 식당, 잠든 딸의 귀여운 모습으로 옮기라. 뭐든 좋다. 그렇게 한 다음 기분이 변화될 때까지 계속하라. 그것은 에너지가 변화된다는 것을 의미한다.

느낌이 변화되게 한 다음에는 원하지 않은 상황을 대신해 당신이 원하지 않는 것이 아니라 당신이 원하는 것을 소리내어 말하기 시작하라. 그렇게 함으로써 이제 당신의 초점은 그 상황에서 떠났고, 당신의 목적 모터는 제자리에서 돌고 있다. 그래서 밸브가 활짝 열리며 반전이 시작된다. 어떤 일이 있어도 대체해 놓은 그 원하는 것이 불가능하다는 생각을 하지 말라. 그냥 생각하고 '어떻게'에 관한 생각은 하지 말라.

원하는 것, 목적을 느끼는 상태로 들어갈 수 없을 경우에도 절대로 염려하지 말라. 할 수 있는 한 즐거운 새 초점의 느낌에 최대한 머물라. 그 고주파에 오래 머물러 있을수록 원하지 않는 상황은 더 빨리 사라질 것이다. 반대로 괴롭히는 상황에 오래 집중할수록 그것은 오래 지속될 것이다.

방법 #2. 즉시 달래는 말을 내뱉는다.

상황에 관한 초점에서 벗어날 수 없을 때는 자신을 달래는 말을 하되, 마치 사랑하는 엄마나 아빠가 어린아이를 위로하듯 큰 소리로 하라. 자신에게 어린아이가 듣기 원하는 위로의 말을 하라. "괜찮을 거야.", "상황이 바뀌고 있어.", "이제까지도 괜찮았고 앞으로도 그럴 거야.", "걱정할 것 없어."

조금이라도 느낌의 변화가 있다면 계속 따뜻한 말을 하라. 그러면 높은 에너지가 돌아오지 못하도록 막는 것을 느낄 수 있을 것이다. 당신이 편안한 상태가 되면, 생명의 근원 에너지에 대한 저항이 줄어들어 차분하게 될 것이다. 괴로운 상황에 맞춘 초점을 멈추고 그 상태를 할 수 있는 한 오래 지속하라.

방법 #3. 즉시 단호하게 외친다.

이 단호한 사랑의 말을 당신 자신에게 일대일로 큰 소리로 하라. 비결은 기죽지 말고 단호하게 해야 한다는 것이다. 원하지 않는 상황에 초점을 맞추고 있음을 발견했을 때도 절대로, 절대로 기죽지 말라.

여기서 당신이 해야 할 일은 그 상황에 계속 초점을 맞추고 있을 경우 당신에게 어떤 일이 일어날지를 냉철하게 판단하고 상식적으로 추론하는 일이다. 그런 다음에는 초점을 옮겨 진동을 바꾸었을 때 일어날 일을 있는 그대로 자신에게 말한다.

"자, 찰리, 너는 이 엉망진창인 상태에 빠져 있어. 그래서 이제 빠져나올 길을 찾아야 해. 하지만 이 기분에 머무르면서 종일 이것을 생각하면 상황은 더욱 나빠질 것이야. 그러니 이 비참한 구덩이에서 나와 좋은 느낌을 줄 것을 찾도록 해. 그래, 지금은 좋은 느낌을 가질 것 같지는 않아. 그러나…."

당신이 이를 믿든 말든 무슨 상관인가? 느낌이 달라질 때까지 그런 것처럼 하라. 그러면 미묘한 에너지 변화가 일어날 것이다.

이 방법은 논리적으로 설명하기 어렵다. 나는 이를 규칙적으로 사용하여 늘 기분이 좋아지는 느낌을 가지지만, 대체로 나는 이 방법을 뛰어넘어 좋은 느낌의 모터가 최대로 가동하게 하는 다른 방법으로 직행한다. 그러나 그것은 나에게만 해당하는 일이다. 물론 당신에게도 가능하다면 그렇게 해도 된다.

방법 #4. 즉시 즐거운 일을 한다.

실제 행동으로 옮기라. 산책을 하거나, 세차를 하거나, 고양이에게 빗질해 주거나, 새 옷을 사거나, 케이크를 굽거나, 카드게임을 하거나, 영화관에 가거나 무엇이든 그 상황에서 초점을 옮겨 높은 에너지 흐름의 저항을 줄일 수 있는 일을 실행하라.

그런 변화가 일어난 다음에는 소리 내어 말하기를 시작하되, 처음에는 원하지 않는 상황을 대신해 당신이 원하는 것을 말하라.

이 모든 방법과 관련해 명심할 것은 "실제로 이루어질 때까지 이루어진 것처럼 하라"라는 옛말이다. 초점을 바꾸고, 푸근한 말을 하고, 단호한 말을 하고, 즐거운 일을 하고, 실제로 이루어진 것처럼 해야 한다. 그러나 중요한 것은 초점이 원하지 않는 상태에 머물고 있음을 발견하는 즉시 그렇게 해야 하고, 그다음에는 느낌이 변화될 때까지 그 상태에 머물러야 한다는 것이다. 그러면 이루어질 것이다!

상황은 중요하지 않다

일단 상황에서 초점을 옮겨 밸브가 열리게 하는 일을 시작했다면 이제 원하는 것을 생각하며 흥분할 준비가 된 것이다.

초점 변화는 이런 것이다.

초점을 현재의 즐겁지 않은 것에서 즐거운 원함으로 옮긴다.

처음 단계에서 마스터해야 할 일은 원하는 것에 대한 즐거운 느낌을 끌어모으는 일이다. 그거면 된다. 전체 시간의 20% 정도를 원하는 것에 집중할 수 있을 만큼 밸브를 열었다면 축하한다! 제대로 하고 있는 것이다. 머잖아 모든 시간에서 진동할 수 있게 될 것이다. 천천히 조금씩, 그 상황을 만들어 냈던 커다란 에너지 덩어리가 사라지고 근원 에너지 진동을 내보내는 밸브가 열릴 것이다.

그리고 이내 높은 주파수 대 보통 주파수가 50 대 50으로 진동할 수 있게 될 것이다. 그 상황에서 나오는 진동과 즐거운 것에서 나오는 진동이 50 대 50이 된다. 이제 당신의 삶을 통제하기 시작한다. 당신이 원하던 변화가 여기저기서 쏟아지기 시작하는 것이다.

그러나 진정한 즐거움은 부정적인 에너지에서 벗어났음을 아는 순간, 변화된 에너지가 다가왔을 때 이루어진다. 이제 당신은 60 대 40의 비율로 도약한다. 그러다가 마침내 75 대 25, 85 대 15로 올라간다. 이 시점에 이르면 새로운 사건, 새로운 사람, 새로운 환경이 하나씩 마법처럼 당신의 삶에 쏟아져 그토록 원하던 새로운 일이 일어나는 것을 목격하게 된다. 이젠 좋은 느낌이 저절로 느껴진다.

그렇지만 명심하라. 당신이 원하는 것이 얼마나 빨리 이루어지는가는 부정적 진동에 집중되어 있던 초점을 얼마나 빨리 당신이 원하는 것으로 옮기는가에 달려 있다. 그 순간 상황이 얼마나 비참하든 그것은 영원하지 않다. 다만 당신은 문제 대신 원하는 것을 선택함으로써 그것이 주는 좋은 느낌의 진동을 확보해야 한다.

그리고 즐기라! 문제가 아무리 많더라도 자신을 탓하지 말라. 그리고 원하는 것을 몽땅 제시함으로써 문제를 한꺼번에 해결하려고 하지 말라. 우리는 모두 다양한 난관에 부딪힌다. 그래서 에너지 흐름을 다스리는 갖가지 방법을 통해서 거기서 벗어난다.

반드시 좋은 느낌의 에너지를 찾아 유지하기 위해 어떤 일이든 하도록 하라. 그리고 명심할 것은 현재 상황이 우리에게 주는 힘은 우리에게서 나온다는 것이다. 그러므로 우리가 어려움에 빠져 있다고 생각될 때, 그것이 바로 우리 자신이다.

그러나 어떤 여건도 우리가 극복할 수 없는 것은 없다. 지금 이 순간 당신의 삶에서 진행되는 일은 별로 의미가 없다. 그것은 단지 결과에 불과할 뿐이다. 상황이 아무리 난감할지라도, 당신은 좋은 느낌, 아니 더 좋은 느낌의 에너지를 흘려보내 그것을 바꿀 수 있다. 당신이 이것을 더 깊이 이해할수록 의도적으로 창조하는 일은 더욱 쉬워질 것이다.

"야호"신드롬

삶을 변화시키는 것은 내가 하는 행동이 아니라 에너지를 흘려보내는 방식이라는 것을 내가 제대로 아는 데는 생각보다 많은 시간이 걸렸다.

나는 늘 행동이 중요하며, 열심히 노력하지 않으면 아무 일도 이룰 수 없다고 굳게 믿었다.

그러나 어떤 일을 해결하려고 하든 우리가 중요하다고 생각하는 어떤 행동도 실제로는 거의 효과가 없다. 무엇을 하든, 어떻게 하든, 얼마나 많이 혹은 자주 하든 그것은 중요하지 않다. 우리가 하는 행동의 거의 대부분은 부정적인 에너지에서 나오는 것이기 때문이다.

우리가 좋아하지 않는 상황에 빠질 경우, 우리는 성격에 따라 두 가지 행동 중 하나를 하게 된다. 좌절하여 포기하고 운명으로 받아들이거나, 론 레인저의 주인공처럼 백마에 뛰어올라 "야호" 하고 외치며 달려 나가 우리 앞에 닥친 그 말도 안 되는 상황을 쳐부순다. 어떻게 하든 현실에서 우리가 하고 싶은 일을 하는 것이다.

그러므로 이 행동을 잘 살펴보자. 나는 문제 해결을 위해 필요한 이 열정적인 행동을 '야호신드롬'이라고 부른다. 밸브가 닫혔을 때 우리가 취하는 행동이면 어떤 것이든 여기에 해당한다.

세상 사람 대부분은 오직 '행동'을 통해서만 일이 일어난다는 데 동의할 것이다. 문제가 생기면 우리는 "야호" 하고 외치면서 열정적인 행동으로 더 많이 팔고, 더 많이 벌고, 더 많이 성취해 그것을 해결하려고 한다. 그러나 의도적 창조란 에너지를 흘려보내 끌어당기는 것이지 강물이 거슬러 흐르게 하려는 것이 아니다. 그것이 야호신드롬이다.

야호신드롬은 절대로 통하지 않는다. 진동으로 요청받기 전에는 다른 사람의 세계로 들어갈 수 없다. 하물며 당신이 진동으로 요청하지 않았는데 다른 사람이 당신의 세계로 들어올 수 있겠는가? 당신이 아무리 노력하더라도 억지로 밀어붙여서 원하는 결과를 이룰 수 없다.

그렇다면 우리가 하는 행동을 멈추어야 하는가? 물론 아니다. 자동적인 반사행동을 멈춤으로써 헛된 행동을 고무된 행동으로 대치해야 한다. 그리고 우리가 좋아하는 것에 열심히 초점을 맞추다 보면 밸브가 열려 마땅히 해야 할 바른 움직임이 나오게 된다. 이제 행동은 '의무'가 아니라 즐거움이 된다. 아이디어가 넘치게 된다. 우리는 창조적 생명력을 받아들여 우리가 원하는 곳으로 한 걸음, 한 걸음 쉽고 확실하게 인도된다.

기적이 일어났다. 이제 우리는 반응하는 사람이 아니다. 의도적 창조자인 것이다.

모든 것을 기뻐하라

바로 보자. 우리는 항상 대비되는 것, 즉 좋아하지 않는 것에 직면한다. 그것이 우리가 원하는 것이며, 솔직히 가장 즐기는 것이다.

갑자기 튀어나오는 고질라든, 벼룩이 무는 것이든, 그 상황이 아무리 나쁘고 짜증이 난다 해도 그것은 우리가 어떤 에너지를 흘려보내고 있는지 경고하는 것 이상의 관심을 둘 필요는 없다. 그거면 충분하다! 그것으로 끝이다.

어떤 상황에서 경고음이 울리는 느낌이 들고, 즉흥적인 반응을 하여 열정적 행동으로 들어가려고 할 때는 흥분을 가라앉히고 긴장을 풀도록 하라. 그러면 생각이 바뀔 것이고, 생각이 바뀌면 느낌이 바뀔 것이며, 그러면 진동이 바뀌어 우주와 당신의 확장된 자아가 나설 것이다.

그러므로 대중적인 신념과는 반대로, 먼저 좋은 느낌을 가지게 하기 전에는 만반의 준비를 하려고 할 필요가 없다. 어떤 상황에서든 당신이 해야 할 일은 그 엉망인 상황을 바라보고 반응하는 일을 멈추고 더 나은 느낌을 가질 수 있는 길을 찾는 것이다.

평생 가지고 있던 습관은 쉽게 변하지 않는다. 현재의 삶이 어떠하든 과거에 흘려보낸 에너지의 결과라는 것을 반드시 기억하라.

그런 다음 그 상황의 긴박함에서 물러서서 더 큰 관점으로 보도록 하라.

고쳐야 할 '부족한 것'은 항상 부정적인 에너지에서 흘러나옴을 명심하라. 그것이 앞으로 변화될 모습을 보고 즐거워할 방법을 찾으면 긍정적인 에너지가 흘러나와 원하던 변화가 시작된다.

어떤 것에도 붙잡히지 말라. 반대로 현재의 상황이 제아무리 불쾌하게 보여도 그것이 당신을 통제할 수 없다고 생각하는 자신을 타이르라. 그러면 현재의 상황에도 불구하고 밸브를 열 길을 찾을 수 있다. 그러면 될 것이다.

그다음에는 해답이 나올 것이고, 기회가 찾아올 것이며, 당신이 생각했던 것 이상으로 상황을 바꿀 수 있는 방법을 더 많이 찾게 될 것이다.

그러므로 할 수 있는 한 엉망인 상황을 즐기라. 그러지 않고는 당신이 원하지 않는 것을 알 길이 없기 때문이다. 현재의 상황보다는 가능성을 응시하라. 그리하여 그것이 이루어질 때 얼마나 멋질까를 생각하는 갈망이 아닌 놀라운 느낌으로 들어가라. 그러면 그것이 현실이 될 것이다.

6장

와, 내가 느낀다!

놀라움, 고귀함, 감사, 흥분, 경의. 당신은 이런 다양한 느낌을 언제든 원하는 때에 이끌어 낼 수 있는가? 당신은 '놀라움'이나 '흥분'을 바로 느낄 수 있는가. 이 흥분이란 물론 성적인 것이 아니다. 경의는 어떤가? 바위일 수도 있는 어떤 것을 보고 즉시 그 무생물을 향해 따뜻한 경의를 느낄 수 있는가?

여기서 '맞춘다'는 것은 의식적 의도적으로 우리의 내부의 스위치를 더 높은 주파수에 맞추어서 더 빠른 속도로 진동하게 하는 것을 의미한다. 생각이 날 때마다, 원하는 때는 얼마든지, 무엇을 볼 때마다 그렇게 하는 것을 의미한다.

농담이 아니다. 즉시 주파수를 높이는 법을 배우지 않으면 의도적 창조자가 될 수 있는 기회를 살릴 수 없다. 그 말은 불행히도 우리는 영원히 본능에 따른 창조자가 될 것임을 의미한다. 희생자가 된다는 말이다.

'주파수 변화의 기초'라는 과목은 학교 교육과정에 없다. 그래서 우리 스스로 배워야 하는 기술이다. 그러나 약간의 기법만 배우면 쉽게 해결될 수 있다.

"휙!" 하는 느낌

나는 끌어당김의 법칙을 터득하기 1년 전쯤 에너지 흐름에 관해 생각하기 시작했다. 그때는 내가 하는 일이 무엇인지 전혀 알지 못했다. 그러나 즐거웠기 때문에 운전하면서 그런 시간을 보냈다.

그 당시는 주택담보대출을 새로운 대출로 바꾸는 시장이 아주 잘되고 있었고, 나도 우리 집을 사무실로 삼아 1인 대출중개업을 하고 있었다. 그래서 많은 사람이 자기 집을 담보로 대출을 전환해 달라고 요청했기에 보통은 그들이 오라고 하지만 내가 그들 집을 방문하기도 했다. 그것이 좋았다. 집을 나가면서 심부름도 해 주었다. 그러면서 내가 사는 지역에서 몰랐던 곳을 보기도 했다.

약속 장소로 가는 도중 시간을 보내기 위해 나는 에너지 놀이를 시작했다. 그때 나는 벌써 좋은 느낌으로 즉시 바꾸는 법을 알고 있었다. 나는 '에너지 굴리기'라는 그 일을 쉽게 할 수 있었다. 내가 '올라가는' 힘찬 느낌을 채우기만 하면 거의 동시에 그 변경된 주파수에 반응해 몸이 힘을 냈다. 어떤 소원을 그 높은 주파수에 집어넣으면, 즉 고조된 상태에서 그것을 생각하면 그것이 이루어질 가능성이 높아졌다. 그러나 그게 내가 아는 전부였다. 주파수, 진동, 부정적 · 긍정적 에너지 흐름, 끌어당김의 법칙…. 나는 이런 것들만 우연히 이해하고 있을 뿐이었다.

내가 에너지 굴리기를 더 많이 할수록, 내가 고조된 느낌을 시작하기만 해도 그 이상한 현상이 일어나는 것을 보기 시작했다. 내 배 속, 충격을 받았을 때 숨이 막히는 그곳에서 '획' 하는 느낌이 있었다. 마치 롤러코스터를 타고 최고 속도로 내리닫는 것 같은 느낌이었다. 때로 그것은 아주 잠시 계속되었지만, 아주 집중했을 어떤 때에는 수분 동안 지속되었다.

후에 나는 이 '획' 하는 느낌이 다른 차에 부딪치지 않으려고 갑자기 방향을 틀 때 드는 '아이쿠!' 하는 느낌임을 알게 되었다. 또는 수년 전 나를 해고한다는 말을 듣던 순간 느꼈던 것과 같은 느낌이었다.

처음에는 이것을 어떻게 이해해야 하는지 또는 이 모든 것을 어떻게 연계해야 하는지 알 수 없었다. 아주 다양한 상황이 갖가지 강력한 반응을 일으키게 하지만, 모든 것이 물리적으로 동일한 곳, 즉 배 속에서 끝을 맺는 것 같았다. 그러다가 깨달음이 왔다. 나의 감정이 먼저 아드레날린 샘에 그 이유를 등록한다. 그래서 우리가 놀라거나 공포에 질릴 때 부신이 위치한 복강이나 위에서 그 소동을 경험하게 된다.

공포가 닥치면 부신이 갑작스러운 전자기 에너지의 발생에 충격을 받아 즉각 아드레날린을 분비하고, 그때 우리는 '획' 하는 경험을 한다. 그렇다면 즐거움에서 만들어진 강한 에너지에도 부신이 동일한 방식으로 반응하지 않겠는가? 무엇 때문에 발생했든 에너지는 에너지인 것이다. 극한적 공포를 느끼든, 최고의 즐거움을 느끼든, 에너지가 복강을 통해 흘러 아드레날린을 자극함으로써 명확하게 알 수 있는 신체적 반응이 나타나게 한다.

놀라운 일이었다! '휙' 하는 경험이 작다는 것은 좋은 느낌이 적고 강도가 낮은 것이며, 진동의 변화가 크지 않다는 것이었다.

그러나 배 속에서 크게 '휙' 한다는 것은 내가 흥분, 환희, 깊은 감사 등 어떤 고양된 느낌에 진동으로 맞추어짐을 의미했다. 그것은 내가 약을 먹지 않아도 환희를 경험할 수 있음을 의미했다. 이것은 매번 입증되었다. 내가 어떤 종류이든 즐거움에 맞추어지지 않으면 그 경험은 나오지 않았다. 그리고 좋지도 나쁘지도 않은 보통의 느낌 상태에서도 그런 경험이 나오지 않았다.

나는 이것을 알고 나서 너무나 흥분되었다. 삶의 비결을 배웠다고 생각하게 되었다! 물론 배우긴 했지만 완전한 것은 아니었다. 아직 에너지를 이끄는 법, 즉 원하는 것이나 원하지 않는 것에 집중하는 법을 모르고 있었다. 그때 내가 안 것은 좋은 느낌을 배 속으로 많이 밀어넣을수록 소원을 더 많이 끌어낸다는 것 정도였다. 위대한 시작이었지만, '나머지 이야기'도 꼭 알고 싶었다.

초기에 나는 디즈니 영화에 나오는 미키마우스와 같이 마술 모자를 그 능력도 모른 채 가지고 놀았다. 그렇지만 그 좋은 느낌을 만들어 내는 일에 익숙해져 갔다. 눈 깜빡할 사이에, 심지어 TV에서 끔찍한 뉴스를 보면서도 그 느낌을 만들어 낼 수 있었다.

내가 좋은 느낌을 더 많이 가질수록 일감이 더 많아졌고 그래서 더욱더 좋은 느낌을 얻었다. 마법이었다. 돈이 너무 많이 들어와 계산을 중단하게 되었다. 그리하여 에너지를 흘려보내는 일은 나의 일상적 행동이 되었고, 내가 발산하는 느낌의 강도와 주파수에 따라 얼마나 많은 일감이 들어올지 예상할 수 있을 정도가 되었다.

그러나 내가 시작하는 고주파가 나의 소원을 끌어온다는 생각은 옳았지만, 그것이 전부라고 잘못 생각하고 있었다. '괜찮아. 나의 주파수를 올려 에너지가 흐르게 할 거야. 그러면 세상이 내 것이 될 거야'라고 생각했던 것이다.

그때 내가 알지 못했던 것은 내가 초점을 약간이라도 즐겁지 않은 것으로 옮기면 그 부정적인 초점의 영향으로 바람직하지 않은 결과를 끌어들이게 될 뿐 아니라, 다가오는 좋은 것과 나 사이에 장애물이 즉각 생긴다는 것이었다. 그 작은 교훈은 이내 다가왔다.

그렇지만 몇 달 동안 내가 알 수 있는 한 부정적인 상황은 전혀 없었다. 그때 상황은 정말 좋았다. 어디를 가든 내 세상이었다. 시장이 무르익어서 뭐든지 쉽게 해 낼 수 있었다. 신문에 작은 전단을 삽입한 것이 매우 효과적이어서 그 후 몇 주 동안 대출을 위한 요청에 전화통이 불났다. 어디를 보아도 일은 매우 긍정적이었고, 따라서 나의 진동도 그랬다. 나의 에너지 수준은 최고에 이르렀고, 사교 생활도 잘 이뤄졌고 마음 놓고 쇼핑도 할 수 있었다. 일 년도 지나기 전에 나는 부동산 담보와 전혀 다른 사업을 새로 시작하기도 했다. 나는 무의식중에 좋은 것을 내 주변에 두어 에너지를 흘려보냄으로써 더 많은 것을 끌어당기고 있었던 것이다.

그러다가 일이 잘못되기 시작했다. 시장이 변함에 따라 나의 초점도 따라서 변했다. 이자율이 올라감에 따라 사업도 힘들어지기 시작했다. 이제 나의 모든 관심은 '아, 안 돼! 이자율이 올라가면 안 돼. 시장이 줄어들면 안 돼. 이 노다지판이 깨지면 안 돼'라는 데 집중되었다. 그때 누가 나에게 "현재 상황은 당신이 새로운 것을 창조하기 위한 발판에 불과하다"라고 했다면 그의 뺨을 후려쳤을 것이다. 나는 정말로 걱정했고, 당연히 문제는 더욱 악화되었다.

나는 악화되는 상황에 너무 몰입했기 때문에 오랫동안 즐거움을 느끼는 일을 중단하고 있었다. 반대로 내가 원하지 않는 것, 즉 악화되는 시장 상황에 온통 초점을 맞추고 있었다. 그러면서도 그것을 알아채지 못했다. 시장이 악화할수록 그만큼 나의 느낌도 나빠졌다. 그리고 느낌이 나빠질수록 사업도 나빠졌다. 새로운 글을 써서 내가 원하는 대로의 행복을 느끼는 곳을 찾지 않고, 두려움에 끌려갔다. 중요한 부분에서 문제가 닥쳤다.

나는 자금을 모두 새 사업에 써버렸고 시장은 악화되었으며 돈은 새로 들어오지 않는데도 새로 시작한 회사 때문에 갚아야 할 채무가 남아 있어서…. 정말 엎친 데 덮친 격이었다. 내가 계속 집중하고 있는 상황은 내가 좋아하는 것과는 아주 멀었다. 그런 초점으로 생기는 두려움이 커져서 일은 더욱 빠져나올 수 없을 정도로 나빠졌다.

나는 생활비를 빌렸다. 할 수 있는 온갖 광적인 행동을 했다. 나보다 궁한 세일즈맨을 채용했다. 자연히 그것은 내가 끌어들일 수 있는 것이었다. 인근 도시에까지 전단지를 뿌렸고 새 사업을 위해 몸부림쳤다. 그러나 잘되지 않았다. 나는 원하지 않는 모든 것에 모든 관심을 쏟은 채 부정적 초점으로 일을 만들어 내려고 애를 썼다. 그렇게 원하지 않는 것이 나의 진동에 들어오게 해 나를 지배하게 만들었다. 그리하여 더욱 더 좋지 않은 일을 끌어당겼다.

그러나 나는 아직 비밀을 가지고 있다는 생각이 들어 다시 즐거운 생각을 하기 시작했다. 다행이었다! 암울한 상황에 부정적 초점을 맞춘 상태를 계속했더라면 상황을 반전시킬 수 없었을 것이다. 어쩌면 나의 확장된 자아는 내가 정신을 차릴 때까지 다른 우주로 휴가를 가면서 "잊어라"라고 말했을 것이다. 나의 주된 진동이 부정적이었고, 따라서 끌어들이는 것도 부정적인 것이었다.

이처럼 낮은 감정 상태에 있을 때 열정적인 친구들이 찾아와 그들이 알게 된 끌어당김의 법칙에 관한 자료를 보라고 강권하기 시작했다. 너무도 낙심한 상태였기 때문에 그들이 알라딘 램프가 잔뜩 실린 배 한 척을 발견했다 해도 관심이 없었지만, 그들을 돌려보내고 혼자 있기 위해 그러겠다고 했다.

그 자료를 훑어보기 시작한 지 5분도 채 안 돼 그들이 그토록 흥분한 이유를 알 수 있었다. 거기에 '나머지 이야기'가 있었다. 오랫동안 내가 모르는 줄조차 몰랐던 것이 모두 있었다. 누가 나에게 5,000만 달러를 준 것처럼 흥분되었다. 그래서 하루도 안 돼 나는 이 책 마지막 장에 설명해 놓은 30일 프로그램을 만들었다.

그러나 상황이 하루 만에 뒤바뀌지는 않았다. 나는 좋지 않은 것을 바라보는 데 너무 중독되어 있었다. 경제적 회복은 느리지만 꾸준했다. 사업을 쉽고 즐겁게 발전시킬 수 있는 아이디어가 쏟아지기 시작했다. 그렇지만 나를 가장 신나게 했던 것은, 에너지 흐름 또는 에너지를 흘려보내는 일에 관한 지식에서 도움을 얻게 된 일이었다. 나는 이미 좋은 느낌을 만들어 내는 법과 그것을 상당 기간 유지하는 법을 알고 있었다. 심지어 내가 좋다고 느끼는 그 생각에 나 자신을 맞추어서 실제로 그렇게 행동하는 법도 알고 있었다.

그러나 내가 분명히 모르고 있었던 것은 끌어당김의 법칙에서 가장 중요한 항목인 '당신이 초점을 맞추고 있는 그것이 당신이 얻는 것이다'였다. 내가 해야 할 일은 침체된 시장에 맞춘 초점을 중지하고, 은행에 돈이 없다는 사실에 맞춘 초점을 중지하고, 들어올 수입이 없다는 사실에 맞춘 초점을 중지하고, 빚에 맞춘 초점을 중지하고, 내가 초점을 맞추어야 할 정확한 목표를 선택해 나아가는 것이었다.

어느 정도 시간이 걸렸지만 드디어 이루어졌다. 나는 그 지역에서 사업을 포기하지 않고 불경기에 상당한 돈을 번 몇 사람 중 한 사람이 되었다. 얼마나 기뻤던지! 결국 나는 나의 초점에 끈질기게 주목함으로써 내가 하던 일인 사업체를 3개 주에 걸쳐 사업망을 확보한 크고 성공적인 회사로 변화시켰다.

원하는 대로 활성화하는 법

좋은 느낌을 얻는 기술은 우리가 큰 성취를 하는 것과 다르다. 그러므로 현장에서 그렇게 하는 법을 배우는 것을 목표로 삼아야 한다.

때로는 약간 노력해야 그렇게 전환되지만, 어떤 다른 경우는 눈 깜박할 사이에 전환될 수 있다. 어떻든 중요한 것은 실천하는 것, 침울한 데서 높은 곳으로 전환하기 위한 행동을 하는 것이다. 어떻게 해야 하는가? 특별한 마법으로 돌아가 보자.

좋은 느낌을 시작하는 방법은 기본적으로 세 가지가 있다. 그중 두 가지는 이미 말했다. 첫째는 즐거움을 주는 것을 바라보거나 생각하는 것이다. 둘째는 진동이 변화될 때까지 자신에게 말을 하는 것이다. 이제 살펴볼 셋째는 당장 진동을 변화시키는 '활성화'라는 것이다.

활성화는 진동을 가장 쉽고 빠르게 올리는 방법이다. 물론 상황에 따라 다른 기술을 사용해야 할 수도 있다. 어떤 때는 첫째 방법이 통하고, 어떤 때는 둘째나 셋째 방법이 부정적 감정에서 탈출하는 데 도움이 된다. 활성화는 한 가지 방법에 불과하다. 그렇지만 나에게는 대단히 폭발적인 방법이어서 평생 거의 매일 사용하고 있다.

활성화법을 배우는 것이 쉬운 이유 중 하나는 시동 기어가 있다는 것이다. 여기서 당신은 자신 깊은 곳에서 나오는 느낌에 접한다. 그것이 1초 내에 도달할 수 있는 감각으로 활성화하면 기어가 바뀌어 몸 전체가 훨씬 높은 주파수로 진동한다. 밸브가 활짝 열리고 겨우 한 가닥만 연결되어 있어 기능만 겨우 유지하게 하던 창조적 생명력이 이제 당신을 통해 넘쳐흐르게 된다. 이제 당신은 내적 존재, 확장된 자아와 완전히 일치되고… 배 속에 바른 감각을 느낄 수 있다.

그래서 활성화가 매우 즐겁다. 당신은 감정을 통해 확실한 신체적 감각을 만들어 몸 안의 진동을 변화시키는 지침으로 사용할 수 있게 된다. 전체 과정은 '하나, 둘, 됐어!'라는 순간적인 과정에 불과하다. 그러면 당신은 활성화된다.

시동 기어

충전될 때까지 우리는 일종의 방전된 배터리이므로 활성화하는 최선의 방법은 멋진 느낌으로 들어가도록 시동을 거는 행위를 하는 것임을 발견했다. 그래서 나는 케이블 대신 미소를 사용했다.

그렇다. 의미 있는 작은 미소는 뜨거운 빵 위에서 녹는 버터와 같은 느낌이다. 그런 미소는 새끼 고양이들이 서로 뒤엉켜 놀거나 웃음이 재밌어서 웃는 아기를 볼 때 저절로 나온다. 가식적 웃음이 아니라, 꼬마가 자기가 가장 아끼는 것을 당신에게 가져왔을 때 짓는 다정한 미소이다. 물론 밖으로 드러내는 미소이지만 내부의 풍부하고 사랑이 넘치는 느낌에서 오는 것이다.

그 느낌을 택하여 내부 깊숙한 곳에서 끌어낼 때, 존재의 가장 깊숙한 곳에서 나오는 미소를 느낄 수 있다. 이제 당신은 내가 온화한 내면의 미소라고 하는 것을 만난다. 이것은 산들바람이나 미세한 소용돌이처럼 느껴지는 포근하고 사랑스러운 감각이다. 여기저기서 작은 전율이 일어날 수도 있다.

그렇지만 여기서는 미사일이 발사되기를 기대하지 말라. 이 느낌은 처음에는 아주 미세할 것이다. 지금은 태풍을 기다리는 것이 아니라 미세하지만 감지할 수 있는 작은 에너지 변화이다. 이 변화는 늘 당신 안에서 오는 것처럼 느껴진다. 때로는 눈 뒤에서, 때로는 심장에서, 때로는 명치 끝에서, 때로는 머리 꼭대기에서, 때로는 전신에서 오는 것처럼 느껴질 것이다. 곧바로 느껴지지 않아도 걱정하지 말고 느긋하게 있어야 한다.

그냥 당신의 소원을 우주에 말하라. 단언컨대 반드시 이루어질 것이다.

1~2초 지나면 온화한 내면의 미소와 함께 시동이 걸려 에너지가 근본적으로 변할 것이다. 경험해 보면 이해될 것이다. 이것은 즉각적인 좋은 느낌이며, 내면의 온화한 미소에 맞추어진 외부의 온화한 미소와 함께 시작되는 즉각적인 주파수 증가이다.

느낌 전환하기

온화한 내면의 미소가 지닌 고주파 느낌은 좋은 것이지만 더 친숙한 느낌으로 대치되지 않으면 지속하거나 강화될 수 없다. 그러므로 감사나 즐거움, 경이 등의 즐거운 느낌을 찾아 그것을 주된 진동으로 집중한다.

1. 가능한 한 얼굴의 미소를 따뜻하고 부드럽게 시작한다.
2. 즉시 얼굴의 미소가 계속되는 상태에서 내면으로 들어가 그 미소로부터 오는 부드러운 느낌을 퍼 올려 녹은 버터처럼 온화한 내면 미소의 따스한 느낌이 되게 한다. 그러면 당신은 어디에서든 미세할지라도 부드럽고 작은 움직임을 느낄 수 있을 것이다.
3. 온화한 내면의 미소가 계속되게 한 후에는 그 따스한 느낌을 애정, 열정 등과 같이 당신이 선택한 특별한 향으로 대치한다. 당신이 마음대로 조작하기 쉬운 느낌이면 무엇이든 선택해 할 수 있는 한 오랫동안 유지한다.
4. 선택 사항이다. 원한다면 지금이 이 높은 에너지를 구체적으로 원하는 것, 즉 목표에 집어놓기 좋은 때이다. 그러나 위 '3항'의

겹쳐진 감정을 한동안 경험하기 전에는 그렇게 하지 말라.

이것이 전부이다. 이제 당신은 달린다. 당신은 온화한 내면의 미소로 시동을 걸어 당신의 모터가 움직이게 했다. 그다음 당신이 선택한 감정으로 전환함으로써 그것이 계속 가동되는 데 필요한 주유를 했다.

대치할 느낌으로 당신은 부드러움을 택했다 하자. 일단 온화한 내면의 미소가 움직이게 한 후에는, 부드러움이 가동되는 느낌이 들 때까지 무엇이든 하면 된다. 그것은 어쩌면 아름다운 장미를 볼에 문지르거나, 사랑하는 사람을 부드럽게 애무하거나, 다친 동물을 정성껏 보살피는 것과 같은 느낌일 수도 있다. 당신은 몸에서 에너지 변화가 구체적으로 이루어지는 것을 느낄 수 있을 때까지 그 느낌을 최대한 강하게 하기를 원한다. 이제 당신은 주파수 변화에 따라 더 뚜렷하게 된 에너지의 움직임을 경험한다.

처음에는 에너지가 명치끝에서 롤러코스터를 타고 내려갈 때 가라앉는 느낌같이 '휙' 움직이는 느낌을 가질 수 있다. 명치끝에서 시작해 목 뒤를 거쳐 머리끝까지 퍼지는 느낌이 들 수도 있고, 머리 전체가 약간 얼얼한 느낌일 수도 있다. 잠시 후에는 머리와 사타구니로 동시에 퍼지는 것을 느낄 수도 있다. 심지어 약간의 성적 흥분을 느낄 수도 있다. 잠시 동안만 그럴 것이니 걱정하지 않아도 된다. 그러나 이것은 드디어 당신의 에너지가 풀려나와 흘러 돌아다닌다는 긍정적인 증거이다.

이것을 연습할수록 당신은 원하는 대로 시동을 켜서 에너지가 증가되거나 줄어들거나 상당 시간 유지되게 하는 일을 쉽게 할 수 있다. 나는 차 안에서나 샤워 중 또는 슈퍼마켓에서 에너지를 오랫동안 퍼 올려 이 세계를 상당히 느낄 수 있을 정도였다. 그러나 차 안에서는 썩 좋지는 않았다. 핵심은 당신은 에너지를 조종하는 법을 배울 수 있으며, 그럴 때 진정한 즐거움이 시작된다는 것이다.

당신이 밸브를 열어 고주파 에너지 흐름을 시작한다는 것을 확인하고 싶다면 부록에 설명된 지팡이를 꺼내 온화한 내면의 미소를 찾기 바란다. 그렇게 하기만 하면 된다. 그리고 지팡이가 에너지 변화에 반응하는 것을 보라.

긍정적 측면을 찾는 법

이 모든 것의 핵심은 좋은 느낌을 가지는 것이다. 그 이상 중요한 것은 없다. 좋은 느낌을 가지는 일보다 중요한 것은 없다. 어떻게 하는가는 중요하지 않다. 타임스스퀘어에 서 있으면 된다면 그것도 좋다. 새로 자른 나무 냄새를 맡으면 된다면 그것도 좋다. 더 좋은 느낌을 가지게 한다면 무엇이든 좋다. 당신은 언제 그렇게 되는지 알 것이다. 그 순간 좋은 느낌을 가지겠다는 결심이든, 특별히 원하는 것을 중심으로 새로운 종류의 좋은 느낌을 만들어 내는 것이든 당신이 원하기만 하면 갖가지 방법을 찾아낼 수 있을 것이다.

그러나 '모든 것이 실패로 돌아갔을 때'를 대비해 남겨 둔 것이 하나 있다. 그 방법은 내가 늘 사용하기를 싫어하기 때문이다. 나의 그 마지막 수단은 나의 밸브를 닫은 것이 아무리 지겨운 것일지라도 거기서 긍정적인 측면을 찾아내는 것이다.

예를 들어 교통사고로 길이 막혀 옴짝도 못한다 가정해 보자. 당신은 이미 화가 나 있다. 우리는 이처럼 당신의 밸브가 닫힌 상황에서는 교통 상태가 금세 해결되지도 않을뿐더러 부정적 에너지가 삶의 다른 모든 면에 영향을 미치고 있다는 것은 어쩔 수 없는 것으로 받아들일 것이다.

이때 당신이 할 일은 어떤 방법으로든 밸브를 여는 것이다. 그러나 당신은 시도했지만 되지 않았다. 음악도, 흥을 돋우는 일도, 독백도 통하지 않았다. 다른 모든 것이 실패했을 때 단 한 가지 대안이 남았다. 그 환경 안에서 또는 주변 가까운 곳에서 즐길 것이나 좋은 느낌을 얻을 만한 것을 찾아보라.

당신의 차가 움직이고 있다는 사실이나, 존에게 가지 않아도 된다거나, 당신처럼 화가 난 다른 불쌍한 사람과 감정이입을 한다거나, 응급 의료진을 향한 감사도 좋다. 뭐든지 찾으라. 그것을 놓고 자신에게 말을 시작하고, 그것에 동조하고 받아들이라. 그러면 곧 좋은 느낌의 에너지로 들어가는 조그마한 움직임을 느낄 것이다. 그러면서 밸브가 천천히 열릴 것이다. 수많은 운전자가 분노 에너지를 흘려보내기 때문에 교통 상황이 당분간 해결되지는 않겠지만, 그런 쓰레기를 흘려보냄으로써 삶의 다른 영역도 뒤엉키게 할 필요는 없다.

솔직히 이처럼 기분이 엉망인 때에는 거기에 머무는 것 외에는 즐길 것이 없다. 나는 지금도 불평 털어놓기를 좋아한다. 그러면 기분이 좋아지기 때문이다. 그렇지만 안타까운 것은 그럴 때마다 나의 세계가 온통 부정적인 영향을 받는다는 것이다. 어떤 불평을 하든 그보다 더 많은 것을 끌어당긴다는 것은 말할 것도 없다. 이제 나는 그런 일이 일어나는 것을 원하지 않는다.

그래서 하는 수 없이 이 상황 또는 사람을 긍정적으로 생각하기 위해 어리석고 의미 없고 시시한 것을 찾기로 했다. 방금 야단맞고 나온 뻔뻔한 놈처럼 보일지 모르지만, 나는 내가 생각할 수 있는 긍정적인 것을 뽑아내기 위해 나 자신에게 말을 걸기 시작한다.

나는 그 상황에서 감사할 것이나 즐거워할 것을 찾는다. 그러면 나도 모르는 사이에 힘이 솟기 시작한다. 실제로 나는 중심이 변하는 순간을 느낄 수 있다. 밸브가 열리고 미션이 성취된다. 이제 나는 우주가 나머지 일을 하도록 내맡긴다.

현관 불에 대한 분노

몇 년 동안 나는 우리 땅 뒤쪽에 있는 작은 집을 세로 주었다. 세입자가 난방용 가스요금을 부담하고 전기요금은 내가 부담하는 조건이었다.

그런데 이 젊은 부부는 굳이 현관 불을 밤낮 켜 두었다. 나는 거듭거듭 그러지 말라고 했다. 그런데도 여전히 그렇게 해서 도무지 견딜 수 없는 지경에 이르렀다.

그러다가 내가 밸브를 닫는 것과 맞닥뜨리고 있다는 생각이 들었다. 그 골치 아픈 현관 불을 볼 때마다 나의 밸브가 꽉 닫히는 바람에 저녁 요리를 태웠고, 개가 짖기 시작했고, 손가락을 베였고, 대출 약속이 취소되었고, 벽난로 불티가 카펫을 태웠다. 이 책을 쓰는 동안에도 내내 그랬다.

그래서 어느 날 내키지는 않았지만 "이 두 사람의 좋은 면을 찾아서 내 밸브를 열어야 해"라고 내게 말했다. 나는 그럴 수 없었다. 아니 좀 더 정확하게 말하면 그러고 싶지 않았다. 그래서 내가 씩씩대고 있는 동안은 밤낮 불이 켜져 있었다. 이제 나는 이 문제가 심각해져 끔찍한 바이러스처럼 퍼질 것임을 알게 되었다. 그래서 그런 상태에서 좋은 점을 찾기로 했다.

'음, 그래, 좋아. 그들은 뒷마당 관리를 도와준다. 그것이 첫째이다. 그들은 사귀기 좋은 사람이다. 매우 조용하고…. 등등.' 그 일은 마치 한밤중에 젖은 건초더미 속에서 검은색 바늘을 찾는 것 같았다. 그러나 상당히 빠르게 저항이 줄어드는 것을 느낄 수 있었기에 계속했다. 나는 조금씩, 조금씩 그 느낌을 확대했고, 아직 썩 좋은 느낌은 아니지만 이내 더 나아지는 느낌의 에너지가 나를 통해 움직이고 있음을 느낄 수 있었다. 그날 밤 불이 꺼졌다! 그리고 그 후로는 손님이 방문하거나 외출할 때 잠깐을 제외하고는 늘 꺼졌다. 나는 엄청 놀랐다. 이 이야기를 책에 쓰면서도 이런 것이 이루어진다는 증거에 놀라고 전율을 느낀다.

내가 분노한 것이 옳았을까? 물론 옳다. 그렇지만 그래서 어떻게 하겠다는 건가? 이제는 이전처럼 그런 것에 집착하면 안 된다.

명심하라. 당신이 어떤 것이든 현관 불 같은 것에 부정적인 감정을 흘려보내면 그 상황을 확대하는 것 이상의 일을 한다. 그것은 댈러스 카우보이팀의 전방 방어 라인처럼 작용해 당신이 원하는 것을 모두 막는다. 그와 동시에 다른 온갖 불쾌한 일을 끌어당긴다. 가장 나쁜 것은 부정적인 사람을 끌어당기게 되면 당신이 그들의 단절에 빨려 들어간다는 것이다. 그런 일을 할 가치가 있겠는가?

어떤 이유에서든 부정적인 생각을 내보내면 밸브가 닫힌다는 것이 중요하다. 그러므로 열어야 한다.

시금석

특별히 원하는 것이나 목표가 너무 낯설어서 어떻게 느껴야 할지 모를 때가 있다. 감정적인 것이거나 아니면 신에게 가까이 가는 일 같이 영적인 일일 경우가 특히 그렇다. 우리가 거의 또는 전혀 경험한 적이 없는 것을 느끼는 자리를 어떻게 하면 찾을 수 있을까?

때로는 우리가 원하는 것이 현재 우리의 상태에서 벗어나거나 멀어지는 것인데, 현재의 느낌보다 더 나은 느낌을 갖는 것 외에는 어떤 것을 원하는지 알 수 없을 때도 있다. 어떻게 해야 그런 모호한 것을 느끼는 곳을 찾을 수 있을까?

몇 가지 방법이 있는데, 그중 첫째는 당신이 이미 아는 것이다. 소원한 것을 가지게 되면 어떤 느낌일지 생각하면서 그 상상의 느낌에 관해 계속 말해 군침이 돌게 하는 것이다. 이것이 직접적인 방법이다.

다른 방법은 간접적인 것으로 내가 경외심을 가지고 사용하는 것이다. 보통 내가 불러내는 느낌은 깊이 간직해 온 매우 사적인 기억에서 나오는 것이다. 우리는 모두 그런 기억을 가지고 있다. 그 특별한 순간은 절대로 잊지도 설명할 수도 없는 것으로, 그 순간을 신의 현현이라고 부를 수도 있을 것이다. 이것들은 인생의 가장 고귀하고 중요한 만남을 담은 은밀한 보물 상자에 영원히 담겨 있는 시금석이다.

조용한 밤에, 어쩌면 별들이 반짝이고 밤공기의 향이 가득할 때 아늑한 곳으로 가서 그 아름다운 순간에 편안하게 잠기라. 그리고 그 특별한 때의 기억을 불러내라. 아니면 아침 일찍 창가에 앉아서 사색에 잠긴 채 태양이 하늘로 솟아오르는 것을 보면서 기억 속의 그 시금석을 불러내라. 인생에서 결코 잊을 수 없는 순간으로 가서 그 아름다움을 경험하라.

그 시금석의 향은 어땠는가? 경이로움, 말로 할 수 없는 사랑, 영적 계시, 어떤 것이었는가? 아마 최고의 만족이었거나 주체할 수 없는 기쁨이었거나, 말도 안 되는 유치한 짓이었을 것이다. 그 느낌을 꼭 뭐라고 설명할 필요는 없다. 다만 당신이 보물로 인정하기만 하면 된다.

그런 다음, 당신이 원하는 것의 느낌을 불러낼 다른 방법을 찾을 수 없을 때나, 고통을 달랠 것을 찾을 수 없는 절망적인 순간에 또는 현재의 느낌 외에 다른 느낌을 찾을 수 없을 때에 이 시금석으로 가라. 거기서 당신의 내적 존재, 확장된 자아로부터 오는 무조건적 사랑이라는 위로를 얻게 될 것이다. 당신의 지식과 의식이 그 느낌의 장소에 있을 때 당신과 당신의 확장된 자아는 하나가 될 것이고, 따라서 당신은 감정적 장벽이나 고통에 초점을 맞추지 않게 될 것이다.

당신이 마음으로 원하는 소원을 이 느낌에게 제물로 바쳐서 그 소원을 기억 속 느낌이 가진 치유의 에너지에 경건하게 담그라. 그 소중한 순간의 느낌에 빠지는 일 외에는 아무 일도 하지 말라. 그것과 함께 쉬라. 그러면 모든 것이 잘될 것이다.

감사라는 마법

우리가 하루 종일 경험하는 일은 세 가지 상태밖에 없다. 그날, 그 순간, 그중 어떤 상태에 있었는지 조금 더 의식할 수 있으면 진동을 바꾸는 데 큰 도약이 될 수 있을 것이다.

피해자 상태

이것은 '아, 그들이 나에게 또 이런 일을 하는데 나는 아무것도 할 수 없어'라는 마음 상태이다. 여기서는 아무것도 하지 못하고 부정적인 감정 속을 맴돌면서 이전과 같은 것을 끝없이 끌어들인다.

보통 상태

좋지도 나쁘지도 않은 상태를 말한다. 그 무엇에도 에너지를 흘려보내지 않기에 어떤 것도 끌어당기지 않는다. 보통 상태에서 우리는 우리 자신뿐 아니라 다른 사람들이 잘못 흘려보낸 에너지의 결과 속에서 산다. 같은 것끼리 끌어당긴다는 사실을 기억하는가? 매우 불쾌한 상태이다. 대부분의 사람들이 대부분의 시간을 이 상태에 머문다.

고조된 상태

당신은 고조되어 있다. 당신의 높은 주파수가 다른 사람의 부정적 진동을 끌어들이지 않는다. 당신은 긍정적인 에너지를 공급받으며 확장된 자아와 일치되는 진동을 하여, 최고의 안전과 편안함 속에서 긍정적 에너지를 흘려보내고 긍정적인 일을 끌어들인다.

피해자 상태, 보통 상태, 고조된 상태, 우리는 늘 이 세 가지 상태 가운데 하나에 머문다. 물론 우리의 목표는 가능한 한 최대한 자주 그리고 오래 고조된 상태에 머무는 것이다. 바로 그것 때문에 우리는 감사라는 높고 높은 에너지에 주목한다.

감사의 진동은 우리가 가질 수 있는 가장 깊고 중요한 주파수로, 존재하는 우주적 사랑에 가장 가깝기 때문이다. 감사할 때 우리는 우리의 근원 에너지 혹은 하나님 에너지 등 뭐라 불러도 상관 없지만 그런 에너지와 완벽하게 조화를 이룬다.

감사를 만들어 낼 수도 있고 그 느낌으로 곧장 들어갈 수도 있지만 그것은 중요하지 않다. 중요한 것은 1분간 감사의 강렬한 에너지를 흘려보내는 것이 피해자나 보통 상태에서 1,000시간을 보내는 것보다 낫다는 사실을 아는 것이다.

그러나 주의하라. 감사를 생각하는 것으로는 충분하지 않다. 그것은 효과가 없다. 생각은 밖에 있고 느낌은 안에 있다. 감사하기로 결심한다고 해서 감사가 되는 것은 아니다. 당신의 존재 깊은 곳에서 이렇게 할 수 있는 분명한 감정의 흐름이 있어야 한다.

그렇다고 죽을 뻔한 사고를 당했지만 구조대에 구조되어야 그런 깊은 감사를 느낄 수 있다는 말은 아니다. 실제로 감사를 흘려보내는 일은 그리 어려운 일이 아니다. 원한다면 도로 표지판을 향해서도 강렬한 감사를 흘려보낼 수 있다. 웃지 말라, 나는 그렇게 해서 늘 그 상태를 유지한다. 다른 기술과 마찬가지로 에너지를 흘려보내기 위해서는 끊임없는 연습이 필요하다. 그리고 "천천히, 작업 중"이라는 표지판에도 사랑과 존경, 감사를 흘려보내면서 만족할 수 있다. 나는 조명등, 광고판, 날아가는 새, 나무 그루터기, 죽은 동물, 겨울바람 그리고 당연히 사람들에게 감사를 보낸다.

때로는 슈퍼마켓에서 가장 형편없는 사람을 고른 후 최고의 진동을 내어 아무것도 모르는 그 사람을 감싸준다. 그것은 감사일 수도 있고 진정한 사랑일 수도 있다. 한번은 나를 붙들고 늘어지며 구걸하는 초라한 노파에게 그렇게 했다. 내가 감사를 불어 보내자, 즉시 그녀는 분이 나서 휘둘러보며 자기를 때린 느낌을 주는 것을 찾았다. 그러는 동안 나는 짐짓 모르는 척하며 뒤에서 미소 지었다.

그것은 나의 '부랑인 껴안기' 게임인데, 이때 나는 길거리의 전혀 낯선 사람과 내가 마치 수십 년 동안 만나지 못했던 오랜 친구처럼 달려들어 팔을 벌리고 껴안는 모습을 그려본다. 당신도 간이식당에서 옆자리에 앉은 사람처럼 부담 없는 사람을 '목표'로 삼아 시작할 수 있다. 다음에는 목표를 약간 높여 좀 더 어울리기 어려운 사람을 목표로 하다 보면, 결국은 어떤 사람을 목표로 하든 상관이 없게 될 것이다.

두 사람이 서로 반갑게 알아보고 깊은 사랑이 넘쳐 서로 달려가 힘껏 포옹하는 모습을 보고 느낀다. 길을 걷다가 그렇게 했을 때 사람들이 이상한 느낌을 깨닫고 돌아보는 것을 나는 수없이 보았다.

감사의 진동은 우리가 끌어들이기 위해 사용할 수 있는 가장 높고 빠른 진동이다. 우리가 어떤 것에든지 감사를 쏘아 보내면, 즉시 지상 천국을 경험할 것이다. 그리하여 더 많은 친구와 더 많은 돈을 가지고 완전하게 안전한 가운데 행복한 삶을 살 것이며 상상할 수 있는 것 이상으로 우리의 존재가 하나님께 가까워질 것이다.

사랑 안에 머물라

드디어 '그 사람'이 내 인생에 찾아왔다. 당신은 행복에 도취되어 구름 위를 걷는다. 뭐라고 설명할 수 없다. 사랑에 빠진 것이다!

그 무엇도 나를 괴롭히지 않는다. 세상은 달콤하고, 하루하루가 빛나며, 한겨울인데도 봄이다. 공중에 떠 있는 기분이다. 사랑에 빠진 것이다!

그 느낌을 마음대로 느낄 수 있다는 것을 아는가? 성적으로 고조된 느낌이 아니라 감정적인 도취이자 환희이다. 당신도 당장 사랑에 빠질 수 있다. 그 무엇도 이처럼 좋은 느낌을 줄 수도 없고, 그렇게 빨리 진동을 높여줄 수도 없다.

거기서 당신은 좋은 그 진동으로 떠 있으면서 원하는 것을 끌어당길 수도 있고, 또 특별히 원하는 것을 구름 위에 떠 있는 느낌 속으로 집어넣어 새로 생긴 에너지를 새로운 소원을 향해 내보낼 수도 있다.

당신의 첫사랑을 기억하는가? 모든 것이 당신을 위해 움직이는 것 같지 않던가? 단 한 가지 없는 것은 성적 도취감일 것이다. 그 외의 모든 것은 실제이다. 그것은 바로 당신이고, 당신이 하는 모든 일은 그 느낌과 다시 연결된다. 그 외에도 그 일을 생각만 해도 매우 즐겁다. 그렇게 느끼는 동안 그것이 몸에 가져다주는 기쁨과 당신 속에서 일어나는 조용한 소용돌이를 주목해 보라.

늘 달콤함을 기억하라

다른 모든 노력이 실패했을 때, 조금이라도 더 좋은 느낌을 끌어내려 했지만 실패했을 때 반드시 기억해야 할 것이 있다.

남자이든 여자이든, 당신 안에는 부드러움과 온화함, 달콤함이 있다. 그것은 너무도 아름다워서 그것에 접하기만 하면 그 느낌 때문에 눈물을 흘릴 수도 있다. 공격적인 사람이든 다정한 사람이든, 거지든 백만장자든 모두 다 가지고 있다. 인간이 그렇기 때문이다. 이 달콤함은 개성과 상관없다. 약하거나 강하거나, 압박당하는 사람이거나 강한 장군이거나 상관없다. 다만 당신이면 된다. 당신이란 존재가 그렇기 때문이다.

보통 깊이 감추어져 있는 이것을 일깨우기 위해서는 요청하기만 하면 된다. 그것은 원하는 것을 목적으로 삼고, 기다리고, 귀 기울이고, 지각하고, 자아가 경험하도록 허락하라. 일단 이 달콤함을 느끼게 되면 언제든지 원하는 때에 즉시 불러낼 수 있게 된다. 그러나 그 가운데 살기 위해서는 특별한 노력이 필요하다. 이 온화한 곳에는 당신이 가진 최고의 진동이 있기 때문이다. 이 자연스러움을 일단 발견하면 당신은 자신의 본질로 돌아온 것이다. 이제 당신의 세계는 절대로 전과 같지 않을 것인데 그것은 당신이 전과 같을 수 없기 때문이다. 물론 당신의 진동도 전과 같지 않을 것이다.

우울한 날에는 어떻게 할까?

우리가 현재의 몸 안에 사는 한 우울한 날은 닥치기 마련이다. 제대로 돌아가는 것이 하나도 없는 그런 날에는, 그 좋지 않는 날이 닫힌 밸브에 불과하다는 것을 명심하라. 당신은 부정적인 에너지 덩어리를 가지고 있는 것이다. 별로 큰 문제가 아니므로 무시하고 나아가면 된다. 자신이 그런 침체를 경험하도록 허락하라. 그러면 부정적 에너지가 들어차지 못할 것이다.

그러나 우울한 진동에서 나오기를 진정으로 원할 경우, 한 가지 할 수 있는 방법은 당신이 할 수 있는 가장 작고 사소한 일에 눈을 고정하고 실제로 미소를 지음으로써 온화한 내면의 미소와 접속하고 그 작은 것을 최대한 사랑하는 것이다.

그 작은 것은 먼지 조각일 수도 있고, 잡지나 전선일 수도 있다. 그것 자체에 감사를 쏟고, 그것이 마치 오랫동안 잃었다가 다시 찾은 소중한 보물인 것처럼 사랑하라. 그러면 당신의 진동이 얼마나 쉽게 변하는지에 놀라게 될 것이다.

별로 어렵지 않는 그 방법이 대체로 내게는 효과적이었다. 그러나 이 방법이 통하지 않으면 절대로 실패하지 않는 방법을 동원한다. 그 방법은 "행복한 날이 돌아왔네", "오, 얼마나 아름다운 아침인가" 같은 우스꽝스러운 노래를 부르면서 집을 돌아다니며 춤을 추든지, 아니면 억지로라도 돌아다니면서 내가 만든 변변찮은 노래를 부르는 것이다.

보통 이 방법은 내가 가장 깊은 곳에 빠져서 이제는 거기에 더 머무르지 않고 싶을 때 사용한다. 그러나 이렇게 침체했을 때에는 뭐든 몇 시간 노력해야 효과가 나타난다. 그래서 격렬하게 춤을 추면 효과가 빠르게 나타난다. 이것은 정말로 꽉 막힌 에너지를 열어서 훨씬 더 나은 느낌을 얻는 곳으로 돌아가게 해 준다. 그러면 몇 시간 내에 전화벨이 울리기 시작하고, 일감이 들어오고, 친구들이 다시 부르고, 아이디어가 다시 솟아나기 시작한다. 이 방법은 언제나 효과가 있었다. 중요한 것은 당신이 더 나은 느낌을 얻기 위해 할 수 있는 것이면 뭐든 하는 것이다.

또한 침체된 것이 분명할 때는 자기 이름을 부르면서 부드러운 말로 "괜찮을 거야. 코키. 장담컨대 모든 일이 잘될 거야. 넌 좋아질 거야"라고 하라. 느낌이 나아질 때까지 무슨 말이든 달래는 말을 하라.

진정으로 침체했을 때는 작은 일을 여기서 하나, 저기서 하나씩 하도록 한다. 몇 시간, 며칠이 걸릴 수도 있다. 그러나 결국은 저항이 줄어들고, 밸브가 열려 연결되는 놀라운 순간이 돌아올 것이다.

어떻게 해서든 좋은 느낌으로 돌아가라

어떤 상태에 있든 진정으로 원하기만 하면 언제든 따뜻한 느낌으로 돌아갈 수 있다.

부엌 창문으로 밖을 내다보면서도 그렇게 할 수 있다. 아침에 집을 나서면서도 그렇게 할 수 있다. 휠체어를 타면서도 그렇게 할 수 있다. 지하철을 타고서도 그렇게 할 수 있다. 현관 청소를 하면서도 그렇게 할 수 있다. 복사하면서도 그렇게 할 수 있다. 통로를 걸으면서도 그렇게 할 수 있다. 가축 먹이를 주면서도 그렇게 할 수 있다.

상식적으로 감사할 것이 전혀 없을 때에도 즐거운 느낌, 감사의 느낌, 사랑에 빠진 느낌을 찾지 못한다면 당신은 좋은 에너지를 원하는 곳으로 흘려보내지 않고 있는 것이다. 그러나 새로운 삶으로 들어가기를 원한다면 상황이 어떻든지 할 수 있는 모든 수단을 동원해 좋은 느낌으로 돌아가는 방법을 배워야 한다.

무엇을 변화시키기 원한다면, 현실을 개선하기 원한다면, 멋진 성취감을 원하거나 평소에 알지 못하던 깊은 행복을 느끼기 원한다면, 무엇이든 지금 가지지 못한 것을 갖기 원한다면 당신의 모터를 가동하는 법을 배워 좋은 느낌으로 돌아가라!

7장

4단계: 기대하며 기다린다

오래전 캘리포니아에 처음 왔을 때 나는 차를 운전해 매일 산페르난도 밸리에서 아름다운 콜드워터캐니언을 거쳐 베벌리힐스로 통근했다. 나는 베벌리힐스에 있는 큰 항공기 회사 사무실에서 재미없는 일을 하고 있었다. 나는 드라이브를 좋아했지만 일은 좋아하지 않았다. 그러나 그 때는 에너지의 대부분을 알코올 중독자 재활 프로그램에 쏟고 있었고 또 그것을 좋아했기에 다른 일을 할 형편이 되지 않았다. 약 2년 동안 그렇게 운전해 다니면서 직장에서 할 일을 찾다가 LA에서 멋진 일을 찾았다. 그러다가 싫증이 났다.

어느 아름다운 날 오후에 나는 화려한 베벌리힐스의 집들을 지나 밸리로 돌아오고 있었다. 그러면서 그 당시 내 밖에만 있다고 생각했던 능력을 향해 큰소리로 외쳤다.

"좋습니다. 위에 계신 능력이시여. 당신의 능력을 보여 주십시오. 난 일에 싫증이 나서 다른 것을 원합니다. 나에게 아이디어를 주십시오. 씨앗만 주신다면 내가 그것을 심겠습니다."

그때는 몰랐지만 나는 나의 주파수가 연보다 더 높은, 완벽한 느낌이 드는 곳에 있었다. 그때 나는 기분 좋게 풍경을 즐기며 운전하면서 세상과는 평화를 느꼈지만, 내가 위에 계신 능력이라고 불렀던 이 존재에게 약간 까칠함을 느끼고 있었다. 말하자면 "좋습니다. 나타나든지 아니면 조용히 계십시오"라는 식이었다. 그렇지만 진지한 마음이어서 좋은 느낌의 높은 진동으로 강한 기운을 끌어당기고 있었다.

그다음 날 출근하면서도 같은 일을 했다. "씨앗만 주신다면 내가 그것을 심겠습니다." 퇴근하면서도 또 그랬다. 당시 나는 진동이나 에너지 흐름을 몰랐다. 그래서 안타깝게도 나 자신의 능력이나 '밖에 있는' 능력을 몰라서 늘 나 혼자였다. 내가 아는 한 그 최고의 존재는 나와 떨어져 있었고, 그 지혜롭고 선한 능력이 내 인생을 다스린다고 나는 확신했다. 그래서 내가 하는 것이라고는 나도 몰래 강하게 원하는 것에 집중하고 위에 계신 능력이 정말로 도와주시는지 살펴보는 것이었다.

그러던 어느 날 집으로 오는 길에 언덕 위에 올랐더니 정말 감동적인 장면이 펼쳐지며 전율이 오면서 아이디어가 머리를 쳤다. 정말 쳤다. 나는 마치 좁고 답답한 우주에 갇힌 듯한 느낌이 들었다. 그 아이디어는 아주 새롭고 혁신적인 카세트테이프를 이용한 교육출판사를 세우는 것이었다. 그때는 1965년으로, 세상 사람들 대부분은 카세트테이프라는 것을 들어보지도 못한 상태였다. 그래서 나도 어떻게 회사를 세워야 하는지 또는 일을 어떻게 시작해야 하는지 전혀 몰랐다.

그건 문제가 아니었다. 매일 그 언덕을 넘어 집으로 올 때마다 나는 외쳤다. "좋습니다. 위에 계신 능력이시여. 계속 씨앗만 주십시오. 그러면 내가 심을 방법을 찾겠습니다." 매일 그 언덕을 오갈 때마다 팝콘 튀기는 것처럼 아이디어가 쏟아졌다. 나는 테이프 속 잡지와, 테이프와 함께하는 국립공원 여행, 세일즈 훈련 프로그램, 학생들을 위한 프로그램 등을 구상했다. 운전하는 동안에도 그렇게 나는 좋은 느낌이 드는 상태에 있었고, 밸브가 활짝 열려서 쉽게 영감에 접근할 수 있었다.

나선형 연쇄 반응이 시작되었다. 아이디어가 나올수록 나는 더욱 신이 났고, 더 신이 날수록 아이디어가 더 많이 나왔다. 나는 알지도 못한 채 쾌감을 느끼고 있었다.

카세트테이프와 교육회사 설립에 대해 아는 사람들이 갑자기 나타났다. 재정, 법률, 기술, 마케팅을 전문으로 하는 사람들이 나타났다. 믿을 수 없었다. 마침내 나는 항공기회사를 떠나서 회사(Listener Corporation)를 시작했다. 그리하여 우리는 혁신적인 오디오테이프를 통해 정보를 전달하는 선구자가 되었다.

그러나 이내 흥분이 가라앉고 나 스스로 해내야 한다는 두려움이 덮쳐왔다. 영감의 흐름은 마치 돌발적 홍수 뒤의 사막처럼 말라버렸다. 회사 명성은 널리 퍼지고 있었지만, 아래로 향하는 나선형 연쇄반응이 서서히 시작되었다.

우리 회사는 최초로 국립공원 여행안내 테이프를 만들었지만 대실패였다. 또 최초로 테이프로 듣는 월간 경영잡지를 만들었지만 1년 만에 망했다. 최초로 대륙 횡단 비행기 안에서 헤드셋을 끼고 경영 관련 자료를 듣는 상품을 개발했지만 실패했다. 또 다양한 기업을 위해 패키지 형태로 강력한 세일즈 동기 부여 훈련 프로그램을 만들었지만 그것도 실패했다. 원리는 단순했다. 이런 일이 되지 않을 거라는 내 안의 두려움이 그렇게 만들었고… 그래서 되지 않았다.

결국 우리는 훨씬 덜 대중적이어서 덜 두려운 프로그램으로 틈새를 찾았다. 그것은 초등학교 교사를 위한 현직 훈련 패키지를 초등학교 시청각교육 자료와 함께 파는 것이었다. 우리는 유명해졌고, 크게 존경을 받았으며 판매업자도 좋아하고 고객도 기뻐했다. 그래서 나는 간신히 대출한 돈을 갚을 수 있었다.

나는 생각이 나는 대로 치고 때리고 밀고 뭐든 했다. 나는 어디서든 최선을 다했지만, 문제를 해결하려고 노력할수록 성장은 더 느려졌다. 우리의 새 프로그램은 전국적으로 격찬을 받았다. 그도 그럴 것이 그 당시 최고의 교육 방식과 가장 혁신적인 학습 방식을 사용한 탁월한 것이었기 때문이다. 그러나 격찬에도 불구하고 한 프로그램도 큰 이익을 내는 위치에 오르지 못했다.

내가 생각할 수 있었던 것은 '그렇게 되려면 다른 어떤 일을 해야지?'라는 것뿐이었다. 열심히 노력할수록 두려움이 커졌다. 당연히 두려움이 커질수록 행복 에너지에 미치는 저항도 커졌다. 판매 부진에 대한 두려움을 더욱 끌어들였다.

길을 안내하던 직관도 사라졌다. 한때 환상적인 아이디어를 쉬지 않고

주던 나의 확장된 자아가 뛰어들 작은 틈도 없었다. 나는 이 위에 계신 능력을 향해 쉬지 않고 소리치면서, 벗어날 길을 말해 달라고 하면서 그와는 전혀 맞지 않는 진동을 발산했다. "일은 나빠질수록 더욱 나빠진다"라는 옛말의 한가운데 있었던 것이다. 정말 그랬다.

그런 상태는 13년 동안 계속되었다. 그래서 나의 행복 근원과 조금도 연결되지 못하고 완전히 지친 나는 회사를 팔고 해안 은신처로 도피하려고 했다. 그러나 내 인생에서 가장 비참하고 고통스럽게 단절된 시기를 맞이하게 되었다. 그 어두운 곳에서 내가 분명히 원하지 않는 것을 알게되었고, 나의 확장된 자아를 발견하기 시작하면서 내 평생 가장 아름답고 멋진 시기를 맞게 되었다.

이런 이야기를 좋은 것부터 나쁜 것까지 모두 털어놓은 이유는 고무된 행동과 두려움에 근거한 행동 사이에서 일어나는 결과가 얼마나 다른가를 보여주는 전형적인 사례이기 때문이다.

고무된 행동을 하게 되면 내가 처음 회사를 시작할 때 그랬던 것처럼 아주 적은 노력으로 행복의 나라로 들어갈 수 있다. 그러나 두려움에 근거한 행동을 하게 되면 온갖 노력을 해도 아무것도 얻지 못하거나 지치게 된다.

고무된 행동 대 노력

사람들 대부분은 '우리가 원하는 것을 얻으려면 그 소원에 합당한 노력을 해야 한다'라고 늘 생각한다. 생각이 그런 것이 아니라 그렇게 양육받았다.

다시 말해 우리가 단지 아이스크림을 원한다면 우리 편에서는 최소한의 노력만 하면 된다. 그러나 새로운 정치단체의 대표가 되기 원한다면 간단한 차원의 노력과는 전혀 다른 노력을 해야 한다. 우리는 늘 아이스크림보다 더 크고 중요한 것을 얻기 위해서는 모든 노력을 다하거나 아니면 포기해야 한다고 늘 믿어왔다.

그러나 노력한다는 것은 전혀 고무되지 못한 행동을 가지고 기를 쓴다는 의미이다. 이것은 순전히 우리의 힘으로 밀어붙인다는 것이다. 의무와 당위로 행동한다는 것이다. 간단히 말해 위로부터 오는 도움 없이 맹목적으로 강물을 거슬러 흐르게 하려고 끝없이 노력하는 것이다. 밸브가 꽉 닫힌 채로 움직여서 온갖 내적 스트레스와 원하는 결과를 얻을 수 없는 부정적 에너지의 흐름을 만들어 내는 것이다.

그러므로 우리가 원하는 곳에 이르거나 원하는 일이 일어나게 하기 위한 논리적인 방법은 스트레스에 따른 부정적 진동이 아니라 영감의 인도를 받는 것이다. 어떻게 하면 그렇게 할 수 있을까? 어디서 시작해야 할까? 어떻게 해야 스스로 하는 노력을 중단할 수 있을까?

먼저는 영감, 즉 아이디어이다. 아이디어는 우리가 많은 시간 좋은 느낌이 들게 되는 고주파 가운데 있으면서 활성화했을 때 생긴다.

좋은 느낌의 에너지를 흘려보내 멋진 아이디어가 한두 가지 나온 다음에는 그에 따라 행동해야 하는데, 부정적인 밀어붙이기가 아니라 거룩한 영감의 자리에서 그렇게 해야 한다. 그래서 이제 당신의 행동은 아이디어로 영감을 받은 것이 되고, 떠오르는 모든 것은 고주파의 자리에서 오는 것이 된다.

그러면 놀라운 일이 일어나기 시작한다. 아이디어가 아무리 복잡하게 보여도 모두 맞아떨어지고 물 흐르듯이 쉽게 흐른다. 아이디어는 영감을 받은 것이고, 행동 역시 그 아이디어를 실천하는 것이다. 모두 고주파 에너지의 흐름에서 온 것이다.

어느 날 당신이 진동을 하며 좋은 느낌을 가지는 중에 한 아이디어가 떠올랐다고 하자. 정말 멋진 아이디어로 실행 방법만 안다면, 돈만 충분하다면, 훈련만 제대로 받았다면… 될 것 같은 것이다.

이처럼 멋진 아이디어를 많이 얻었을 때 당신이 취할 수 있는 방법은 두 가지뿐이다.

"오, 좋은 아이디어일지 모르지만 말도 안 돼"라고 하면서 즉시 밸브를 닫아버릴 수 있다.

아니면 입을 다물고 귀를 기울이면서 그것을 신뢰하는 것이다.

당신이 원하는 것을 규칙적으로 말해 왔고 밸브가 여느 때보다 많이 열려 있다면 그것을 이루기 위한 아이디어를 머잖아 받게 될 것이다. 그리고 그 아이디어 가운데 하나를 추진하기로 하고 계속 흘러들어오는 행동 과정을 따른다면 지금의 행동은 자기 스스로 하는 노력이 아니라 받은 영감을 통해 나오는 행동이다. 영감을 통한 목적 달성 방법이요, 영감을 통한 행동과 기법으로, 물의 흐름을 역류시키려는 것만큼 힘들지 않고 아주 쉽게 이루어질 것이다.

그러므로 영감이 떠오르거나 원하는 것을 이룰 수 있는 방법에 관한 아이디어가 생각나면, '좋긴 하지만'이 아니라 '할 수 있다'로 생각을 시작하라. 방법은 생각하지 말라. 그것은 당신이 긴장을 풀고 고주파로 들어가면 저절로 나온다. 교훈을 주는 책은 늘 영감을 수반한다.

이제 흐름이 시작된다. 영감을 받지 못한 사람이면 수년이 걸릴 일을 당신은 몇 달에 해낸다. 철저하게 즐거워하는 확장된 자아를 통해 가장 생산적인 활동을 하기 때문이다.

매끄러운 미끄럼틀

부동산담보대출 회사를 시작한 해에 돈이 너무 빨리 쏟아져 들어와 즐거워하고 있을 때 한 아이디어가 떠올랐다. 내가 원하던 일들이 즐길 여유도 없을 만큼 빨리 이루어지고 있었기에 다른 아이디어가 필요 없을 때였다. 그런데도 아이디어가 떠올랐고, 나는 신바람이 났다.

그 아이디어는 어느 날 저녁 샤워를 하는 중에, 왜 그랬는지는 기억에 없지만 정말로 기분이 좋은 상태였을 때 떠올랐다. 그때 나의 첫째 반응은 "쉴 틈을 주세요. 농담하시는 겁니까!"라고 소리치는 것이었다.

그 아이디어는 보통 아이디어와 달리 크고 복합적인 자기계발 상품을 30분 동안 TV로 해설식 광고를 하는 것이었는데, 여태까지 만들어본 적도, 생각해 본 적도 없어서 어디서부터 시작해야 하는지 전혀 모르는 것이었다. 그 개념은 정말 어처구니없고 전혀 비논리적인 것이었다. 담보대출 사업이 잘되고 있어서 내 평생 최고의 해였는데, 갑자기 전혀 모르는 TV 프로그램을 만드는 일에 관한 아이디어가 쏟아진 것이다. 말도 안되는 일이었다! 엄청난 자금과 노력은 말할 것도 없고, 특별한 재능이 필요한 일이었다. 게다가 그 일을 잘 아는 사람이 전적으로 해야 하는 일인

데 나는 절대로 그런 사람이 아니었다.

그러나 이해하지 못함에도 불구하고 나의 밸브는 열렸고 주파수는 높아서 어디를 둘러보든 긍정적인 상황이 보였다. 그와 함께 내가 원하는 것과 상관없이 즐거운 아이디어가 계속 떠올랐다.

아이디어가 떠오른 지 단 4개월 만에 그 엄청난 상품을 생산할 거액의 자금과 최고의 TV 쇼를 제작하고 광고 시간을 확보하는 데 드는 비용이 들어왔다. 그것도 상당히 많은 제작진이 현장 촬영을 하는 것이었다. 단 넉 달 만에 이 모든 것이 이루어졌다.

이듬해 3월, 나는 내적 성장에 관해 쓴 획기적인 시청각 학습과정을 방송했다. 놀라운 일이었다.

나는 한편으로 사업을 하면서 다른 한편으로 새로운 프로그램을 쓰고 제작하는 일 등 여러 가지 일을 했다. 당연히 대부분의 친구들은 나더러 미쳤다고 했다.

그러나 그들은 일이 얼마나 쉽게 진행되는지를 몰랐다. 열정적인 노력도, 광적인 몸부림도 없었다. 그때 나는 확장된 자아와 연결되어 있었다. 모든 것이 매끄러운 미끄럼틀 위에 있는 것처럼 진행되었다. 마법처럼 조각들이 서로 맞았다. 어떻게 해야 하나 하고 있으면 답이 떠올랐다. 그래서 해야 할 일을 모두 쉽게 할 수 있었다. 걱정이나 초조함, 회의도 없었다.

분명 많은 일을 해야 했지만, 내 곁에 있는 코치가 안내해 주었기 때문에 쉬웠다. 어떤 문제가 생기든 즉시 해결되었다. 두 회사의 모든 일이 완벽하게 조화를 이루었다. 생명의 흐름 안에 있었던 것이다. 나는 새로운 아이디어나 방향에 의문을 품지 않았는데, 그 이유는 곧장 방법이 나타났기 때문이었다. 그래서 한 번도 지치는 느낌이 없었다.

자연스러움이 나의 특징이 되었다. 나는 시간에 관한 걱정을 멈추었다. 나에게서 나오는 고주파 자기가 매우 강력했기에 다음의 사건과 환경을 움직여 주어서 나는 한 가지 일을 마치는 즉시 그다음 일로 들어갈 수 있었던 것이다. 나는 일어나는 일에 감격했다. 그렇지만 내가 하는 모든 일은 긍정적인 느낌의 에너지를 흘려보내어 영감 받는 아이디어를 실행했다. 그 이상 신나는 일은 없었다.

사인, 사인, 사인

"거기로 가야 한다는 생각이 들었어"라고 자신에게 말해 본 일이 얼마나 있는가? 그렇게 생각이 들어 가 봤더니 잘한 일임을 알게 된다. 당신의 인도자를 따른 것이다. 또는 이런저런 일을 해 봐야겠다는 이상한 생각이 든다. 그래서 그렇게 한다. 즐겁게 했기 때문에 성공한다. 이때도 안내자를 따른 것이다.

그러나 아이디어나 통찰을 얻기 위해 새로운 일을 시작할 필요는 없다. 당신이 원하는 것이 시내를 우회하는 가장 빠른 길이든지, 새로운 짝을 만나는 일이든지, 해야 할 일은 그 일이 일어날 것이라는 사인에 집중하고…. 그것을 의지하는 법을 익히기만 하면 된다.

오래된 친구에게서 온 뜻밖의 전화, 평소에는 보지 않는 TV 쇼, 어떤 것을 읽어보거나 다른 길로 가야겠다는 느낌. 이런 것은 모두 당신의 확장된 자아 또는 당신의 내외적 안내자로부터 오는 미세한 자극으로, 당신이 즐거움으로 가는 길을 벗어나지 않도록 돕는다. 그것은 비가 올 때 좀 더 나은 주차장을 찾는 일일 경우도 있다. 당신은 좋은 느낌의 에너지를 발산해 그것을 원하는 것과 섞은 다음, 에너지 흐름이 커다란 소용돌이가 되게 만든다. 그런 다음 그 소용돌이 속에 머물러 있으면 안내자가 나타난다. 당신이 이런저런 행동을 하고 싶은 충동은 당신의 집중된 에너지에 따라 시작된 자기 활동에서 나온다.

의도적 창조라는 이 새로운 길을 시작한 직후, 나는 아끼던 77년식 머큐리 모나크를 운전해 포틀랜드로 가고 있었다. 나는 이 차를 좋아했기 때문에 엔진을 비롯해 이곳저곳을 갈고 정비하는 등 여러 차례 수리했다. 그러나 오래된 차였기 때문에 정비사가 마모를 줄이기 위해 혼합 오일을 사용하라고 권했었다. 좋긴 했지만 단 한 가지 문제는 그 당시 혼합 오일이 흔하지 않아 다른 도시에서 특별 주문을 해야 하는 일이었다.

오랫동안 나는 식료품 가게 가는 일 외에는 집 밖으로 나가지 않았기 때문에 두 시간을 운전해 포틀랜드로 가는 일은 정말 좋았다. 신나는 음악을 들으며 한 시간쯤 달리자 고주파로 들어가기 시작하면서 이런저런 데 에너지를 흘려보냈다. 바로 그때 오일을 충분히 넣어두지 않았다는 사실이 기억났다. 보통 나는 차에 비상용 오일을 한두 통 싣고 다니는데 그날은 그것도 잊어버렸다. 그런데 다른 오일과 절대로 섞을 수 없는 종류의 오일을 찾을 가능성은 거의 없는데다 워싱턴주 남부의 농장 지대를 통과하는 고속도로에서는 더욱 그랬다.

어떻게 해야 할지 생각하며 몇 마일 더 가는데 갑자기 다음 출구에서 나가야겠다는 생각이 들었다. 주저 없이 직감을 따르던 때였던 터라 어깨를 으쓱하고는 고속도로를 벗어나 외딴 시골길을 400미터쯤 갔다.

그때 버려진 광산 도시 아니면 유령 도시 같은 것이 나타났다. 기울어지고 허물어져 판자를 덧댄 건물이 수두룩했다. 생명체가 있는 것 같은 표시가 전혀 보이지 않았다. 그런데도 웬일인지 차를 세우고 나갔다. 이상하게도 고속도로에서 빠져나온 결정에 의심이 가지 않았다. 어쩌면 '도대체 내가 무슨 짓을 하고 있는 거지'라는 생각을 했는지도 모른다. 그러면서도 이상한 끌림을 따라갔다.

그러다가 내 눈을 의심하지 않을 수 없었다. 내 차 앞쪽으로 15미터쯤 되는 곳에 무너져 가는 건물이 있고, 거기에는 급히 손으로 쓴 간판이 있는데, '자동차 정비'라고 쓰여 있었다. 차를 세울 때는 왜 보지 못했는지 모르지만, 아무튼 바로 내 앞에 그것이 있는 것이다. 깜짝 놀라면서 들어가 혹시 혼합 오일이 있는지 물었다. 있다고 했다. 그러면서 한 종류 오일밖에 없다며 미안해했는데, 그것이 바로 내가 찾는 것이었다.

"예, 선생님, 2쿼터 남았습니다. 저기 있습니다!"

차로 돌아왔을 때 머릿속이 혼란스러웠다. 물론 이루 말할 수 없이 신나고 흥분되었다. 끌어당김의 법칙이 눈앞에서 작용하는 것을 보면서 너무너무 기뻤다. 그렇지만 솔직히 나는 멍했다. 모든 일이 너무도 분명하고 확실했다. 나의 진동은 계속 최고 상태에 있었다. 그런 상태에서 긴박한 일이 발생하자 '곤란하게 됐어. 해결할 수 없어. 어떡하지?'라는 식의 저항이 전혀 생기지 않았다. 그런 상태의 진동으로 나는 즉각 해결책을 끌어들였고, 나의 확장된 자아로부터 강력한 직감 형태로 크고 분명한 지시를 받았고, 나는 따랐다. 하지만 살아있는 인간이 어떻게 그토록 드라마 같은 일을 할 수 있을까?

어떻게 그런 일이 일어났는가? 아무도 모른다. 내게 생각이 떠올랐고, 그것을 신뢰했고, 그대로 따랐더니 이루어졌다.

핵심은 자동 조정 장치를 끄고 주의를 기울이는 것이다. 귀를 기울이라. 작은 자극에 주의하고, 사인에 주목하고, 직감을 따르는 것이다. 좋은 느낌이 든다면 안내자가 보내는 신호이다.

우리 대부분은 모든 조각이 어떻게 맞아떨어질지를 미리 알지 않으면 어떤 일이 일어날 수 있다고 믿으려 하지 않는다. 그러므로 실마리에 주목하라. 보이지 않던 조각들이 나타나 마법처럼 제자리를 찾아가는 환상적인 결합에 주목하라. 이제 당신은 동시성이라는 신비한 세계로 들어와서, 근원 에너지와 연결되어 그 흐름과 일치되었다. 그러나 그것에 주목하지 않는 한 그것을 볼 수도, 신뢰하는 법을 배울 수도 없을 것이다.

주저하지 말라

내면으로 들어가 문을 닫고 귀를 기울이라는 고귀한 가르침을 받아 본 사람이 얼마나 될까? 하물며 따르라는 가르침이야 말할 필요가 있겠는가! 물론 기도는 예외라 할 수 있겠지만 그것은 대체로 밸브가 열리지 않고 닫힌 상태에서 드리는 간구이다. 무엇을 따라야 하는가? 누구에게 귀를 기울여야 하는가? 말도 안 된다. 정신을 차리라. 그것은 상상일 뿐이다. 실체도 없고, 뒷받침할 실증적 자료도 없다.

우리는 존재하지 않는 것을 존재하는 것처럼 여기고 이름을 붙인다. '신적 안내'에 대해서는 콧방귀를 뀌지만 이상하게도 그것에 직감, 동기, 직관, 감각, 영감, 충동, 상상, 소원 등 온갖 이름을 붙인다. 이런 것은 모두 안내 즉, 진정한 자아가 그 본성이 가진 무한한 지성으로부터 보내는 메시지이며, 그 능력으로 어떤 아이디어나 지시를 우리가 거부하기 전에 이루어지도록 모든 일을 하는 것이다. 안내는 영혼의 음성, 신의 음성, 내적 자아의 음성, 확장된 자아의 음성, 우주적 보호자의 음성이다. 이 안내는 우리가 원하는 것으로 관심을 이끌어 그것을 실천하게 하는 데 필요한 모든 것을 한다. 그러나 그 일이 이루어지게 하기 위해서는 그 상태에서 우리가 선택하는 것을 신뢰하는 법을 배워야 한다.

조지와 샐리 부부는 우리 부동산담보대출 회사의 고객이었다. 그들은 어느 날 저녁 내가 대출 신청서를 가지려 그들 집을 방문하자 약간 놀란 것 같았다. 무슨 문제가 있느냐고 묻자 그들 부부는 고속도로에서 8중 충돌 사고를 당할 뻔했다고 하면서 지금도 '멍한 상태'를 느낀다고 조지가 말했다.

그들은 일하는 곳이 달랐지만 같은 차로 통근했다. 그들은 평소처럼 고속도로로 퇴근하다가 커다란 트럭이 앞에 오는 바람에 불안해진 조지가 차선을 바꾸려 했다. 그러자 갑자기 샐리가 "여보, 그러지 마! 당장 고속도로를 빠져나가야 해요!"라고 했다. 조지는 늘 그러듯이 어리석은 말이라며 화를 냈지만, 결국 평화를 위해 다음 출구에서 빠져나와 외딴 길로 향했다.

집에 돌아와 조지가 평소처럼 TV를 켜 보니 그들이 빠져나온 고속도로에서 멀지 않은 곳에서 충돌 사건이 나서 그 큰 트럭이 두 차 사이에 끼어 있는 장면이 나왔다. 사망자도 두 명이나 나왔다.

안내에 주의하여 주저 없이 따른 샐리 덕분에 그들은 사고를 피할 수 있었던 것이다. 그렇게 귀를 기울이는 사람이 얼마나 되는가? 또 그 안내를 따라 다른 길로 가는 사람이 더 적지 않은가?

흔히들 농담하면서 우리는 두뇌가 아니라 감각을 따라 살도록 설계되었다고 말한다. 그러나 수많은 세월이 흐르면서 느끼는 대신 생각하도록 학습해 왔는데, 이는 다른 모든 자연 생명체가 사용하는 방법과 완전히 반대이다. 동물과 식물은 감각으로 사는데, 닫히고 단절된 인간인 우리는 모두 이를 얕잡아 본다. 그러나 좋은 느낌 활동을 진정으로 시작하면 디즈니랜드 종일권보다 더 나을 것이다. 당신은 주저 없이 안내자를 신뢰하면서 듣고 행동하고, 듣고 행동하고, 듣고 행동할 것이다.

그러므로 수십 명의 친구와 가족이 "이렇게 하라"라고 하지만 당신의 가장 깊은 곳에서 나오는 충동은 "저렇게 하라"일 경우에는 느낌이 좋은 것이라면 반드시 당신의 충동을 따라야 한다. 왜 그럴까? 몇 번만 그렇게 해 보면 이유를 알게 될 것이다. 당신의 안내 시스템은 당신을 원래 목적에 따라 당신이 가기 원하는 곳에 이르게 하는 방법을 잘 알고 있다. 그러므로 안내자에게 기회를 주어야 한다. 안내자에게 맞추고 귀를 기울이라. 그 확장된 자아는 무엇을 하는지 알고 있다.

마지막 단계

이제 의도적으로 창조하는 과정의 마지막이자 네 번째 단계이다.

첫 번째 단계: 당신이 원하지 않는 것을 확인한다.

두 번째 단계: 당신이 원하는 것을 확인한다.

세 번째 단계: 원하는 것을 느끼는 곳으로 들어간다.

이제 네 번째 단계는 다음과 같다.

네 번째 단계: 기대하고 귀 기울이며, 우주가 이루도록 허락하라.

이것은 무엇이 이루어지게 하려고 억지로 애를 쓰지 말라는 것이다. 우리의 안내자에게 주파수를 맞추어 귀를 기울이는 것을 의미한다. 그리고 받은 것을 주저 없이 따르는 것이다.

우리가 원하는 것이 이루어지게 하는 방법을 찾는 노력을 중단한다는 의미이다. 우리가 그것을 찾아내야 하는 것이 아니기 때문이다. 우리가 해야 할 일은 우리의 확장된 자아로부터 오는 영감에 따라 행동하면서, 밸브를 계속 열고 우리가 원하는 것이 이루어지기를 기대하고, 뒤로 물러서서 우주가 그 일을 하게 함으로써 가능한 한 조급함의 덫에 빠지지 않는 것이다. 인내로부터도 물러서야 한다. 인내는 이루어지지 않은 일에 초점을 맞추면서 밸브가 열려 있는 체하지만 사실은 밸브가 닫혀 있는 상태이기 때문이다.

우주는 당신이 생각하는 것 이상으로 탁월한 진행자이므로, 우주에 기회를 주고 방해하지 말라. 그 일을 우주에 맡기고, 당신의 자기 에너지를 보냈으면 이제 차분히 이루어지도록 바라보도록 하라.

도대체 언제 이루어지는가?

당신은 주파수를 높여 안내자의 방송에 주파수를 맞추고, 귀를 기울여 직감을 얻고, 일의 동시성에 주목한다. 그러나 당신이 원하는 것은 도대체 어디에 있는가?

'말하고 느끼고 에너지를 흘려보내며 최선을 다했지만 아무 일도 일어나지 않을 때는 어떻게 해야 계속 활성화된 상태를 유지할 수 있는가?'

상당한 시간이 지났다고 생각되는데도 원하는 것이 이루어지지 않는다면, 가지지 않는 것을 느끼는 곳에 더 많이 머물고, 가진 것을 느끼는 곳에는 덜 머물렀다는 의미이다.

그건 문제없다. 잘못하고 있는 것이 아니다. 교과서를 잃어버린 게 아니다. 긍정적인 에너지를 의식적으로 흘려보내는 일은 우리에게 매우 낯선 일이다. 그래서 종종 불가능해 보이기도 한다. 게다가 그와 반대되는 느낌은 우리에게 너무도 익숙해서 알아챌 수 없다. 그 느낌이 종일 우리를 계속 지배하고 있기 때문이다.

그럴 때는 당신이 원하는 것이 아직 이루어지지 않은 데는 문제가 없다고 여겨야 한다. 언젠가 이루어질 것을 알기 때문이다. 하지만 아직 이루어지지 않은 것은 지극히 정상이다.

물론 궁극적인 목표는 밸브를 열었다 닫았다 반복하는 일을 중단하는 것이다. 그것은 반려견에게 오라고 하면서 동시에 그대로 있으라고 하는 것과 같다. 그러면 모든 것이 뒤엉켜 멈추게 된다. 그러면 원하는 일이 이루어지지 않은 상태에서 열정을 유지하는 방법은 무엇인가?

첫째, 당신이 어떤 에너지를 흘려보내고 있는지 점검한다. 원하지 않는 것에 에너지를 흘려보내보았자 별 유익이 없다.

둘째, 에너지 흐름의 세기를 점검한다. 많이 흥분할수록 열정도 커진다. 열정이 클수록 실현도 빨라진다. 열정을 가지고 안내자에게 도움을 구하라. 그러면 얻을 것이다.

셋째, 얼마나 반복했는지 점검한다. 원하는 것에 대해 얼마나 자주 흥분하는가? 좋게 출발해 몇 분 동안 모든 것을 집중하다가 금세 잊어버린다면 언젠가는 이루어질 수도 있을 것이다. 물론 의심스럽긴 하지만…. 그러나 계속 그것에 흥분해 하루에 몇 번씩 자신에게, 앵무새에게, 장미에게 말을 하면서, 매번 이야기를 멋지게 꾸민다면, 추진력이 지속될 뿐만 아니라 가속화할 것이다.

소용돌이를 만들어 내는 데는 16초면 충분하지만, 매일 10~15분씩 여기에 초점을 맞추고 흥분을 유지한다면 당신도 모르는 사이에 이루어져 있을 것이다. 물론 이루어지지 않은 것에 초점을 두지 않아야 한다.

이루어지고 이루어지지 않는 것과 관련해 더 말해야 할 것이 있는데, 이루어지지 않는 일의 변명이 될 수 있기 때문에 말하기가 주저되기도 한다. 그것은 타이밍이다. 밸브를 활짝 열고 열정적으로 에너지를 흘려보내면서 배운 대로 모든 일을 했는데도 아무것도 이루어지지 않을 수 있다. 그것은 타이밍 때문이다. 원하는 것이 이루어질 적기가 아니어서 그럴 수 있는 것이다.

그럴 가능성이 있으므로 뒤로 물러서서 편안한 마음으로 우주와 당신의 안내자가 할 일을 하도록 기다리라.

끌어당김의 법칙은 결코 어긋나지 않는다. 당신이 무엇을 원하든 우주는 적기에 이루어 줄 것이다. 늘 말하지만 열쇠는 초점이다!

무엇이 나를 괴롭히는가?

혼란을 겪는 유일한 이유가 높은 에너지에 대한 저항이라는 것은 이미 알고 있지만, 때로는 그런 높은 에너지 상태에 있어도 늘 즐거운 일만 일어나는 것은 아니다. 고주파로 들어가는 일은 오랫동안 진흙탕인 길에 호스를 들이대는 것과 같다. 세찬 물길이 진흙에 뿌려지면 길에 있는 지저분한 틈새가 드러난다. 이때 당신이 주의하지 않으면 오랫동안 감추어 졌던 그 틈새를 밟을 수 있다.

이들 틈새는 우리의 저항이다. 우리 내면의 비판이나 반대, 사회적으로 옳고 그름에 대한 낡은 생각으로, 고주파에 따라 드러나는 저주파의 안전 담요이다. 우리가 원하는 것이 클수록 끌어당기는 에너지도 큰데 이는 물길이 셀수록 드러나는 틈새도 커지는 것과 같은 이치이다. 그러면 오랫동안 감추어져 있던 것이 사라지지 않으려고 기를 쓰게 되고, 우리는 갑자기 험난하고 위험하며 아무 보호가 없는 상태로 노출된 느낌을 갖게 된다. 결국 감추어져 있던 것은 사라지지만, 그 과정에서 투쟁이 있어야 한다. 감정적으로 울퉁불퉁한 길을 거치는 것이다.

그러나 염려할 필요는 없다. 빨리 벗어나는 길이 있다. 약간 흔들리거나 불안정한 느낌이 들면 "무엇이 나를 괴롭히는가?"라고 자신에게 물어보라. 대답이 나올 때까지 계속하면 된다.

자신에게 질문을 하다 보면, 숨어서 그 불쾌한 느낌이 거듭 나타나게 했던 것이 낡은 신념, 오래된 두려움, 오랫동안 원하지 않던 것 등의 형태로 드러날 것이다. 그렇게 드러난 후에는, 하루에 3분씩 큰 소리, 작은 소리로 거듭 말하라. 그러면 두려움의 대부분은 30일 내로 사라질 것이며, 아울러 원하는 것을 가로막던 무의식적 저항도 함께 사라질 것이다.

열정이 창조다

그동안 열정에 대해 많이 이야기했다. 대단한 말이다. 그러나 열정은 무엇인가? 열정은 어떻게 얻는가? 정말로 필요한가?

힌트는 열정이 창조라는 것이다.

만족은 마음이 부풀게 하지만 열정은 만족을 만들어 낸다.

만족은 열린 밸브이고, 부정적인 초점이 없는 안전한 천국이고 안식의 장소이다. 그러나 그것이 이루어지게 하는 것은 열정이다. 열정이 만족을 창조한다.

열정은 자신의 능력을 느끼는 것이다. 어떤 이유에서든 부정적인 상황이 닥치면, 그것이 얼마나 힘든가를 말하는 대신, 안으로 들어가 자신의 능력을 느끼라. 당신은 행복의 능력과 연결되어 있을 뿐 아니라 그 능력 자체이다. 그 능력이 생명이다. 그 능력이 열정이다. 그 열정이 창조이다.

열정은 어떤 것이 이루어지게 한다는 흥분이다. 반면에 만족은 이미 이루어진 것을 볼 때 생긴다. 물론 만족은 긍정적 에너지이지만 연료는 아니다. 당신을 어떤 곳으로 데려가지는 못한다. 창조의 에너지가 아닌 것이다.

만일 가장 매력적인 이 열정이 없다고 생각된다면, 아직도 원하지 않는 것을 이야기하고 있거나 거기에 초점을 맞추고 있는지 점검해 보라. 열정을 만들어 내는 세계에는 원하지 않는 것이 없다. 원하지 않는 것이 끌어들이는 것은 모두 부정적인 에너지, 닫힌 밸브, 큰 저항 그리고 더 원하지 않는 것뿐이기 때문이다.

그러기 때문에 더욱 원하는 것에 더 많은 시간을 들여야 한다. 거기에 시간을 많이 들일수록 더욱 열정적인 사람으로 되기 때문이다. 그리고 그 열정은 창조이다.

열정은 신나게 응원하는 것이나 격렬하게 손뼉 치는 것이 아니다. 분명 열정은 다양한 수준의 흥분에서 오지만, 더 중요한 것은 열정이 강력한 내면의 인식이라는 사실이다. 이제는 인생이 당신의 귓불을 잡아당기지도, 당신이 호랑이 꼬리를 잡고 있지도 않다는 사실의 조용한 확신이다.

더 많은 열정을 원하는가? 그렇다면 즐거움을 따르라. 장미의 향을 더 많이 맡고, 일몰을 더 많이 바라보고, 잔디를 맨발로 걷고, 좋아하는 식당에 더 많이 가고, 더 많이 웃고, 경기를 더 많이 하고, 취미 생활을 더 많이 하고, 음악 감상을 더 많이 하고, 더 많이 즐기라. 그러면 밸브가 열린 열정을 진동할 것이다. 열정은 창조이다.

꿈이 이루어지게 하라

나의 주장에 동의하지 않을 수 있다. 이 에너지 문제는 모두 이제까지의 삶과 존재 방식과 전혀 다르다. 그러므로 시간이 필요하다. 여유를 가져야 한다. 여기까지 읽었다면 이미 중요한 변화가 일어나고 있는 중이다.

때로는 이 일이 쉬울 수도 있다. 그러나 대부분의 경우 처음에는 쉽지 않다. 그래서 소위 우연의 일치라는 것을 잘 살펴보는 일이 중요하다. 그것은 중요한 일이 실제로 일어나고 있음을 증명하는 것이기 때문이다. 그러므로 계속 읽기 바란다.

중요한 것은 귀를 기울이는 것이다. 자연스럽게 하라. 완벽하려고 애쓰지 말라. 노력하는 자신을 스스로 칭찬하라. 삶을 통제하기 원하는 자신을 신뢰하라. 생각보다 빨리 그렇게 될 것이다.

매일 원하는 것들을 하나하나 말하는 시간을 보내라. 정말로 이루어질지, 언제 이루어질지 염려하지 말고, 이루어지는 방법을 억지로 만들려고 하지 말라, 당신의 안내자와 연결된 상태를 유지하면서 주저하지 말고 그의 안내를 따르라. 그러면 원하는 것들이 이루어질 것이다.

당신은 무한한 행복의 능력과 떨어져 있지 않다. 창조하는 생명의 능력과 떨어져 있지 않다. 존재하는 모든 우주의 능력과도 떨어져 있지 않다. 그리고 당신의 능력은 그것을 지배하는 신의 법칙처럼 절대적이다.

3부 절대 느낌의 실천

8장

돈 문제

이제는 돈 문제를 살펴보자. 돈, 돈, 좋지 않은가? 달리 말해 보자. 돈이라는 말이나 주제가 어떻게 느껴지는가? 솔직하게 말해 보라.

우리가 하는 말은 모두 고유한 진동이 있다. 우리가 교육받은 방식과 인생관에 따라 우리가 하는 말에는 우리 개인만의 고유한 진동이 있다. 예를 들면 '신'이라는 단어는 그 말을 하는 사람이나 듣는 사람의 배경과 생각에 따라 강한 긍정적 또는 강한 부정적 진동이 따른다.

우리의 언어에는 이런 진동을 자아내는 단어가 무수히 많다. 그러나 한결같이 '최고 부정적 단어 진동상'을 받을 수 있는 단어는 단 하나다. 그것은 '돈'이다. 이 단어는 어느 언어에서든 가장 부정적인 진동을 가지고 있다.

사람들 대부분은 이 단어와 연관된 신념이 매우 강하기 때문에 이 말을 하거나 듣거나 생각하는 순간, 사방으로 부정적인 진동을 퍼뜨린다. 그 결과는 당연히 우리 주변에 난공불락의 벽을 쌓아 가장 필요한 이 물건이 우리에게 오지 못하게 한다. 그런 말도 안 되는 소리를 하기만 해도 우리는 가장 원하는 그것을 막아버리게 되는 것이다.

그러면 어떻게 해야 하는가? 어쨌든 이것은 꽤 좋은 것이 아닌가? 금, 은, 동, 지폐, 모두 좋은 것이지 않은가?

그러나 돈은 '모든 비참함'의 대명사가 아닌가? 우리 대부분은 아주 어린 시절부터 돈이란 말을 고생, 의무, 책임 등과 같은 것이라고 배웠다.

우리는 그것이 엄마와 아빠, 아줌마와 아저씨, 성인 가족과 친구들에게 어떤 느낌을 주는지도 배웠다.

우리는 그 말과 관련된 걱정과 고뇌를 배웠다.

우리는 그것이 인생의 처음이요 마지막이며, 그래서 어떻게 해서든 가져야 한다고 배웠다.

사실 그런 가르침은 아이도 되기 전 배 속에 있을 때, 부모의 고생과 두려움의 진동을 흡수함으로 시작되었다. 그래서 우리는 태어나기도 전부터, 인생 최대의 적은 이 돈이고, 죽을 때까지 맞서 싸워야 하는 용이라고 잘못 입력된 상태로 돈키호테처럼 세상에 던져졌다. 그래서 우리 대부분은 그렇게 행동한다.

우리는 에너지 흐름과 부정적 진동을 끌어들이는 것을 배운 적이 없기 때문에 돈에는 밸브가 철저히 닫힌 상태로 살면서, 이길 수 없는 싸움을 싸우다가, 결국 지치고 낙심하고 짓밟힌다. 우리 몸도 그 끝없는 부정적인 진동에 반응하다가 죽는다.

돈에 관한 낡은 신념

합법적 통화가 만들어진 이래 돈을 충분하게 가진 사람은 없다. 그래서 우리는 돈을 생각하면 즉시 '부족하다'라는 생각이 든다. 이제 그림이 그려지는가? 돈은 '충분하지 않다'와 같고, 이것은 결핍과 같고, 부정적 진동 느낌과 같다. 이것은 우리가 더는 원하지 않는 그것, 즉 결핍을 제공한다.

다행히 우리는 거기에 머물러 돈에 대한 낡은 신념을 모두 파내 그 신념이 넘쳐흐르게 하지 않아도 된다. 단지 그것을 거부하기만 하면 된다. 감사하게도 우리는 사회가 잘못 만들어놓은 많은 원칙을 극복하기 위해 오랫동안 노력해 왔다. 그 원칙이란 이런 것들이다.

돈을 벌려면 열심히 일해야 한다.

돈은 일해서 벌어야 한다.

공짜는 없다.

돈은 쉽게 벌 수 없다.

돈을 모으기는 어렵다.

돈은 넉넉하게 가질 수 없다.

돈은 벌기보다 쓰기가 쉽다.

돈은 만악의 근원이다.

은퇴를 위해서 돈을 저축해야 한다.

돈을 벌 수 있다면 좋겠다.

열심히 노력해야 정당한 대가를 받는다.

돈은 저절로 생기지 않는다.

이들 중 하나를 큰 소리로 거듭 외치면서 어떤 느낌이 드는지 보라. 별로 좋지 않은 느낌일 것이다. 그러나 우리는 자라면서 이런 가르침을 받았다. 이런 진동이 우리에게 각인되어 있어서 우리는 오직 돈이 자유를 얻는 열쇠라고 생각한다. 이것을 논하자는 것은 아니다. 문제는 '돈을 벌어야 한다', '싸워야 한다', '열심히 일해야 한다', '애를 써야 한다'라고 생각하는 것이다. 그러나 돈은 다른 것과 마찬가지로 에너지에 불과하다. 그리고 돈을 끌어들이는 일도 다른 것과 마찬가지로 에너지 흐름의 과정에 불과하다.

이제 새로운 각본을 쓸 차례이다.

각본을 새롭게 쓰라

집에 테라스를 새로 만들려고 하는데 약 2만 5,000달러가 든다고 하자. 생각하고 또 생각해도 그 돈을 마련할 방도가 도무지 떠오르지 않는다. 결국 낙심이 되어서 "제기랄, 포기하자"라고 하고 만다.

우리 모두도 당신처럼 행동한다. 우리의 밸브를 닫는 그 오래된 신념을 두루두루 생각하다가 결국 포기한다. 테라스를 만들 돈을 바라는 것이 어리석게 느껴져서 그 생각을 접어버리는 것이다.

말할 것도 없이 에너지 흐름을 알기 전에는 그랬다. 그러므로 지금 테라스를 만드는 일을 생각해 보자. 아직도 약간 부정적인 느낌이 들겠지만, 지금은 생각이 어떤 느낌을 주는지에 주의를 기울이고 있기 때문에 그것을 알아챌 수 있다. 그래서 이번에는 '포기하자!'라는 낡은 느낌에 머물지 않고 이를 능가하는 새롭고 높은 진동을 만들어 낼 새로운 각본을 쓴다.

새로운 각본을 쓴다는 것은 새로운 꿈을 꾸고 그것을 감정적으로 느끼는 일에 불과하다. 이것은 중요한 일이다. 감정적으로 꿈을 꾸어야 한다. 그러지 않으면 허풍으로 여기게 된다.

지금 당신은 자신이 원하는 것에 관해 기발한 현재형 말을 만들고, 친구와 대화하는 것처럼 큰소리로 그것을 이야기한다. 글로 쓸 수도 있다. 앞으로 일어난 것이 아니라 지금 일어났거나 일어나고 있다고 말한다. 그것을 실제라고 말하기 때문에 만족과 즐거움, 성취감, 즐거움을 만끽할 수 있게 된다.

반드시 명심하라. 모든 단어에 담긴 열정을 반드시 느껴야 한다! 느끼지 않으면 얻을 수 없다. 새로운 느낌이 없으면 진동 변화가 없기 때문이다. 원하는 일이 이루어지게 하는 긍정적 진동을 만들어 내는 것은 단어 뒤에 있는 달콤하고 매력적인 감정이다. 믿든 말든 당신은 새로운 이미지와 열정적인 느낌으로 새로운 자력을 가진 소용돌이를 만들고 있다. 딴 세상 이야기처럼 해서는 안 된다. 그러면 감정을 끌어내지 못하고 결국 목적을 이룰 수 없게 된다.

16초 동안 즐겁게 이야기하면 소용돌이가 시작되고, 또 16초, 16초를 반복하면 고주파 진동이 흘러나와 현재의 낮은 진동을 밀어내고 '현재 상태'를 압도한다. 그렇게 고주파로 전환이 이루어지면 당신이 만든 이야기를 실현하는 데 필요한 모든 것이 그 새로운 소용돌이 안으로 끌려온다.

물론 처음에는 환상의 가상 인물 또는 자신과 대화하는 일이 어리석게 보일 수도 있지만, 그것은 엄청난 배당을 얻기 위해 지불하는 작은 비용에 불과하다.

2만 5,000달러가 있을 때 누릴 즐거움을 설명하는 말로 시작하라. 천천히 이야기하여 이들 단어를 충분히 느끼고 그려보며, 또 그 돈을 사용할 아이디어가 떠오를 수 있게 하라. 이것은 지금은 '있는 것처럼'이라는 가정이지만, 사실처럼 말을 하고, 그것을 즐겁게 맛보고 냄새 맡고 느끼고 만지고 누릴 수 있으면 조만간 실제로 이루어질 것이다.

상상을 말로 표현하는 방법은 두 가지이다. 첫째는 친구와 대화하는 것처럼 하는 것이고, 둘째는 소리를 내어 자기 자신과 대화하는 것이다.

2만 5,000달러에 대해 말하는 첫 번째 방법은 마치 커피를 마시며 대화하는 것처럼 이렇게 진행될 것이다.

"지금 막 완성한 테라스 때문에 잭과 나는 얼마나 신났는지 몰라. 오랫동안 그걸 원하면서도 돈을 쓸 엄두가 나지 않았거든. 그런데 이제는 우리가 원하는 대로 할 때라고 결심했어. 그러자마자 마법처럼 돈이 굴러들어왔어."

"이제 다 만들었어, 정말 좋아. 저녁 식사 후에 즐기기엔 최고야. 우리 둘이 호젓하게 앉아 하늘의 별을 감상하지." 이 말을 하면서 당신은 모든 행동 과정을 맛보며 느낀다.

"그러다 보니 이것 덕분에 우리 둘이 더욱 가까워지게 되었어. 물론 처음에는 골칫거리였지. 그러나 지금은 애들도 방과 후에 이것을 사용해. 아이들 책상과 의자를 갖다 놓고 거기서 숙제를 하도록 하고 있어. 테라스 만든 일은 근래 들어 한 일 가운데 최고야."

그렇게 계속 말한다. 새로운 것이 생각날 때마다 천천히 느끼면서, 설명 시간을 즐겁게 누리도록 하라.

만일 다른 방법을 사용하고 싶다면 자신에게 사실인 것처럼 소리 내어 말하라.

"잭이 퇴근할 때까지 기다릴 수 없어. 새로 만든 테라스에서 둘이 함께 먹으려고 잭이 좋아하는 음식을 만들어 놓았거든. 저기에 만들어놓은 것이 너무 좋아. 바닥에 깐 아름다운 돌이 특히 좋아. 내일은 나가서 새로운 식물을 사 와야지. …으로 가 봐야겠어."

당신이 하려고 하는 것을 말한다. 그렇지만 모두 완전한 환상 속에 있는 것이다.

당신은 그 돈을 사용할 곳이 있다. 그러므로 내일 그 일을 할 때는 새로 사 온 욕조 안에 몸을 담그는 일이 어떤 느낌인지 말한다. 그다음 날은 새로 사 온 화초에 대해 자세히 말한다. 이렇게 각각의 것들을 누리면서 말하고 느끼고, 말하고 느낀다.

테라스를 만드는 데 필요한 2만 5,000달러를 과거의 나쁜 느낌 각본에서 빼내고, 그것을 대신해 멋진 새 꿈을 꾸는 각본으로 만들었다. 물론 그것은 가상으로 만들어 낸 것이지만 좋은 느낌의 에너지가 넘쳐흐른다.

만일 같은 파장을 가지고 같은 것을 원하는 사람이 있다면 짝을 지어 이런 일을 할 수도 있다. 둘이서 함께하면 에너지가 열 배나 커져서 온갖 새로운 아이디어가 솟아 나와 한없는 즐거움을 주고받을 것이다.

물론 물질적인 것에 관해서만 각본을 쓰는 것이 아니다. 새로운 관계를 맺는 일에서 마당의 두더지를 없애는 일까지 무엇이든 각본으로 만들 수 있다.

우리 집 반려견 루시는 집 앞 담장을 오르락내리락하고, 움직이는 것만 있으면 짖어대는 바람에 나는 늘 골치가 아팠다. 나를 성가시게 했고, 길 가는 사람을 괴롭히게 만들었고, 이웃이 짜증나게 했다. 개에 관한 책에 나오는 모든 노력을 해 봤지만 효과가 없었다. 결국 지치기도 하고 걱정도 되어서 새로운 각본을 써 보기로 했다.

"바람처럼 담장을 오르락내리락하며 맘대로 뛰어노는 저 개의 자유로움이 얼마나 좋은가! 줄에 매여 담 곁에 앉아서, 지나가는 사람들을 조용히 바라보며 얌전히 있다면 얼마나 좋을까. 이전에 하던 짓을 보면 믿을 수가 없어. 그렇지만 루시가 말없이 집을 지켜주니 얼마나 좋은가. 지금 루시는 가만히 앉아서 집을 지키고 있어. 와, 얼마나 좋은지!"

나는 매일 이것을 반복하면서, 길에서 움직이는 것만 보이면 담을 오르락내리락하지만 짖지 않고 가만히 지켜보기만 하는 루시를 칭찬하는 나 자신을 느꼈다.

5주가 지나자 첫째 신호가 보였다. 루시가 뛰지 않는 것이었다! 그냥 길가에 앉아서 지나가는 사람을 지켜보았다. 가만히 앉아있는 것이었다! 모든 것이 이루어지는 데는 3개월이나 걸렸다. 고집 센 개를 재교육할 수 없을 것이라는 나의 옛 신념이 얼마나 강한지를 보여 준 셈이다. 그러나 나는 계속 그렇게 했고, 이 순간 우리 둘은 행복한 존재가 되었다.

그러나 돈 문제에 있어서는, 각본을 새로 쓰려는 나의 첫 시도가 전혀 성공하지 못했다. 나는 돈이 쏟아지게 하는 초현실적인 프로젝트를 그리고 그 황당한 이야기에 빠져들기 위해 엄청 많이 노력했다. 그때 나는 옛 신념이 '넌 도대체 뭐하고 있는 거니? 그럴 시간이 있니? 그건 꿈이야'라는 식의 회의를 제기하는 것을 느낄 뿐이었다. 그렇게 회의가 계속되었다.

점차 나는 스티븐 스필버그처럼 수백만 달러가 드는 일을 만들 필요가 없고, 단지 나 자신이나 친구에게 할 작고 믿을 만한 이야기를 만들어야 한다는 생각이 들었다. 그래서 대폭 규모를 줄여서 내가 믿을 수 있는 이야기를 다시 만들기 시작했다. 돈이 쏟아져 들어오는 것 대신 돈이 흘러갈 곳에 관해 이야기했다. 신용카드 대금 지불이 얼마나 쉬운지, 나의 프로젝트가 얼마나 합당한지, 담보대출 프로그램이 시장에서 얼마나 환영받는지 이야기했다. 그러자 느낌이 좋아졌다.

몇 주 동안 매일 같은 이야기의 주인공과 환경을 바꾸어서 말함으로써 이야기가 살아있게 했다. 아무 일도 일어나지 않을 것 같을 때도 낙심하지 않고…. 무엇이 빠져 있었는지 살펴서 다시 부정적인 것으로 돌아가 있음을 발견하면 크게 한숨을 쉬면서 다시 각본을 만들기 시작했다.

그렇게 하자 길이 열리기 시작했다. 놀랍고 새로운 여러 가지 아이디어가 나타나면서 이전의 절반만 노력해도 네 배의 결과가 나타났다. 새로운 사람들이 도우려고 몰려들었다. 6개월쯤 지나자 다시 편안한 생활로 돌아왔다. 일 년 반이 지나자 나의 수입이 보통 상태에서 830%나 증가하며 입이 다물어지지 않을 정도가 되었다. 오래된 느낌은 쉽게 사라지지 않지만, 마침내 사라진 것이다!

그러므로 당신이 여행을 간절히 원한다면 돈을 어떻게 마련한 것인가는 생각하지 말고, 마치 지금 그곳에 있는 것처럼 상상의 각본을 말하기 시작해 좋은 느낌의 에너지를 원하는 곳으로 흘려보내기만 하라. 산뜻한 바람을 느끼고, 음식 맛을 보고, 일광욕을 하라. 경주용 말을 갖기 원한다면, 돈을 어떻게 마련할 것인가는 생각하지 말라. 당신의 각본을 말하기 시작해 좋은 느낌의 에너지를 원하는 종류의 말에게로 흘려보내라. 마치 지금 그 말과 조련사와 함께 박수갈채를 받고 있는 것처럼 생각하라. 말의 갈기를 만져보고 냄새를 맡으며 즐거움을 누리라.

부부가 함께 전원에서 소박한 삶을 살기를 원해 왔다면, 거기에 적합한 곳을 그리면서 한가한 시골길을 걷고, 신선한 공기를 반기며, 집을 리모델링하는 업자와 상담하고, 예쁜 벽지를 고르고, 골동품을 구하며, 손님을 반기고, 풍성한 점심을 준비하는 상상을 하라.

그러면 된다. '나는 할 수 없어. 어떻게 할 줄 모르겠어. 난 제정신이 아니야' 같은 부정적인 각본을 버리고, 집을 실제로 가졌을 때 누릴 즐거움을 나타내는 긍정적인 각본을 새로 만들라.

지금 이 순간 꿈꾸던 것이 이루어진 것처럼 말하고 느끼라. 그리고 그 기쁨을 다양하게 바꾸어 가며 계속하라. 그러면 모든 것이 정말 이루어진 것처럼 느껴질 때가 올 것이다. 그 꿈에 사로잡힌 나머지 마치 지금 이 순간 그렇게 사는 것처럼 될 것이다. 그러면 상황에 반응하지 않고 상황을 만들어 내는 사람이 될 것이다.

즐거움이 없는 상태를 큰 즐거움으로

친한 친구 척은 워싱턴주에 상당히 큰 독립 부동산 회사를 운영하고 있다. 그는 늘 부지런히 일하는 사람으로, 자기 직원들에게 잘하고 중개인들을 잘 도와주었지만, 재정적인 문제의 해결은 어려운 것 같았다.

어느 날 점심을 같이 하면서 친구 척이 이야기를 꺼냈다. 지역 전체가 장기간 불황에 빠져 있어서 모두 매출이 줄었다. 그 회사의 가장 뛰어난 중개인조차도 다른 분야로 이직 의사를 밝히고 있었다. 언젠가 시장이 좋아질 줄은 누구나 알고 있지만, 그동안 먹고사는 일이 문제였다.

친구는 답이 없다고 생각하고 찾지도 않고 있었다. 그는 자신의 그런 사고방식 때문에 경제 상황의 희생자가 되었다. 친구와 그의 직원들은 일상적인 판촉 방법과 좋다는 방법을 모두 동원해 보았지만 매출은 엄청나게 줄어들 뿐이었다. 나는 친구에게 평소 끌어당김의 법칙을 말해 본 적이 없었지만 지금이 적기라고 생각했다. 최소한 진지하게 들어주기는 할 사람임을 알았기 때문이었다.

가장 큰 문제는 판매가 이루어지지 않는 것이라기보다는 판매 직원들이 신이 나지 않는다는 것이었다. 그들은 낙심해 밸브가 꽉 닫힌 채로 경제를 탓하며 거대한 결핍의 소용돌이를 만들어 내면서 회사는 결국 없어지게 될 것이라고 확신하고 있었다. 그래서 나는 친구 척에게 한 가지 제안을 했다. 직원들을 한 번 더 모아서 이제까지 다른 모든 방법을 써 보았으니 마지막으로 다음 한 가지를 해도 괜찮지 않겠냐고 제안해 보라는 것이었다.

나는 끌어당김의 법칙을 간단히 설명하고, 그의 눈을 정면으로 보며 진심으로 말했다. 내심 내가 평소답지 않게 진지하다는 것을 알아주길 기대했다.

"척, 자네가 직원들에게 이 일을 하게 할 수 있다면 경영 상태가 회복될 걸세"라고 말했다.

내 말이 통했다. 그가 매우 진지하게 "말해 보게"라고 하는 것을 보면서 약간 으쓱하는 느낌이 들었다.

나는 직원들에게 각각 앞으로 석 달 동안 벌기 원하는 돈의 액수를 정하게 한 다음, 세 배로 곱하라고 했다. 그렇게 숫자를 정한 다음에는 왜 그 돈을 원하는지 한 사람씩 물어보되, 완전한 대답을 할 때까지 물으라고 했다. 첫 번째 직원이 제대로 대답을 하게 되면 나머지는 그를 따라 할 것이기 때문이었다.

자세하게 말하지는 않았지만, 그들의 첫 번째 대답은 아마도 결여의 장소에서 나오는 '원하지 않는 것'으로, "돈을 원하는 것은 신용카드 대금을 지불하기 위해서요"라는 식의 대답은 돈을 벌지 못하고 여전히 그 상태에 머물게 할 것이라고 설명했다.

척은 이해하지 못했다. 그래서 나는 이유를 물으면서 그에게 대답을 하게 했다.

"좋아. 지금 무엇을 원하지?"

"난 지금 카드 대금 지불을 원해."

"왜?"

"그래야 기분이 좋아지니까."

"왜 기분이 좋아지는데?"

"쪼들리는 것이 싫으니까?"

"왜 그렇지?"

"그러면 기분이 나빠지니까." 밸브가 닫히기 시작한다.

"그럼 어떤 기분을 원하는데?"

"자유! 난 자유를 느끼고 싶어!" 됐다. 이제 제대로 된 것이다.

"좋아, 그걸 말로 표현해 봐."

"나는 6만 달러를 벌어 자유를 느낄 수 있기를 원한다."

"아주 좋아. 지금 느낌이 어떻지?"

"아, 잠깐 좋은 느낌이 들었지만, 걱정이 많아. 이 시장에서 어떻게 그 많은 돈을 벌지?"

"돈 생각은 하지 마. 돈은 종이 다발에 불과해. 카드 대금을 지불한 다음에는 뭘 할지 말해 봐."

조금씩, 조금씩, 오랫동안 감추어져 있던 꿈이 펼쳐졌다. 그는 아내 사라와 함께 버뮤다로 가서 은퇴 후에 거기에 살 수 있을지 알아보기 원했다. 그들은 손자들과 함께하는 크루즈 여행을 원했다. 지하실을 완벽한 음악감상실로 바꾸기를 원했다. 등.

그러나 버뮤다를 말할 때 특별히 생기가 돌았기에 그것을 좀 더 자세히 파고들어가게 했다. 나는 최대한 진지한 표정으로 몸을 앞으로 내밀어 다가가면서 "척, 자세히 말해 봐. 자네와 사라가 버뮤다에서 은퇴 생활을 하는 꿈을 최대한 자세히 말해 봐"라고 했다.

놀라웠다. 척의 에너지가 하늘로 솟구치면서 방안이 환해졌다. 이제까지 이 일에 관해 마음을 털어놓은 적이 없었던 것 같았다. 그래서 말과 느낌을 쏟아놓을수록, 그의 밸브가 크게 열렸다. 척은 자신이 원하는 데에너지를 흘려보내는 것이 아니라 퍼붓고 있었다.

그러는 중에 내가 말했다. "그대로 해. 지금 자네가 있는 그 느낌을 느끼는 곳이 판매 사원들 모두가 이르기를 원하는 곳이야. 그들이 정한 실제 금액은 잊어버리고 그 돈이 가져다 줄 것들에만 집중하게 해. 그리고 그것들로 에너지가 흘러가게 해서 자네가 지금 느낀 것과 같은 느낌에 이르게 해. 이렇게 하면 그들이 좋은 느낌으로 들어가게 될 거야. 흔히 돈과 연관시키는 부정적인 생각은 모두 피해야 해. 돈이 없을 때는 더욱 그래. 그러면 자신도 모르는 사이에 돈을 끌어들이게 되네.

직원들도 우리가 원하는 것을 원할 거야. 종이 다발이 아니라 돈이 있을 때 생기는 그 경험 말이야. 30일 동안 매일 한 차례씩 10에서 15분 동안 그렇게 하기로 약속하도록 하게."

반갑게도 척은 약 6주 후에 첫 번째 좋은 소식을 전해 왔다. 직원들이 너무도 낙심하고 있었기에 이 작은 실험을 해 보자고 설득하는 데는 어려움이 없었다고 했다.

그러나 정말 놀라운 일은 그것이 아니었다. 척이 약간의 포석을 해 두도록 했기 때문이다. 그에게 처음 모임이 자신이 원하는 대로 이루어지게 하는 법, 직원들이 마음을 열고 의지를 갖게 하는 법과 그런 고양된 에너지를 흘려보내는 법을 이야기해 주었는데 그는 그대로 했다. 모든 사람이 모였을 때 그들에게는 전혀 저항심이 없었다. 척이 미리 진동으로 그들을 도와주었기 때문이었다.

한 사람을 제외한 모든 사람이 약속을 하고 매일 각본에 쓴 대로 자신이 원하는 것으로 좋은 느낌의 에너지를 흘려보냈다. 그들은 진심으로 이 일에 집중했고 이유는 모르지만 삶에서 더욱 열정적인 느낌을 가지기 시작했다. 그들은 좋은 느낌을 갖게 되었지만 그 이유는 신경 쓰지 않았다.

이 모험을 시작한 지 10주쯤 되자 전혀 예상하지 못한 곳에서 매출이 일어나기 시작했다. 한 여직원은 일리노이에 사는 숙모가 워싱턴으로 이사하기를 원했다. 다른 한 사람은 군인인 아들과 친구들이 포트루이스의 부대로 전근되었다고 그들이 살 집을 구해 달라고 했다. 또 한 사람은 다시는 만날 일이 없을 것이라고 생각했던 사람으로부터 두 건을 의뢰받았다. 또 한 사람은 마케팅 아이디어를 가지고 아주 좋은 구매자 집단을 접촉해서 큰 성공을 거두었다.

모든 사람이 중요한 움직임을 경험하고 있었다. 그들로서는 우연이라고 할 수밖에 없는 일들이었다. 그 지역 역사상 가장 나쁜 부동산 경기 속에서 그들은 그 상황을 피할 수 있고 자신의 운명을 스스로 개척할 수 있음을 알게 되었다.

그들은 매일 자신의 내적 존재, 즉 확장된 자아에 접속해서 몇 달 만에 처음으로 고무된 느낌을 얻었다. 그들은 긍정 에너지로 채워진 파장을 자신이 원하는 것의 목록과 함께 우주로 내보냈다. 그러나 우주는 그 강도에 맞는 환경과 사건, 아이디어, 동기로 부응했다. 무엇보다도 그것은 전염성이 있어서 지금까지도 지속되고 있다.

실험에 참가하지 않았던 사람은 그 일을 그만두었다. 마지막으로 들은 소식은 그가 아내의 퇴직금으로 생활한다는 것이었다.

100달러의 마술

오래된 신념이든 아니든 모든 신념은 마치 훈련된 물개처럼 반응하는 진동 습관에 지나지 않는다.

다른 말로 하면 우리는 그동안 배운 것에 아주 강하게 집착(신념)한다. 살아온 방식에는 더욱 강하게 집착한다. 그러나 우리가 붙들고 반응하는 이들 신념은 노력해야 한다는 것처럼 삶에 대해 습관적으로 가지고 있는 사고방식에 지나지 않는다.

예를 들어 어떤 일이 나타나 오래된 신념과 부딪치면 우리는 순전히 습관 때문에 이것에 대응해 부정적인 진동을 시작한다. 순전히 습관 때문이다.

그러므로 우리의 목표는 오랫동안 습관화된 생각의 진동 방식을 깨뜨리는 것이다. 여기 그 한 가지가 있다. 돈이 흐를 충분한 출구를 마련해 주는 것과 같은 범주의 것으로, 즉 돈의 에너지가 흘러갈 출구를 만들어 주어서 우리 주위로 돈이 흐르게 하는 것이다. 나의 경우나 친구의 경우에서 보면 이것은 확실한 방법이다.

100달러짜리 지폐나 가능하다면 더 고액의 지폐를 지갑에 넣고 쇼핑을 나가 보자. 하루 종일 시간을 낼 수 있다면 좋다. 그러지 못하다면 점심시간을 이용해 쇼핑몰이나 상점이 많이 있는 곳으로 가라. 당신은 이 100달러로 뭐든 사고 싶은 것을 찾는다. 워크맨이나 바지, 축구공, 연장, 침대 커버 등 뭐든 당신이 갖고 싶은 것이면 된다.

지금 주머니에 100달러가 있으므로, 당신은 자신에게 "왜, 내 돈 100달로 저걸 살 수 있거든. 문제없거든!"이라고 한다.

"와, 좋다. 저걸 살 수 있어."

"야, 저게 바로 내가 늘 원하던 거야. 살 돈도 있어."

여러 가지를 합쳐서 100달러가 되게 하는 것이 아니다. 원하기만 하면 그 100달러로 당장 살 수 있는 것을 찾는 것이다.

1,000개쯤 골랐을 때 어떻게 되는가 보자. 지금 당신은 감정적으로 10만 달러를 썼다. 그러면 당신이 부유하다는 느낌을 가지게 되어, 이전 결핍의 사고방식과 진동을 압도하는 데 도움이 될 것이다.

내 친구 조셀린은 심각한 경제 문제에 빠질 지경에까지 이르러, "이 일이 빨리 이루어지지 않으면 안 되는데" 하면서 좌절하던 시기를 겪었다. 조셀린은 그런 태도가 오히려 '원하는 것'이 오지 못하게 함을 알았지만, 그런 진동 습관을 깨뜨릴 수가 없었다. 그러던 어느 날 100달러 마술이 기억났다. 그 생각이 들자 소와 닭은 내버려 둔 채 즉시 차에 올라 꽤 먼 곳에 있는 그 지역 최대의 쇼핑몰로 갔다.

조셀린은 거의 종일 이 어리석은 놀이를 하면서 좋아, 즐겨, 감정적으로 '쓰고, 또 써'라며 즐겼다.

마침내, 지치긴 했지만 즐거운 쇼핑으로 밸브가 열린 상태가 되어 돌아왔다. 집에 오니 오빠로부터 경제적 도움을 주겠다는 메시지가 와 있었다. 이것은 실화이다. 친구로부터 경제적 도움을 주겠다는 메시지 그리고 집에 문제가 있다는 이유로 두 번이나 거절당했던 담보대출건이 허락되어 수일 내로 지급하겠다는 메시지가 와 있었다. 그 외에도 집으로 오는 길에 완전히 새로운 세일즈 방법에 관한 아이디어가 떠올랐다. 몇 시간을 들여 한 놀이로는 썩 괜찮은 효과가 아닌가?

사전 작업

매일의 삶이 좀 덜 험난하기를 진심으로 원한다면 그런 에너지 출구를 더 많이 만들어서 에너지가 계속 움직이게 해야 한다. 이렇게 하는 아주 좋은 방법 하나가 '사전 작업'이다.

사전 작업은 크루주나 주문형 자동차에만 해당하는 것이 아니다. 사전 작업은 무형적인 것에 더 많이 사용된다. 바람직한 여건이나 분위기를 만들어 특별한 사건이나 일이 일어날 수 있게 하는 것이다. 그것은 다음과 같이 '나는 일이 이런 식으로 이루어지기를 원한다'라는 에너지를 매일의 일과 의사 결정에 흘려보내는 것이다.

"오늘 밤 쇼에 갈 때 가까운 곳에 주차하기를 원해."

"나는 리포트를 쉽게 제때에 마치기를 원해."

"나는 점심 미팅이 양측 모두에게 성공적이길 원해. 그리고 즐겁기를."

"나는 우리 사이의 앙금이 빨리 해소되기를 원해."

이것이 사전 작업으로, 목적하는 진동을 미리 보내어 상황이 원하는 대로 이루어지게 하는 것이다.

사전 작업은 새로운 각본을 쓰는 것과 같다. 단지 그다지 많은 힘을 쏟지 않을 뿐이다. 잠깐 생각하는 것이다. 간단한 일을 매일 사전 작업하는 일이 익숙해지면, 좀 더 큰일에서도 시작하라. 문제가 있어 거래가 중지되어 있는 고객을 대상으로 할 수도 있을 것이다. 미팅이 진행되기 바라는 방향이나 계약이 성사되기를 바라보며 느끼는 시간을 보내라. 종일 잠깐씩 보고 느끼는 일을 반복하라.

나의 한 친구는 패소가 확실하다고 생각되는 소송을 앞두고 사전 작업을 시도했다. 상상할 수도 없는 일이었지만 승소하는 자신을 바라보는 대신 모든 사람이 승자가 되어 일어서서 악수를 하며 서로 어깨를 두드려주는 장면을 보며 느꼈다. 그래서 법정으로 가기 며칠을 앞두고 모든 사람이 만족하는 조건으로 일이 매듭지어졌다.

　또 한 친구는 자신의 옷차림 때문에 상사에게 괴롭힘을 당하고 있었다. 상사는 짧은 스커트를 좋아하지 않았는데, 불행히도 그녀는 최초로 짧은 스커트를 입고 나타난 사람이 되었다. 상사의 태도를 싫어했던 그녀는 사전 작업을 했는데, 정말 재미있는 결과가 나타났다. 상사는 그녀의 옷차림을 완전히 무시하지 않고, 그녀가 그리고 느낀 대로 비슷한 옷차림을 한 다른 세 사람을 드러내 놓고 칭찬하는 것이었다.

　책상에 일감이 가득 쌓여 있는가? 시시콜콜한 일에 짓눌리고 있는가? 시작하기 전에 하루가 쉽게 진행되도록 사전 작업을 하라. 일을 하면서 콧노래를 부르는 자신을 그려보라. 목표를 말하고 우주에 당신이 원하는 것을 알리라. 그런 다음 긍정적 에너지를 흘려보내 밸브가 열릴 때까지는 종이 한 장도 집어들지 말라. 그러지 않으면 그 많은 일 속으로 다시 들어가게 될 것이다.

　사전 작업은 당신의 에너지를 미리 보내어, 당신이 원하는 주파수로 당신을 프로그램화하는 것이다. 때로는 특정 장소, 특정 시간으로 보낼 수도 있고, 때로는 특정 인물에게로 보낼 수도 있다. 물론 당신이 그 사람의 생각을 바꾸거나, 억지로 그의 의사에 반하는 행동을 하게 할 수도, 그들의 본성에 반하는 일을 하게 할 수도 없다. 그러나 긴장된 상황에서 신뢰와 개방의 분위기를 만들어 분위기를 부드럽게 할 수는 있다. 기본 작업이 이루어지면 나머지는 당신의 몫이다. 그리고 당신의 안내자도 일할 것이다.

우주에 당신이 원하는 것을 알리고 긍정적인 흥분을 흘려보내고, 그 일이 이루어졌을 때의 기분을 느끼고, 그리고 이루어질 것을 알라. 이것이 사전 작업이다.

세일즈 매니저 우주

사업이 부진해 이익을 좀 더 많이 내고 싶다고 하자. 당신은 판매직원을 늘리거나 합병하거나, 광고비를 늘려야 한다고 생각할 것이다. 모두 이전과 동일한 질문에 이전과 동일한 대안이다.

나는 이렇게 제안하고 싶다. 집단 에너지가 배가되게 하라. 개인의 성과에 집중하던 척의 직원들과 달리, 당신의 직원들은 회사에 대한 그들의 소원을 각본으로 작성한다. 그것은 결국 그들을 위한 것이다.

지금 추구하는 것은 집단 자기력이다. 어떤 집단이든 에너지를 집중하면 그 힘이 긍정적인 것이든 부정적인 것이든 제곱으로 된다. 그러므로 엄청난 힘을 얻을 수 있다. 하나의 목표에 집중하는 사람이 둘이라면 에너지는 2의 제곱이 되어 4가 된다. 그러나 한 무리의 사람들이 하나의 목표로 흥을 발하면 엄청난 자기력, 엄청난 변화 가능성을 지니게 된다. 단, 대부분이 '할 수 없어'라는 생각으로 돌아가지 않아야만 한다.

산업혁명 이후 널리 퍼진 신념과는 반대로, 더 많은 수익을 올리는 방법은 직원을 늘려 매출을 늘리는 것이 아니라, 정신적 감정적으로 회사를 위한 새로운 각본을 쓰게 하여 기대를 갖는 습관이 들게 하는 것이다. 성공하는 회사는 모두 그렇게 했다. 물론 회사에서는 멋진 계약, 최고의 광고 캠페인, 좋은 가격, 양질의 제품, 의욕적인 판매원 등 다양하게 이름 붙일 수도 있다. 직원 대부분이 그렇게 기대하지 않으면 이루어지지 않는다.

그러나 집단 내의 모든 사람이 계약이 성사되었을 때의 흥분을 느끼고, 그것을 따낸 사람이 자부심을 느끼며, 새로운 고객 무리가 매장에 몰려드는 것을 보고 느끼며, 자신의 기여로 이루어진 성공을 보게 되면, 이런 유의 자기력은 기하급수로 커져서 엄청난 힘이 될 것이다. 그리하여 당신의 사업 방식을 영원히 바꾸어 놓을 것이다.

반드시 기억할 것

1. 중요한 것은 돈이 아니다. 에너지를 어떻게 흘려보내는가 하는 방법이다. 가진 돈이 얼마나 적은지 생각하기를 멈출 때 돈이 들어온다. '돈의 부족함'을 바라보고 부정적인 감정만 느껴서는 안 된다. 그러면 흐름이 막힌다. 밸브를 더 열 방법을 찾아야 한다.

2. 좋은 지침서에는 늘 영감이 들어있다. 그러므로 '방법'을 생각하지 말라. 나타나게 되어 있다.

3. 당신이 원하는 돈을 감정적으로 쓰라. 쓰고 또 써서 에너지의 출구가 열려 흐를 수 있게 하라. "내게 ○○○만큼의 돈을 주면 그것으로 할 일을 결정하겠다"라고 하지 말라. 먼저 사용할 곳을 정하라. 그

것이 에너지가 흘러들어오게 하는 방법이다. 돈의 에너지는 출구가 필요하다. 출구가 없으면 돈도 없다.

4. 감정적으로 돈을 쓰는 습관을 들이라. 운전하면서 온갖 종류의 물건을 살펴보고 "저것 갖고 싶어", "와, 저것도 원해!", "와, 저것은 내 것이야" 같은 말을 하면서 그것을 가졌다는 느낌의 장소에 이르게 하라. 그러면 원함의 힘이 나가서 그런 바람이 실현되게 하거나, 다른 사람들이 나타날 수 있는 길을 열어주는 환경이 조성될 것이다.

5. 받을 준비를 하라. 집안 곳곳에 "받을 준비가 되었음"이라고 써 붙이라. '의무와 금지'에 관한 저항을 낮추고 받는 법을 배우는 목표를 세우라. '나는 받는 것을 배우기 원한다'를 원하는 것으로 삼는다. 그리고 나눠주어야만 좋은 사람이라고 하는 죄책감의 희생자 사고를 극복하라. 그것은 독선에 불과하다.

6. 조급하게 결과를 보려고 하지 말라. 오늘 각본을 쓰고 내일 "어디에 있어?"라고 하면 안 된다.

7. 핑계를 조심하라. '교육이 부족해', '내부에서만 채용해', '무능력한 직원', '시기가 좋지 않아' 등 밸브를 닫는 핑계로는 돈을 끌어당길 수 없다. 교육, 훈련, 위치 등 '적절한' 것들을 내보낸다 해도, 핑계가 끼어들면 아무런 도움도 되지 않는다.

8. 결핍에 빠져 있는 사람들이 지금 주위에 많이 있다면, 그것은 당신이 어떤 상태에 있는지를 잘 보여주는 표시이다. 상황을 파악해서 정리해야 할 것이다.

9. 자신의 삶에 부정적인 에너지가 얼마나 되는가를 알기 원하는가? 들어오는 돈의 양을 점검해 보라. 돈에 쪼들리는 삶을 사는 사람들

은 대부분은 부정적인 에너지를 많이 내보내기 때문에 돈이 들어오지 않는다. 돈이 들어오고 머무는 것과 우리의 부정적 에너지는 비례한다.

10. 마지막으로, 지금까지의 상황은 앞으로의 가능성과는 아무 상관이 없다. 그동안 어려운 삶을 살았다면, 이제 이를 뒤집을 수단이 있다. 원하는 만큼의 매출이나 급여, 인정, 성공, 평화, 행복, 부 등을 얻지 못했다 해도 이제는 바꿀 수 있다.

얼마나 빨리 그렇게 할 수 있을까? 규칙적으로 다른 흐름을 내보내기 시작하면 된다. 그러면 밤이 지나면 낮이 오는 것처럼 새로운 세상이 올 것이다. 반드시 그렇게 된다. 그것은 우주의 법칙이다.

9장

대인관계 및 그 외 소중한 것들

이 장에서 말하는 대부분은 내가 언급하고 싶지 않은 것이다. 관계와 의식적 창조의 관계라는 주제는 내가 개인적으로 말할 수 있는 것이 아니기 때문이다. 40~50년간 나의 대인관계 이력은 에너지 흐름을 알기 이전의 나를 보여 준다. 나는 지나친 희생자, 비현실적인 낭만주의자, 최고의 상호의존자, 도덕군자인 척하는 사람이었다. 나의 대인관계 대부분은 그랬다.

남의 습관이 문제가 아니다

배우자든, 파트너든, 친구든, 동업자든 모든 대인관계는 세상의 다른 모든 것과 같이 진동과 관련이 있다. 우리가 내는 진동은 우리가 느끼는 것에서 온다. 끝.

그러므로 자신에게 평화를 파트너에게 감사를 느끼지 못한다면 우리의 진동은 그 관계에 금이 가게 할 것이라는 것은 천재가 아니어도 알 수 있다. 둘 사이에 아무 문제가 없으므로 상대방의 잘못이라고 확신해도 상관이 없다.

말로나 마음으로 비난하거나 멸시하거나 마뜩잖아하면 부정적인 것을 끌어들이는 것이다.

속거나 무시당하거나 오해받거나 불안함을 느낀다면 부정적인 것을 끌어들이는 것이다.

달래거나 사정하거나 하는 느낌을 가진다면 부정적인 것을 끌어들이는 것이다.

아마 당신은 '그래요, 하지만' 하는 생각을 했을 것이다.

"맞습니다만, 당신은 내 파트너를 모릅니다."

"맞습니다만, 이런 사람하고 살거나 저런 사람하고 일할 때 느낌을 알 수 있겠습니까?"

그렇지만 두 사람이 관련될 때는 둘이 진동을 하는데 이 둘이 일치하는 경우는 드물다. 그러나 우리의 경험을 만들어 내는 사람은 파트너도, 부모도, 우리를 해고한 상사도 아니다.

그러므로 힘들기는 하겠지만, 근본적으로는 우리 자신의 가치, 우리 자신의 반응, 우리 자신의 초점, 우리 자신의 에너지 흐름의 문제이다. 우리가 좋아하지 않는 것을 응시하는 한 우리는 동일한 것을 초청할 뿐 아니라, 우리가 원하는 좋은 것을 차단하고 있는 것이다.

핵심을 말하면 만일 우리의 파트너나 아니면 관계를 맺고 있는 어떤 사람이 우리를 괴롭히는 이상한 습관이 있어서 우리가 약간이라도 밸브를 닫고 그들에게 집중하는 경우, 우리가 없애기를 원하는 그 이상한 습관을 영구화하게 되는데, 이는 우리의 진동으로 그 습관을 붙들기 때문이다.

바로 여기에 대인관계가 내리막 나선형의 길을 가게 되는 원인이 있다. 전혀 그런 의도는 아니지만 끝없이 맘에 들지 않는 상황에 집중하기 때문이다. 아무리 사소해 보여도 그건 상관없다. 아무리 작고 중요하지 않은 나쁜 일도 눈덩이가 되고, 그다음에는 지속적인 집중과 부정적인 에너지 흐름을 통해 중대한 것으로 커진다. 그래서 우리는 그 작은 것을 확대할 뿐 아니라 동일한 파장을 가진 다른 불쾌한 것들을 더 모으게 된다. 이것은 치약 뚜껑을 절대로 닫지 않은 것 같을 뿐만 아니라, 그에 따른 불쾌감에 계속 초점을 맞춤으로써 의도하지 않은 불륜으로, 자동차 사고로, 해고로, 심지어 이혼으로 이어지는 것과 같은 이치이다.

설상가상이란 말을 아는가? 어떤 것에 계속 불쾌한 흐름을 흘려보내면 조만간 더 나쁘게 된다. 유유상종이기 때문이다.

누가 우리를 화나게 하면 우리도 맞불 지르기를 원한다. 그러나 대인관계에서는 우리가 하는 것이 우리가 얻는 것이기 때문에 절대로 그래서는 안 된다. 파트너가 에너지를 흘려보내는 방식에도 그래서는 안 된다. 세상의 다른 모든 것과 같이 우리 앞에 무엇이 있든 우리 자신이 느끼고 흘려보내고 진동하는 그대로 돌려받은 것이다.

다른 방법은 없다. 대인관계를 변화시키기 원한다면 자신의 진동을 바꾸어야 한다.

범인이 비난을 받아야 한다

비난하면 아주 큰 잘못을 한 사람을 향해 손가락질을 하는 드라마 같은 장면을 연상하는 것이 우리 대부분이다. 그러나 실제로 우리는 매일 매 순간 비난하며 산다. 날씨에서 시작해 난폭한 운전자, 치약 뚜껑까지 우리는 해가 뜰 때부터 해가 질 때까지 비난하면서 살지만 전혀 그렇다고 생각하지 않는다.

우리는 비난하면서 그것을 정당화하는 일이 많다. 그러나 정당한 것이든 아니든, 비난이라는 낮고 무거운 진동을 견뎌낼 수 있는 행복은 조금도 없다. 실제로 비난이라는 전자기 에너지는 우리에게서 다른 사람으로 흘러갈 때 강력하게 충전되기 때문에 보통은 상당히 신뢰할 만한 사람도 엉망으로 만들어버릴 수 있다. 그래서 어리석고, 지저분하고, 악하고, 술 주정뱅이인 사람에게 비난의 에너지를 보내는 일은 자신을 변화시키기 원하는 상황을 오히려 악화시킨다.

여행 중 수화물이 다른 비행기로 잘못 가게 된 친구들이 호텔에서 몇 시간 동안 항공사의 무능력을 비난하고 화를 냈다. 그들의 중요한 수화물은 이제 찾을 수도 없이 사라져 아무도 찾을 수 없게 되었다. 마침내 친구들은 자신들이 하던 일을 깨닫고 마음을 바꾸어 이제까지 유능했던 직원들에게 감사하기 시작했다. 그러자 몇 분 후에 수화물을 찾았으며 곧 전달해 주겠다는 전화가 왔다. 태도를 바꾸기 전에는 분노와 비난의 에너지를 보내 항공사 직원들이 작은 사건을 엉망진창이 되게 했던 것이다.

나의 대출 신청서를 받은 한 대금업자가 내게 전화를 해서 중요한 원본 한 장이 없다고 했다. 나는 분명히 그것을 보냈었다. 그래서 그곳 직원들의 무능력함을 두고 투덜대고 있는데, 더욱 나쁜 소식을 알리는 전화가 계속 왔다. 직원들이 잃어버린 것이 많아질수록 우리의 서류가 제대로 정리된 것으로 확인된 사실이 많아졌고, 따라서 더 많은 문제로 이어졌다. 그럴수록 나는 더 화를 냈고, 문제는 더욱 나빠졌다. 그러다가 내가 하고 있는 일이 깨달아졌다. 그래서 태도를 바꾸어 평소에는 유능했던 그들에게 감사하기 시작했다. 그러자 15분도 되기 전에 사과 전화가 왔다. 모든 것을 찾았다며 대출을 승인해 주었다.

내가 진행하는 세미나에 참석했던 한 여자는 쌍둥이 아이들이 말을 더듣는 이유가 남편 때문이라며 비난을 멈추지 않았다. 세미나를 마친 후 그녀는 마지못해 매일 남편에게 감사하는 시간을 보내는 프로그램을 진행하기로 동의했다. 6개월쯤 후 전화가 왔다. 처음에는 무척 어려웠지만, 점차 익숙해지면서 비난이 시작되려고 하면 즉각 알아채고 즉시 밸브를 열어 남편과 자녀들에게 감사를 흘려보냈다고 했다. 마지막으로 전화를 했을 때는 두 딸의 말이 거의 정상으로 돌아왔다고 했다. 그 불쌍한 남편은 어떻게 되었는지 모른다.

핵심은 비난의 에너지는 늘 상황을 더 악화시킨다는 것이다. 늘 그렇다.

파트너 간 관계에서 우리가 좋아하지 않는 것이 많이 있다 해 보자. 중요한 것도 있고, 무시해도 될 만한 사소한 것도 많다. 그러나 '사소한' 것은 없다. '사소한' 것이라는 게 대체로 가장 큰 문제이다. 이름을 붙일 정도로 큰 문제라면, 그것이 '사소한' 문제라 하더라도 그것을 무시하거나 받아들일 여지가 없다. 우리는 그 골치 아픈 일에 집중하면서 에너지를 흘려보내 문제가 더 악화되게 한다.

핵심은 어떤 일 때문에 성가시다면 그것이 정당하든 말든 상관없이 부정적인 것을 끌어들이고 있다는 것이다. 그렇게 되는 것이다. 그것은 옷이 거꾸로 걸려 있는 것과 같이 약간 거슬리는 일일 수도 있고 학대의 두려움처럼 끔찍한 일일 수도 있다. 그러나 감정의 강도와는 상관없이 그 현상을 향한 부정적인 집중은 반드시 더 큰 문제를 야기한다. 우리가 쓰고 있는 각본이 그렇기 때문이다.

상대방이 원하지 않는 한 그 사람의 캔버스에 그림을 그려 줄 수 없다. 상대방이 변화를 원하지 않는다면 새로운 각본을 쓰거나 감사하는 일은 우리 자신의 밸브를 여는 일 외에는 성취할 수 있는 것이 별로 없다. 실제로 우리가 그런 종류의 에너지를 흘려보내면, 상대방은 마치 박차를 단 말처럼 완강히 저항하며 우리가 제공하는 것을 조금도 받아들이지 않으려 할 수 있다. 이 경우는 우리가 결별을 고려해야 할 수도 있음을 의미한다.

이것이 자기력이다. 나는 변화를 원하는데 상대방은 강하게 거부할 경우, 우주의 역학은 아마 당신을 분리시켜 당신만 계속 그렇게 하도록 할 것이다. 물론 걱정스럽겠지만, 부정적인 에너지 흐름을 통해 자신의 삶을 만들어 가는 사람과 함께해야 할 이유가 무엇인지 자문해 봐야 한다.

그러므로 파트너의 밸브에는 개의치 말라. 파트너를 신경 쓰지 말아야 한다. 자기 주변의 일에 관심을 끄고, 어떤 일이 있어도 자신의 밸브가 열리게 하는 일에 집중하라. 반드시 그래야 한다.

당신이 원하는 관계를 유지하는 유일한 방법은 원하는 대로 각본을 쓰고 그 각본에 충실함으로써 현실이 되게 하는 것이다. 진동이 일치하는 파트너일 경우에도 마찬가지이다.

선택은 우리가 한다

당신이 과거의 나처럼 말없이 참는 사람이라면 잘 듣기 바란다. 무엇 때문에 괴로워하든 그것은 무성한 잡초처럼 자란다. 지배하는 사람이든, 불평하는 사람이든, 걱정하는 사람이든, 사람의 기분을 맞춰주는 사람이든 마찬가지이다. 밸브를 닫게 하는 것이 무엇이든 그것에 초점을 맞춤으로써 관계를 망치지 말고, 당신이 원하는 것에 초점을 맞추어야 한다. 다시 말해 원하지 않는 것에 맞춰진 초점을 끄고, 원하는 것에 초점을 맞추어야 한다.

술주정뱅이를 붙들고 있다면, 밸브를 열고 새로운 각본을 쓰라.

배우자가 실업 상태라면, 밸브를 열고 새로운 각본을 쓰라.

두 사람이 돈 문제로 싸운다면, 밸브를 열고 새로운 각본을 쓰라.

당신이 원하지 않는 것과 그 이유가 아니라, 당신이 원하는 것과 그 이유를 놓고 파트너와 대화를 시작하라.

내 말이 당신의 인생을 망치는 사람의 행동을 무시하는 일이 별거 아니라는 것처럼 들릴 수도 있다. 그러나 비난하는 일은 우리가 하는 일이다. 그러므로 우리 자신에게 손가락질하는 것은 어리석은 일이다.

이 장을 쓰는 도중에 잠시 시간을 내어 식료품도 사고 사우나에 들러 머리도 식힐 겸 외출했다. 나는 이 주제를 잠시 내려두고 전체를 살펴보려고 했다.

식료품점으로 운전해 가면서 우리 땅 안에 있는 작은 집에 세 들어 사는 사람들과 마음속으로 다소 짜증스러운 대화를 하기 시작했다. 그들은 두어 달 동안 월세를 낼 수 없었다. 내가 그 월세 문제에 집중하자 모든 것이 거기로 쏠렸다. 차 안은 씩씩대기 좋은 곳이었으므로 나는 계속해서 낮은 목소리로 불평을 쏟아냈다. 솔직히 나는 화가 끓어올랐기 때문에 나의 진동으로 어떤 일을 만들어 내는가를 전혀 모르고 있었다. 그래서 지금 이렇게 쓰고 있는 것이다.

다행히 슈퍼마켓에서 그 심술 맞은 기분을 알아차리게 되었다. 반려견 사료를 집으려는 순간 나의 기분이 매우 좋지 않다는 생각이 들었다. "무엇이 나를 괴롭히고 있지?"라고 묻자 즉시 세입자의 결핍에 맞춰진 초점 때문이라는 생각이 들었다.

처음에는 나 자신에게 화가 났고 다음에는 내가 그 기분에서 벗어나지 못하는 것 같아서 더욱 화가 났다. 쇼핑을 마치고 곧장 사우나로 향했다. 운전을 하면서 조금씩, 조금씩 좋은 기분으로 들어갔다. 그래서 사우나에 들어갈 때쯤에는 새로운 각본을 쓸 준비가 되었다.

처음에는 "고마워요, 함께 사니 좋습니다"라는 식으로 작은 감사를 했다. 기분이 좋아진 것은 아니지만 좀 전보다는 나아졌다. 저항이 조금 줄어드는 것을 느낄 수 있었다.

"내가 집에 없을 때 개를 돌봐주니 감사하지, 지금까지 그런 세입자는 없었지. 또 매년 집 페인트칠할 때 그렇게 도와준 세입자도 없었어." 그러자 기분이 더 좋아졌다.

"게다가 그들은 집을 정말로 아끼고, 수리도 잘해 놓았어." 여기에 이르자 나의 밸브가 열려 새로운 각본을 시작할 수 있게 되었다. 그래서 텅 빈 욕조로 들어가 다른 사람들에게 들리지 않게 작은 목소리로 말했다.

"두 사람이 최근에 직장을 얻었다고? 와! 정말 잘됐어요. 정말 기쁩니다. 새로운 가구를 사고 싶어 했던 것으로 아는데, 이제 그럴 수 있게 됐네요."

원하는 그림을 그리면서 계속 그렇게 말했다. 너무 멀리 나아가 편안한 느낌이 들지 않으면 물러서기도 하고 좋은 느낌이 들면 계속 했다.

집에 돌아온 지 채 10분도 안 되어 그들이 환한 얼굴로 찾아왔다. 아직 고정적인 직장은 아니지만, 지금부터 세를 낼 수 있는 수단은 된다고 했다. 얼마나 빠른 결과인가!

그들은 세를 낼 수 없음을 충분히 알고 있었지만, 주된 초점은 돈이 없다는 것이 아니라 그 집이 좋다는 것과 집을 예쁘게 고치는 방법에 집중되어 있었다. 따라서 우리의 진동이 일치했다. 만일 그들이 다른 데 초점을 맞추고 있었다면, 내가 아무리 감사해도 조금도 변화가 없었을 것이다.

진동 주고받기

대학 졸업 후 나의 첫 직장은 뉴욕시에 있는 그 당시 세계 최대의 카탈로그 사진 회사였다. 그들은 시어즈백화점과 시카고의 통신판매 회사인 몽고메리워드사를 위한 패션 사진과 정물 사진을 모두 촬영했다.

내가 하던 일 가운데 제일 신나는 일은 스타일리스트와 함께 밀방망이에서 맥주 캔까지 모든 것을 적절한 자리에 배치해 의상이 돋보이게 하는 일이었다. 날마다 그 당시 최고의 남녀 모델이 스튜디오를 드나들었다. 나는 별로 그들에게 관심이 없었지만, 크고 호리호리한 키에 붉은 머리로 계속 사람들의 농담 대상이 되는 모델이 눈에 띄었다. 그녀가 왔다 갈 때쯤 되면 항상 사무실 전체에 새로운 농담이 떠돌았다.

그녀는 계속 남자 친구 문제를 가지고 있는 듯했는데, 매주 서너 번 촬영하러 올 때마다 전번 친구 때문에 훌쩍이거나 새 친구 때문에 황홀해했다. 그래서 마치 네트를 넘어갈 때마다 방향이 바뀌는 탁구공 같았다.

"나쁜 자식, 전화를 해도 받지 않아요. 다른 사람들과 똑같아요. 자기 세상에 빠져서 나를 위한 시간은 없어요. 그러면서도 다른 여자 친구들에게는 시간이 있는 것 같아요."

그녀는 온통 비난을 거듭하면서 똑같은 남자를 더 빠른 속도로 불러들였고, 따라서 회사에서 농담거리가 되었다. 가끔 불쌍한 생각이 들어 "어떻게 저 예쁜 여자가 그렇게 운이 없지? 저렇게 애를 쓰는데 왜 그런 일이 생기지?"라고 했다.

운이 없다고? 아니다. 이 아름다운 여성은 자신의 오래된 진동 각본과 오래된 남성관으로 그런 일을 불러들이고 있었다. 그녀의 각본은 절대로 변하지 않았다. 그녀는 마치 꿀이 꿀벌을 끌어당기듯 남자를 끌어당길 수 있다고 생각했고 또 그렇게 했다. 그러나 자신이 끊임없이 진동하는 것을 통해 동일한 종류의 사람을 끌어당기는 것으로 끝났다. 형편없는 사람이 나타났다가 사라질 때마다 그녀는 '원하지 않는 것'이라는 부정적인 말을 내뱉기를 거듭했다. 이전 친구에 대한 진동이 주로 '그 썩어빠진 녀석'이었기에 '그 썩어빠진 녀석'의 복제판을 계속 끌어들인 것이었다. 기억 속에 남아 있는 비난이 강력한 진동으로 나갔기에 다른 종류의 관계가 시작될 기회가 없었다.

무엇을 용서하는가?

처음에는 비난을 한다면 그다음에는 무엇일까? 용서일까? 그럴 수도 있고 아닐 수도 있다.

용서라는 훌륭한 자세는 먼저 누가 잘못했다는 확인이 있어야 가능하다. 이 말은 우리가 흔히 용서를 바라보는 방식이 비난과는 많이 다르지 않음을 의미하고, 이는 또한 우리가 진정으로 용서하는 일이 드물다는 것을 의미한다.

어떤 일이 생기거나 어떤 말이 있게 되면 우리는 마치 훈련된 물개처럼 진동으로 되받는다. 만일 그것을 그대로 내버려 둔다면 우리는 아주 좋은 상태에 있을 것이다. 그러나 우리는 부정적인 감정을 계속해서 거기에 쏟아부어 결국 비난 자세로 들어간다.

이제 우리가 누구를 용서하기로 했다고 하자. 얼마나 좋은 일인가. 용서란 우리가 자비를 베풀어 용서의 미소를 보내려고 하는 가해자가 아니라 긍정적인 에너지를 향한 저항을 내려놓는 것이다. 용서는 무엇보다도 일어난 일을 잊는 것이다.

보통 용서할 때 우리는 상대방이 잘못했음을 인정하는데 그것이 사실일 수도 있다. 그렇게 되면 용서한다고 말을 했어도 속으로는 그 잘못을 간직한다. 그러나 진정한 용서는 무엇보다도 우리를 괴롭게 한 것을 붙들고 있거나 집중하지 않는 것이다. 5분 전 일이든, 오십 년 전 일이든 마찬가지이다. 왜 그럴까? 그렇게 내버리지 않으면 그것을 더욱 많이 끌어들이기 때문이다. 그것을 계속 붙들고 있으면 그것이 우리의 진동 안으로 들어온다. 우리의 진동 안으로 들어오면 그것이나 그와 유사한 진동을 지닌 것을 끌어들이게 된다. 이런 일이 반복된다.

용서할 필요가 있으려면 그 필요에 앞서는 판단이나 비난이 있어야 한다. 그렇지 않으면 용서가 있을 이유가 없다. 그런데 판단이나 비난은 우리가 원하지 않는 것에 초점을 맞추고 있음을 의미한다. 그래서 용서의 첫 단계는, 아마 당신은 이렇게 하지 않겠지만, 먼저 그 비난을 야기한 저항심을 내려놓는 것이다. 이것은 "무슨 상관이야! 누가 화를 내? 그 바보가 멍청한 일, 실없는 짓을 했겠지. 그래서 어쨌다는 거야"라고 말할 수 있는 능력을 의미한다.

지금 우리가 말하는 것은 하나님 앞에서 정직한 무조건적 사랑이며, 500만 명 중 한 사람이라도 이해하는지 확신할 수 없는 것이다. 나도 그랬다. 나는 늘 무조건적 사랑이란 상대방이 아무리 비열해도 사랑하는 것을 의미한다고 생각했다. 그러나 그것은 내가 여전히 상대방의 비열함에 초점을 맞추고 나의 진동 안에 간직하는 것을 의미한다.

무조건적 사랑이란 이런 것이다.

"당신이 아무리 미친 짓을 해도 나는 행복으로 가는 나의 밸브를 계속 열어둘 것이다." 당신이 그것을 바꾸거나 좋아할 필요가 없다. 그것에 초점을 맞추는 일을 중단하기만 하면 된다.

"나는 행복해지기 위해 상황을 바로잡을 필요가 없다. 이 어리석은 습관에 더는 관심을 두지 않을 것이다. 모든 것이 완벽하게 돼야 나의 사랑이 당신에게로 흘러가는 것이 아니기 때문이다. 당신은 나쁜 짓을 하고, 비열하고 상처를 주는 말을 할 수 있겠지만, 당신이 그런다고 나도 그러지는 않을 것이다. 그러므로 나의 밸브가 열리고 좋은 느낌이 유지되게 할 것이다. 나는 더 부정적인 상황이나 당신의 부정적인 습관을 비난하지 않을 것이다."

그렇게 하기가 거의 불가능하게 생각될 수도 있을 것이다. 그러나 우리가 행복하게 되려면 어떻게 해야 하는가? "나는 당신의 행동에 대해 화를 내지 않을 것이다. 어쨌든 나는 밸브가 열려 있게 할 것이다"라고 말할 수 있는 상태로 들어가려면 자동적으로 당신이 원하는 것으로 들어갈 수 있는 조건을 허락해 주어야 한다. 그러면 당신의 삶에서 경험하는 것이 다른 사람들의 행동에 따라 좌우되지 않는다.

지금 내가 잘못한 사람을 용서하라고 말하는가? 아니다. 옛 의미의 용서를 말하는 것이 아니다. 옛 방식으로 용서하면 당신의 진동 속에 그 잘못을 여전히 가지고 있는 것이기 때문에 동일한 것을 더욱 불러들이게 된다. 내 말은 잊으라는 것이며, 밸브를 열고 새로운 각본을 쓰라는 것이다. 그 혼란 상황에서 당신의 방식으로 진동하라는 것이다.

지금 내가 간통한 사람을 용서하라고 말하는가? 아니다. 옛 의미의 용서를 말하는 것이 아니다. 두 사람 사이의 서약이 있더라도, 그것을 잊어버리고 밸브를 열라는 것이다. 그래야 그 일이 반복되지 않는다. 그러면 당신의 진동으로 원하는 화목을 끌어들이든지, 아니면 새로운 배우자를 만나게 될 것이다.

그러면 용서하지 말라는 이야기인가? 절대로 아니다. 정반대로 당장 용서하라는 것이다. "내가 당신을 용서하느냐고? 물론이지. 다음은 뭐죠?" 그런 것은 "글쎄, 당신이 한 일은 끔찍한 일인 줄 모르겠어"라고 하는 것과는 전혀 다르다.

할 수 없다면 이번에 조금 용서하고, 다음에 조금 더 용서하고 하는 일도 괜찮다. 그러나 분명한 사실은 동일한 일이 반복되기를 원하지 않는다면 궁극적으로 잊어버리는 용서를 해야 한다.

분명한 사실은 대인관계에서 당신이 원하지 않는 것에 집중하게 되면 당신이 원하는 것을 절대로 얻을 수 없다. 십억 년이 흘러도 불가능하다. 대인관계가 당신이 원하는 것으로 변하기 위해서는 이렇게 해야 한다:

현 상황에 대한 초점을 멈춘다.
나의 밸브를 여는 데 초점을 맞춘다.

이것이 당신의 원하지 않는 상황을 변화시키는 유일한 방법이고, 당신의 인간관계를 살리는 유일한 방법이다.

어떻게 도와주어야 할까?

"장애가 있는 친구가 있는데, 어떻게 도울 수 있을까요?"

"직장을 잃은 친구가 있는데, 어떻게 도울 수 있을까요?"

"세상에 불만을 가진 형제가 있는데, 내가 할 수 있는 일이 없을까요?"

우리는 모두 돕기를 원한다. 누군가에게 도움이 되도록 무엇을 해 주거나 말을 해 주기 원한다.

그러나 주의하라. 돕는 일이 반드시 의도하는 결과를 가져오지는 않는다.

그런 질문을 잠시만 생각해 본다면 모두 초점이 상대방에게 있음을 알게 될 것이다. 초점이 상대방의 고통 가운데 있을 경우, 당신은 그의 진동에 동참하게 되어 그 진동을 당신의 진동과 통합하게 되고 결국 그의 진동처럼 닫히게 될 것이다. 당신의 초점이 부정적 상황에 있게 되므로 당신에게 더 부정적인 느낌을 주게 된다. 더 나쁜 것은 당신이 상대방의 진동에 동참함에 따라 낭신의 도움이 그에게는 이전보다 더 부정적으로 되게 한다.

그러면 어떻게 도와야 하는가?

첫 번째 할 일은 좋은 느낌의 장소로 들어가 당신의 밸브를 연 다음 그 사람을 생각하기 시작해야 한다. 그러면 당신은 상대방에게 열린 밸브를 불어넣을 수 있다. 이제 당신은 그의 캔버스에 그림을 그리려고 하지 않고, 진심으로 그에게 붓과 물감을 주게 된다.

반면에 상대방이 암에 걸렸거나, 실직했거나, 집에 화재가 난 상태가 얼마나 끔찍한가에만 생각을 집중하면 그 결여의 진동이 이미 있던 결여의 진동을 더욱 강화하게 될 것이다.

그러므로 그들을 생각할 때는 당신이 원하는 모습으로 그들을 보아야 한다. 혹시 그들이 앞으로 나아가기 원한다면 당신이 불어넣은 사랑과 긍정의 에너지가 그들의 생각과 느낌, 존재에 강한 영향을 주게 될 것이다.

그런 이유로 환자를 위한 기도가 별로 효과가 없는 것이다. 우리가 기도해 주는 사람이 뭔가 결핍이 있다고 여기게 되면 우리는 그 결핍의 장소에 집중하게 된다. 우리는 그 사람이 뭔가 결핍되어 있다고 여기지만, 사실 그는 우주의 어떤 힘도 가질 수 있는 사람이다. 단지 잊고 있을 뿐이다. 기도하는 우리도 잠시 잊고 있는 것이다.

내 친구의 아버지는 3,000마일이나 떨어진 대양 건너편에서 외로이 죽어가고 있었다. 친구는 매일 잠자리에 들 때마다 아버지가 회복되기를 바라며 치유하는 생각을 보냈다. 그러나 그녀는 슬퍼하는 상태에서, 고독하고 외로우며, 친구도 살 의지도 없는 병든 사람의 그림을 보고 있었다. 그래서 아버지의 상태는 계속 악화되었다.

그러다가 끌어당김의 법칙을 알게 되면서 자신의 의도와 정반대되는 행동을 하고 있었음을 깨달았다. 그 후부터는 잠자리에 들 때마다 이전처럼 생기 있고 즐거우며 쾌활한 아버지를 그리게 되었다. 또 함께 테니스를 하던 즐거운 시간과 동네 연못에서 가족이 스케이트를 타며 즐거워했던 때를 다시 느꼈다. 그러자 3일도 되기 전에 아빠가 전화를 걸어 수년 동안 느끼던 것보다 좋아지는 느낌이라고 하면서 찾아와도 되겠다고 말했다.

그녀가 이런 변화를 만들어 냈을까? 그녀는 단지 아빠가 이 새로운 붓과 물감을 집어들 기회를 제공했을 뿐이다. 마치 우리가 구명 재킷을 던 져주는 것처럼 아빠에게 진동으로 도움을 주었던 것이다. 상대방은 그것 을 붙잡을 수도 있고 그러지 않을 수도 있다. 선택은 오로지 상대방의 몫 이다.

부정적 진동의 사슬을 끊어야 한다

'해야 하나, 하지 말아야 하나?'

어떤 일을 해야 할 때인 줄을 알지만, 해답이 떠오르지 않거나 그러고 싶지 않은 혼란스러운 시기에 흔히 겪는 일이다.

나는 끌어당김의 법칙으로 의도적인 창조를 하는 과정에서 관계를 유 지하는 것과 끊는 것에 관해 탐구하고 있는데 친구는 그렇게 하지 않는 다면, 오래된 좋은 친구라 하더라도 동조하지 않는 한 약간 떨어지는 편 을 끌어당기고 있을 것이다. 당신이 붓과 물감을 열심히 제공했는데 반 응이 없다면 어느 정도 떨어져야 할 것이다. 아니면 떨어질 준비가 되어 있을 수도 있다. 어느 경우든 이런 결별 상황을 고려하는 몇 가지 방법을 살펴보자.

먼저, 우리에게는 감정이 가득한 단어 하나를 다루어야 한다. 이번에 는 그 단어가 '관계'라는 것이다. 이 단어는 사람들이 좋은 느낌을 느끼는 단어 목록에서 높은 자리에 들지 않는다. 그도 그럴 것이 이 단어를 생각 만 해도 '돈'처럼 부정적인 느낌이 들기 때문이다. 그 시작은 자기 가족일 수도 있고, 골치 썩이는 파트너일 수도 있고, 둘 다일 수도 있다. 그것은 중요하지 않다. '관계'라는 단어는 동경과 몸서리를 동시에 느끼게 한다.

그래서 결별을 하든, 결별 가능성에 직면했든, 아니면 이미 결별했든 새로운 관계망에 들어간다는 생각마저도 반드시 매력적이지는 않은 것이 당연하다. 그럼에도 우리는 동일하거나 더 나쁜 각본을 가지고 다시 둘의 관계로 들어간다. 단지 대상만 바뀔 뿐이다.

각본을 바꾸어야 한다. 현재 혹은 다음의 관계가 달라지기 원한다면 달라진 관계를 바라보며 느껴야 한다. 달라지기를 원한다면 각본을 바꾸어야 한다.

지금 당신은 관계를 맺지 않고 혼자 산다고 생각해 보자. 당신은 이 의도적 창조의 과정을 즐기고 있으며, 그래서 새로운 파트너를 만날 준비가 되었다고 판단한다. 그렇지만 제일 먼저 생각하는 것이 무엇인가? 이전의 관계인가! 그런 생각을 할 때 열 번에 아홉 번은 매우 부정적인 진동을 동반한다. 자신이 원하는 남자를 찾을 수 없었던 그 미모의 모델처럼, 당신도 지난번의 관계나 그보다 더 나쁜 관계를 다시 끌어들인다.

당신은 각본을 바꾸고 지금 붙들고 있는 진동을 내버려야 한다. 어떻게 해서든 이전 관계의 느낌을 새로 만들어야 한다. 그러지 않고 증오와 분노와 원망을 계속 붙들고 있으면 그다음 번의 관계도 동일하거나 더 나쁜 것이 될 수밖에 없다. 그것이 당신이 내보내는 진동이기 때문이다. 당신이 진동으로 내보낸 것을 끌어들인다. '과거'의 생각으로 진동하면서 전혀 다른 '현재'의 것을 기대해서는 안 된다.

이것은 당신에게 좋은 소식이 아닐 수도 있지만 관계를 절대로 얻을 수가 없다. 관계는 늘 지속된다. 두 사람 혹은 세 사람이나 스무 사람이 한집에 혹은 한사무실에 같이 지냄으로써 진동이 결합되는데 그것은 절대로 끊어지지 않는다. 그러므로 그런 결합 중 하나가 부정적인 상태인데 내버려 둔다면 그 결과는 당신이 잘 알 것이다. 그 진동은 당신에게서 끝없이 나와 어울리는 짝을 찾을 것이다.

어쩌면 당신은 신체적으로 학대하는 사람이나 어리숙한 사람과 살았을 수도 있다. 그와 같은 관계가 반복되기를 원하지 않는다면, 그 돌대가리에게서 사랑할 만한 것과 감사할 만한 것을 찾음으로써 부정적 진동의 결합 상태를 깨뜨려야 한다. 그러지 않으면 제아무리 공백기를 많이 가져도, 제아무리 치유를 받아도 과거 관계에서 원하지 않는 바로 그것을 끌어들이게 된다. 여전히 그것에 초점을 두고 있으면서 불평하기 때문이다. 그것을 생각하고 느낀다면 여전히 그 진동을 하는 것이며, 따라서 그것을 끌어들이게 된다.

부모에게 비난의 초점을 두는 경우도 마찬가지이다. 우리는 집중하는 것을 얻는다. 그래서 어렸을 때 경험한 좋지 않은 일을 지금도 붙들고 있다면 부부 사이이든, 이웃 사이이든, 직장 동료 사이이든 이전과 동일한 관계를 끌어들일 것이다.

당신의 현재 상황을 생각해 보자. 지금도 당신은 그런 관계를 유지하고 있다고, 즉 함께 살거나 일하면서 이 상태를 유지해야 하는지, 끝내야 하는지 고민하고 있다고 해 보자. 지금이야말로 초점을 현재 상태에서 옮기고, 무엇이 당신을 괴롭게 하는지 자문하고, 그 부정적인 진동을 반전시키는 일을 시작해야 할 때이다. 그렇게 하면 현재의 관계가 달라질 수도 있고 그러지 않을 수도 있다. 그러나 초점을 문제로부터 떼어냄으로써 답을 찾을 수 있게 할 것이다. 초점을 문제로부터 옮겨 더 높은 주파수로 옮겨야 답을 찾을 수 있기 때문이다.

그러므로 상대방이 좋든 나쁘든 사랑하라. 그들의 잘못을 계속 지적하는 일이 아무리 정당하더라도 그들에게 감사하라. 부정적인 끌림의 사슬을 깨뜨려야 한다. 그래야 그 관계를 떠나거나 유지할 수 있는 해답을 찾을 수 있다. 그리고 혹시 떠난다 하더라도 이전과 동일한 부정적 파장을 지닌 사람을 끌어들이지 않게 된다.

고통의 사슬

오래전부터 아는 친구가 한 사람 있는데, 그녀는 몇 개 주나 떨어진 곳에서 거의 두 달 간격으로 전화를 걸어서 자신의 어려운 문제를 쏟아놓았다. 내가 다른 사람의 부정적 진동에 빨려 들어간다는 사실을 알기 전에 있었던 일이었다.

이 일은 몇 년 동안 반복되자 시간이 갈수록 같은 문제에 대한 불평은 더욱 커졌다.

나 역시 통화할 때마다 그녀의 부정적 진동에 동조하면서 잘 도와주고 있다고 생각했다. 나는 감정이입을 하고, 불쌍히 여겨주고, 공감하며 결국 나 역시 나쁜 느낌이 들었고, 그래서 통화 후에는 마음을 진정시키기 위해 밖으로 나가 자연 속을 거닐어야 했다.

나도 모르게 그녀의 부정적 느낌에 부채질했을 뿐만 아니라, 그것을 내 안에도 꼭 붙들고 있었다. 끔찍했지만 어떻게 해야 중단시킬 수 있을지를 몰랐기에 진심은 아니었지만 더는 전화하지 말라고 할 수밖에 없었다. 그렇지만 그녀와 통화를 하지 않을 때에도 나는 결핍으로 둘러싸여 또 다른 불행을 부를 시한폭탄과 같은 그녀의 문제 상황을 그려보고 있었다.

마침내 내가 우리 두 사람은 진동으로 어떤 일을 하고 있는지 이해하게 되었다. 그래서 다른 종류의 생각을 진동으로 보내주면서 즐겁고 행복하며 풍요로운 삶을 사는 그녀를 바라보았다. 물론 쉽지는 않았다. 그래도 그녀는 자신의 비참한 상태를 벗어나지 못했다. 그녀는 내가 보내주는 붓과 물감으로 어떤 일을 하기를 원하지 않았음이 분명했다.

어느 날 그녀가 전화를 해서 자기 생각에 동조해 주지 않는다고 비난하면서 나를 냉정하고 무정하며 자기중심적이라고 했다. 그 외에도 입에 담고 싶지 않은 말을 했다. 대화 자세 면에서 볼 때는 그녀의 말이 옳았다. 내가 그녀의 고통의 사슬에 동참하려고 하지 않았기 때문이다. 나는 그녀가 가라앉도록 내버려 두었다. 그러지 않으면 내가 그녀와 함께 빠질 것인데, 그러고 싶지 않았기 때문이다. 그 이후로는 소식을 듣지 못했다. 그러나 내가 할 수 있는 최선의 각본을 써서 그것으로 그녀를 보는 일을 계속했다. 언젠가는…. 기대하면서 말이다.

우리가 아무리 노력을 한다 해도 해결책이 효력을 나타내지 않을 수 있다. 내가 친구에게 했던 것처럼 어떤 사람을 고칠 필요가 있다고 판단될 때 우리는 그들의 '잘못된 모습'을 그대로 봄으로써 그들과 함께 부정적 에너지를 부채질한다.

그래서는 안 된다. 오히려 그들에게서 감사할 것을 찾음으로써, 우리의 긍정적 진동으로 그들이 새롭게 성장할 수 있는 씨앗을 심어주어야 한다. 그렇게 변화의 가능성을 열어주어야 한다.

지금 어려움을 겪고 있는 사람을 도와주려는 마음에서 '괜찮아질 거야!'라는 메시지를 보낸다면, 잠시 진정시켜 좋은 느낌을 가지게 해 줄 수는 있을 것이다. 지나친 낙관론처럼 들릴 수 있겠지만 그런 말은 그들에게 위안이 되고 당신에게도 잠시 여유를 줄 것이다. 이제 그들은 당신이 주는 붓과 물감을 받아들일지 말지 선택해야 하는 상황에 놓이게 된다. 만일 받아들이지 않는다면 그대로 내버려 두어야 한다. 그러나 비록 진심어린 동정심에서라도 그들이 하는 일에 동조하면 부정적 진동을 확대하게 되어 더욱 더 비참하게 만들 것이다.

지구상에 있는 모든 사람은 원하면 자신의 길을 찾게 해 주는 안내자를 자기 안에 가지고 있다. 그러나 그들이 원하지 않는다면 우리는 그들이 가라앉도록 내버려 두어야 한다. 그러지 않으면 우리도 그들의 고통의 사슬에 진동으로 연결되어 함께 가라앉을 것이다.

가족과 화목

가족 중 누군가가 당신을 화나게 할 경우, 당신이 거기에 초점을 맞추면 일이 더욱 악화될 뿐만 아니라, 다른 영역의 삶에도 영향을 끼치게 된다. 문제아 때문에 밸브를 닫게 되면 모든 삶에서도 밸브가 닫힌다. 배우자를 향한 밸브가 닫히면 삶을 향한 밸브도 닫힌다. 그렇다면 어떻게 해야 한지붕 아래 사는 사람들이 같은 방향으로 가게 할 수 있을까? 다음은 그런 일에 성공한 친구 이야기이다.

자세한 것을 말할 수는 없지만 십대 아들이 모든 사람의 감정을 상하게 하는 촉매 역할을 했다. 아들이 마약 때문에 별난 짓을 하는 바람에 온 가족이 큰 고통을 겪었다.

엄마이자 내 친구인 펙은 더욱 더 끌어당김의 법칙으로 끌려들어가는 것을 보고, 모든 사람의 목표를 여러 곳으로 분산시키지 않고, 통합하여 한 방향으로 초점을 맞추게 하기로 결심했다. 처음에는 모두 힘들어했다. 모두 자신의 밸브를 열지 않고 오히려 아들에 대해 자신이 원하지 않는 것에 집중했기 때문이다.

그래도 가족 모임을 열어 원하는 것을 말하기 시작했다. 예상대로 처음 몇 번은 모든 사람이 온통 원하지 않는 것들만 나열했다. 특히 아들이 그랬다. 그러나 어느 정도 지나자 모든 사람이 공개적으로 그리고 열정적으로 원하는 것을 말하기 시작했다.

다음 단계는 이유를 말하도록 했다. 홈런이었다! 그렇게 하자 즉시 진정한 소원의 모습이 드러나기 시작했다. 모두 다 지금 느끼는 것보다 나은 느낌을 원했다. 그래서 이것이 그들의 공통 목표가 되었다. 그때부터 기적이 나타나기 시작했다.

처음으로 모든 가족이 함께 있기를 원했고, 함께 일하고 함께 여행하기를 진심으로 원했다. 가족의 느낌을 느끼기 원했다. 그것이 효력을 나타냈다. 아들은 성적이 즉시 오르지는 않았지만 이제 학교에 빠지지 않았고, 엄마와 아빠는 그를 감시하지 않았다. 그리고 엄마와 아빠가 밸브를 열고 쾌활하고 행복한 아들을 바라보기로 했기 때문에 진동으로 아들의 목표에 힘을 보탰다. 따라서 치료를 받지 않고도 마약을 끊을 수 있게 되었다.

펙의 가족이 행복한 결과를 쉽게 얻은 것은 절대로 아니다. 그들은 오랜 습관에 빠져 있어서 상황을 바꾸지 않고는 행복해질 수 없었다. 그러나 그들은 매주 가족 모임을 하면서 자신이 원하는 것과 목표를 말하는 노력을 계속했다. 한 사람의 여건이 다시 나빠지면, 다른 사람들이 근원 에너지 간 연결 상태를 유지하면서 다른 사람의 연결이 복원되도록 해 모든 사람의 밸브가 열린 상태를 유지하게 했다.

어떤 일이 있어도 밸브를 열어야 한다

다른 모든 일도 그렇지만, 우리가 상황에 끌려가지 않고 자기 자신의 밸브에 집중하기 시작한다면 삶은 새로운 빛으로 들어가게 된다. 만일 당신이 비난과 비판 대신 감사와 칭찬할 방법을 찾는다면 우리 자신은 물론이고 모든 사람에게 긍정적인 것을 더욱 끌어들이게 하는 촉매제가 될 것이다.

"나는 너를 좋아하지만…", "넌 왜 늘…" 등 밸브가 닫히게 하는 말을 하지 않도록 주의하라.

그 대신 "너의 상황에 어떤지 모르지만 잘 될 거야", "난 네 걱정은 안 해. 우리도 걱정하지 않아. 모든 게 잘될 거거든" 등 밸브가 열리게 하는 말을 하도록 하라.

긍정적인 측면을 바라보는 일을 해야 하는 시간과 장소가 있다면 그것은 바로 가족이다. 가족에게 감사하면 또 다른 유익이 있다. 일단 당신의 밸브를 열게 되면 가족뿐 아니라 모든 것을 향해 밸브가 열린다. 현재 혹은 과거의 배우자에게 밸브를 열어놓으면 새로운 직장이 생길 것이다. 싱글 부모로 아이들에게 감사한다면 새로운 배우자가 생길 것이다. 집에 대해 감사하면 아이들 문제가 사라질 것이다.

모든 것이 에너지이다. 당신이 느끼는 방법에서 흘러나오는 진동이다. 그러므로 새로운 각본을 쓰되 '언제 어떻게'에 관해서는 걱정하지 말고 아직 이루어지지 않은 데 집중하지 말고, 상대방의 밸브에 관심 두지 말고, 자신의 밸브를 여는 길을 찾으라. 그러면 자신도 모르게 집안이나 세상의 다른 사람이 하는 일이 문제가 되지 않을 것이다. 이제는 반응하는 사람이 아니라 의식적으로 창조하는 사람이 되었기 때문이다.

어떤 일이 있더라도, 어떤 문제가 있더라도 밸브를 열어야 한다. 그러면 나머지는 저절로 된다.

10장

몸을 살리는 길과 죽이는 길

이쯤 되면 내가 맨손으로 금화를 만들어 내는 기적을 행하거나, 카리브해가 내려다보이고 하인들을 갖춘 저택에 살다가 싫증이 나면 4대의 람보르기니 중 하나를 타고 여섯 채의 리조트 중 하나로 떠날 수 있는 사람이 아니라는 것을 잘 알게 되었을 것이다.

내가 에너지 흐름을 관리하는 법을 배운 후 삶이 변했을까? 겉으로는 그런 것 같다! 그러나 지금도 옛 신념을 많이 가지고 있어서 부정적인 것에 초점을 맞추고, 부정적인 느낌을 가지며, 밸브를 닫고, 좋지 않은 기분 가운데 빠져 있다가 그것을 깨닫고 돌이키는 일을 한다. 때로는 그 과정이 전광석화처럼 빠르다. 그러나 다른 때에는 그런 침체된 상태에서 빠져나오는 데 평생이 걸릴 것처럼 느리다.

그러나 최근에 에너지 흐름의 삶을 배워서 돈이나 다른 어떤 좋은 것보다 즐거움을 누리는 분야가 있는데, 그것은 바로 나의 몸에 관한 영역이다.

　　사십 대 시절 나는 가장 심하게 피해자 자세로 지낼 때 척추 통증에 시달렸다. 때로 침대에서 일 주일씩 나올 수가 없었다. 다른 때에는 경련이 너무 고통스러워서 동네방네 들리도록 비명을 질렀다. 간신히 차에 올라타고 출근하는 경우에도 종일 서 있거나 의자에 무릎을 꿇고 있어야 했다. 앉아있기가 너무 고통스러웠기 때문이었다.

　　규칙적인 운동으로 이 문제를 겨우 다스리게 되자마자, 이번에는 심장 박동에 문제가 생겨서 수많은 의사를 찾아다녀야 했다. 마침내 전인치유를 하는 의사가 심한 저혈당 증세라고 진단하면서 "스트레스로 인한 것 같다"라고 진단을 내렸다. 약간 조심스러운 표현이었다.

　　나는 정서적, 신체적, 정신적, 영적으로 좋은 상태가 아니었다. 나는 이미 20년 이상 알코올 중독자 자활 치료 센터에서 일을 했지만, 술을 마시지 않는 것 외에는 아무 효과가 없었다. 거기에 의지해서는 영적인 방향을 찾을 수 없었다. 당시에는 그랬다. 무척 힘들었다.

　　그러다가 관절이 움직이지 않고, 체중이 늘어나고, 기력이 빠지고, 시력이 나빠지고, 이가 흔들리고, 머리카락이 빠지기 시작했다. 이 모든 것은 무엇을 나타내는 것일까? 일반적인 노화 현상일까? 아니다. 이 모든 것은 밸브가 열리지 않고 닫힌 상태로 산다는 표시이며, 나의 근원 에너지와 연결되지 않고 단절된 상태로 산다는 표시이고, 긍정적인 진동보다 부정적인 진동을 내뿜는 삶을 산다는 표시였다. 이것은 늙어갈 때 나타나는 것이기도 하다.

그렇지만 내가 그렇게 침체되어야 하는 이유는 무엇인가? 내 몸에 그렇게 치명적인 그 부정적 진동은 도대체 어디서 오는가? 나는 이상한 괴물도 아니고 부정적인 것을 달고 사는 잔인하고 악한 사람도 아니었다. 실제로 나는 평범한 중상류층의 역기능 가정에서 평범한 아이로 자라났다. 나는 정상적인 생활을 했고, 정상적인 대학에 다녔고, 정상적인 옷을 입었으며, 정상적인 직장 생활을 하고, 정상적인 지역에 살면서 늘 유쾌한 표정과 미소를 잃지 않았다. 그러나 그 이면에는 '정상적인' 부정성이 늘 따라다녔다. 그래서 나이가 들어가면서 그것이 더욱 드러났다.

때로는 즐거워했고 때로는 행복했다. 그래서 나는 절대로 부정적이라고 생각하지 않았고 친구들도 그랬다. 오히려 나는 낙천적인 사람의 전형이라는 평을 받았다. 그러나 나는 늘 모든 것을 걱정했다. 얼굴에는 미소를 띠고 입으로는 좋은 말을 하면서도 늘 나 자신과 다른 사람의 부족한 면에 집중했다. 나도 다른 모든 사람과 마찬가지였다.

20여 년 전 척추 통증과 저혈당 문제를 겪었고, 수년 동안 끌어당김의 법칙을 실행한 지금, 나는 이전보다 혈색도 좋고, 느낌도 좋고, 움직임도 좋고, 형편도 좋다. 십대 시절에도 지금처럼 힘이 넘치지는 않았다. 내 인생 어느 때에도 이처럼 삶과 인생에서 열정을 가졌던 적이 없다.

이제 나에게는 두려움이나 걱정, 근심이 없다. 대개의 경우 돈도 쉽게 들어온다. 당신은 내가 이 부분에서 프로라고 생각할 것이다, 농담이겠지만…. 새로운 아이디어가 넘친다. 일도 즐겁고 쉽게 된다. 나는 대부분 내가 원하는 일을 내가 원하는 때에 한다. 부정적인 초점은 아주 잠깐 머물거나 내가 원하는 정도만 가진다. 내가 원하는 대로 더없이 행복한 날이 계속된다. 이 모든 것의 부산물은 무엇일까? 놀랍도록 좋은 건강이다!

중요한 생명줄

요즈음에는 거의 모든 사람이 사람의 신체적 건강 상태는 그 사람의 정신적 건강 상태와 연결되어 있다는 것을 알고 있다. 마약 중독자도 의사 수준의 지식을 지니고 있다. 과학자들이 쥐에게 스트레스를 주었더니 암세포가 자라는 것을 관찰했다. 아기 침팬지를 어미 침팬지의 품에서 떼어놓았더니 당뇨병이 생겼다. 과학계와 의료계는 모두 몸과 정신 사이에 관계가 있음은 알고 있지만 그것이 어떤 것인지는 아직 확실히 모른다. 그것이 에너지일 뿐임을 안다면 놀라지 않을까?

이런 만화가 생각난다. 환자가 누워있는 수술대 양편에 두 의사가 서 있다. 한 의사가 말한다. "종양은 떼어냈는데, 열어야 할 밸브는 도대체 어디 있지?"

질병은 어떤 것이든지 자연 상태보다 고주파인 우리 생명의 흐름을 짓누르고 있는 부정적인 에너지에 불과하다. 그것이 세포에 손상을 입히는 것이다.

우리는 늘 조금이라도 그 생명력과 에너지로 연결되어 있다. 그러지 않으면 여기에 존재할 수 없다. 그러나 겨우 연결된 닫힌 밸브와 생명력이 자유롭게 흐르게 하는 활짝 열린 좋은 느낌의 밸브와는 완전히 다르다. 전자는 몸의 자연적 생명력을 굶겨 죽이는 반면에 후자는 몸을 먹여 살린다. 그러므로 평소보다 높은 진동 상태가 규칙적으로 유지되면 병이 생기거나 계속될 수 없다. 불가능한 것이다.

몸은 우주와 떨어진 것이 아니다. 그러므로 어떤 생각을 할 때는 몸은 물론이고 다른 모든 곳으로도 진동이 퍼져나간다. 만일 그 진동이 우리 몸의 고유한 행복 프로그램과 일치되면, 좋은 느낌의 밸브가 열리고 세포가 활성화한다.

그러나 부정적인 에너지를 발산하게 되면 세포가 힘을 유지하지 못하면서 자기 일을 할 수 없게 된다. 세포는 우리가 소화하는 신체적 양식을 먹고 살지만 그것으로 충분하지 않다. 세포가 생존하는 데 필요한 생명력이 지닌 고주파 에너지가 없으면 결국 약해져서 일찍 죽게 되어 정상적인 복제를 하지 못하고 생명체도 건강하게 유지하지 못하게 된다.

병이 생기는 이유는 단 한 가지이다. 누군가가 높은 주파수보다 낮은 주파수를 더 많이 흘려보낸 것이다. 그래서 그렇게 질병이 많은 것이다. 늘 행복한 사람을 보라. 그들은 늘 힘차고 부정적인 감정을 버린다. 그래서 그 사람은 건강하다. 아픈 사람은 생명줄로부터 어느 정도 단절되어 있다. 겉으로는 분명하게 보이지 않을 수 있지만, 걱정과 비난과 죄책감 등을 통해서 근원 에너지로 연결되는 밸브를 닫고 있다.

병이 있는 사람은 우리처럼 잘못 알고 있다. 종교심이 강하고, 정직하고, 바른 시민이고, 좋은 친구일 수 있겠지만, 더 많은 에너지가 자신의 삶에 흐르게 하지 않는다면 건강한 생명을 허용하지 않는 것이다. 실로 질병은 예외 없이 그 높은 에너지 흐름을 허락하지 않는 것이며, 궁극적으로는 부정적인 감정을 끝없이 계속한 결과이다.

내가 아플 경우

지금 당신에게 질병이 있다면, 나는 즉시 의사를 찾으라고, 치료를 받으라고, 어떤 치료 프로그램이든지 당신이 신뢰하는 곳을 찾으라고 할 것이다. 새로운 신념과 새로운 진동이 확고하게 자리 잡을 때까지는 혼란을 줄 필요가 없기 때문이다.

오랫동안 우리는 우리 밖에 있는 것만이 낫게 해 줄 수 있다는 가르침을 굳게 믿어 왔다. 그래서 그 강력한 신념을 극복하는 법을 배울 때까지는 오직 그 확신과 일치하는 행위 즉, 우리 밖에 있는 것에서 치료책을 찾는 행위가 어느 정도 치료해 줄 수 있다. 그 치료는 최소한의 치료일 뿐이다. 생각과 에너지 흐름이 변하지 않는 한 원래의 병이나 더 나쁜 것이 재발할 수 있기 때문이다. 그러나 지금은 의사의 도움을 받아야 한다!

그러나 당신이 아플 경우, 어떤 병이든 극복할 수 있음을 진심으로 알기 바란다. 신체적으로 약해졌을 때에 느낌을 좋게 만드는 일은 세상에서 가장 어려운 일일 수도 있지만, 분명 가능한 일이고 또 수없이 많이 이루어져 왔다.

암으로 죽어가던 편집장 노먼 커즌스가 그랬다. 그는 "나는 절대로 물러서지 않는다"라고 선언하고 웃는 상태로 살기로 결심했다. 그는 자신의 몸의 주파수를 반전시키면 저절로 치유될 것을 본능적으로 알았던 것이다. 그래서 그는 병원 침대에서 오직 재미있는 영화를 보고 즐거운 책을 읽고, 친구들과 즐거운 대화만 하면서 암을 완전히 치료했다. 그런 다음 그 일을 중심으로 책을 썼다. 나는 그에게 그 책은 숭고한 영혼을 가진 자요 스승이라는 말을 하고 싶다.

커즌스의 회복은 지금 우리가 이야기하는 내용을 설명하는 최고의 사례라고 할 수 있다. 질병의 근원은 유전자도 아니요, 성적 습관도 아니요, 상한 고기도 아니요, 병원균 감염도 아니다. 자신의 몸에 생명력의 에너지가 흘러 연결된 사람은 절대로 그런 일을 당하지 않는다. 병을 일으키는 것은 건강과 행복에 절대로 중요한 생명의 근원 에너지를 허락하지 않기 때문이다.

병에 걸렸을 때, 특별히 중한 병에 걸린 것 같을 때 가장 자연스럽게 하는 일은 즉시 의사에게 달려가면서 그 상태에 관한 생각을 그치지 않는 것이다. 당연한 반응이겠지만 우리는 두려워한다. 그러나 질병에 끝없이 부정적으로 집중함으로써 우리는 그 상태를 뒤집는 데 가장 중요한 요소인 더 높은 주파수의 치료 능력을 단절해 버린다.

병이 준비되는 시간

병이든 사고이든 갑자기 생기지는 않는다. 대체로 불행한 일은 수년 동안에 걸쳐 요리되는 시기를 거친다. 지금 당신의 상황은 수년 동안 낮은 에너지 상태에 머문 결과라는 것을 부정하기 어려울 것이다. 그러나 그 결과만 생기는 것은 아니다.

예를 들어 당신이 심각한 사고를 당했다면 아무 이유 없이 생긴 것이 아니다. 지난날을 돌아보면 당신의 사고 습관이 가족을 향한 분노, 환경에 관한 불평, 인정을 향한 초조함, 실패의 두려움, 비난, 돈 걱정, 죄책감 등 저주파로 기울어져 있음을 알 수 있을 것이다. 그러지 않았다면 그런 사고를 당하지 않았을 것이다. 그 부정적인 힘은 오랜 시간에 걸쳐 쌓이고 쌓여서 마침내 소용돌이가 된 다음 동일한 주파수를 지닌 다른 사람의 소리굽쇠 주파수와 결합한다.

저주파 에너지가 원인이다. 질병 때문이든, 사고 때문이든 몸이 상하는 것은 그것이 수주간 혹은 수년 동안 쌓인 결과이다.

강도 역시 중요하다. 수년에 걸쳐 약한 부정적 진동이 계속되었더라도 여전히 부정적 진동이다. 그래서 몸이 약한 문제를 나타내는 반응을 하게 된다. 마찬가지로 오랫동안 부정적 흐름이 강력하게 유지되면 심한 질병이나 큰 사고를 당하게 된다.

그러나 신체적 문제가 어떻든 진동이 몸에 영향을 준 결과이기 때문에 문제 발생에 걸린 시간보다 더 빨리 해결할 수 있다.

가정 놀이

질병을 극복하기 위해서는 다시 생각을 유도해 세포가 재생 과정을 시작하게 하는 데 필요한 높은 진동을 만들게 하는 방법을 찾아야 한다. 그러나 이것이 모든 것을 치료하는 것은 아니다. 그런 것은 없다. 하지만 에너지가 변화되어야 변화가 일어날 수 있다. 이것은 시작으로, 놀라운 일이 일어나게 하는 시작이다.

이것은 새로운 각본을 쓰는 방법과 아주 비슷하지만, 오래되고 깊이 뿌리내린 신념의 창고를 열기 위해 몇 가지 중요한 변화를 준 것이다. 이제 우리는 '가정 놀이'라는 꼬마들이 하는 놀이를 해 볼 것이다. 약속하지만 이 놀이를 진심으로 그리고 열심히 한다면 밸브가 열릴 것이다. 첫 번째 놀이를 해 보자.

가정 놀이 #1. '만일 …하면'

먼저, 얼굴에 미소가 가득하게 한 다음, 그 온화한 내면의 미소로부터 즐거움으로 나아간다. 그 단계가 이루어지면, 어린 시절로 돌아간다. 지금 하려는 게임이 '만일 …하면'이기 때문이다.

"만일 …하면 나는 무엇을 하겠는가?"

"만일 …하면 나는 어디로 가겠는가?"

"만일 …하면 나는 어떻게 놀겠는가?"

"만일 말처럼 건강하다면…."

"만일 젊고 잘생겼다면…."

"만일 이전처럼 혹은 원했던 것처럼 활달하고 힘이 넘치는 젊은이라면…."

"만일 세 가지 소원이 있는데 뭐든지 할 수 있고 가질 수 있다면…."

이 놀이에 몰입해 즐거움을 느끼고 홍수 같은 흥이 넘칠 때까지 계속하라. 만일 이 게임이 어리석은 것이라고 느껴진다면 당신은 경직된 성인으로 부정적 진동을 가진 사람이라는 분명한 표시이다.

가정 놀이 #2. '그때는'

당신이 실제로 진동면에서 건강하고 행복했던 때와 그때의 신나는 느낌을 생각한다.

어쩌면 방과 후 얼음이 언 연못에서 아이스하키를 할 때일 수도 있고, 고등학교 시절 응원할 때일 수도 있을 것이다. 또 여름날 한적한 개울에서 한가롭게 물풀을 뒤지던 때이거나, 골프장에서 친구들과 봅슬레이를 하던 때이거나, 달밤에 첫사랑과 풀숲에서 속삭일 때일 수도 있을 것이다. 어떤 때이든 그때의 행복한 느낌으로 돌아가도록 하라.

가정 놀이 #3. '결합하기'

이번에는 두 가지를 합쳐서 두 느낌을 오가며 '만일 …하면'과 '그때는 …'을 통합해 하나의 느낌이 되게 한다. 이들이 행복한 진동의 하모니로 결합되어 '그때는'의 즐거운 느낌이 '만일 …하면'의 희망하는 결과에 덧입혀지게 한다. 가장 중요한 것은 이제 하나의 결과를 얻는 것이다.

병들기를 원하지 않는다는 데 집중하면서 동시에 행복으로 통하는 밸브가 열리기를 기대할 수는 없는 법이다. 하물며 돈이 없다는 데 집중하면서 돈에 좋은 느낌을 가질 수 있겠는가? 이것 아니면 저것, 밸브가 닫히거나 열리거나 둘 중 하나여야 한다. 좋은 느낌을 가짐으로써 생명력이 당신을 통해 흐르도록 하든지, 아니면 겁에 질림으로써 생명의 흐름을 단절하고 질병이 계속되게 하라. 암은 절대로 죽음의 원인이 아니다. 두려움과 분노, 비난 등의 부정적인 진동을 통해 생명력을 단절시키는 일이 우리 몸을 죽인다.

진심으로 '만일 …하면'과 '그때는 …' 놀이를 하면서 경직된 어른의 습관을 멈추면 신체 변화를 이끌어내는 데 필요한 느낌을 가질 수 있을 것이다. 그렇게 하는 순간 당신은 과거처럼 혹은 원하는 것처럼 건강한 당신을 느낀다. 그런 다음에는 자신의 전체에서 그 느낌을 느낄 수 있게 되면 숲속에 서 있는 나무처럼 분명하게 지금 그 생각의 소용돌이 속에서 완전히 새로운 사람으로 창조될 것이다. 숲속에 들어가 나무를 보지 않아도 나무는 거기에 있다. 그러므로 그것을 무시하지 말라.

자주 그 생각의 장소로 들어가 당신이 창조한 이 새 몸의 모습을 점검하라. 놀이를 통해 얻는 느낌을 늘 간직하라. 그 즐거운 느낌을 가지고 새 몸으로 다가가 그 생김새와 느낌, 움직임, 냄새를 확인해 보라. 가정하고 가정하며 느낌에 이르도록 하라.

지금 몸이 아픈 상태라면 고통이 줄어들 때까지 잠시 기다렸다가 '가정 놀이'로 치유하는 시간을 보내라. 할 수 있는 한 자주 그렇게 하라. 그런 다음 자기 자신에게서 나오라. 즉, 아직 이루어지지 않은 데 초점을 맞추지 말고 우주가 자기 일을 하도록 맡기라.

외모 바꾸기

최근 강연 중에 늘 그러듯이 질문을 받았다. 자신이 뚱뚱하다는 것이 분명하게 보이는데 어떻게 하면 '날씬하게' 느끼는 상태로 들어갈 수 있는가 하는 질문이었다. 이것 역시 '가정 놀이'에 해당하는 것이었다. 뚱뚱하다고 느끼고 있어서 자신이 날씬하다는 생각을 할 수 없으므로 이런 놀이가 필요하다는 말이다.

뒤쪽에 앉아있던 여성 한 분이 열심히 손을 흔들더니 마치 복권에 당첨된 것같이 흥분된 어조로 말했다. 그 여성은 분명하게 어떤 이야기를 했는데 정곡을 찌르는 말이었다.

그 여성은 몸무게를 상당히 줄이기 원해서 흔히들 하는 다이어트를 했는데, 우리 모두가 그러는 것처럼 빠졌다가 다시 늘고, 빠졌다가 다시 늘기를 반복했던 것 같다. 마침내 그 여성은 날씬해진 자기 모습을 그림으로 시각화하면 괜찮을 것 같아서 시도했지만 그림을 놓고 감정에 생기를 불어넣는 것 외에는 아무 소득이 없었다. 그 후에도 온갖 일을 다 해 보았다.

먼저 운동을 해야겠다는 생각이 들었다. 좋은 시도였지만, 뚱뚱하다는 느낌을 가진 상태에서는 운동하러 가고 싶은 욕구조차 생기지 않음을 알고 충격을 받았다. 더 중요한 것은 자신의 몸무게에 집중하는 한 굳은 다이어트 결심은 처음에 조금 효과가 있다가 금세 사라지고 말았다.

그래서 다시 그림으로 돌아가 가정 놀이를 하기로 했다. 처음에는 억지로 자신이 원하는 몸무게를 느꼈다. 효과가 있었다. 계속해서 날씬하다고 느끼고 느끼면서 뚱뚱하다는 데 집중하지 않자, 상대적으로 쉽게 다이어트를 계속할 수 있었고 운동하러 가기 위해 자신과 싸우지 않아도 되었다. 내가 보기에 그 여성의 이전 몸무게가 어땠는지 모르지만 내가 본 이 아름다운 여성은 완벽한 화보용 몸매였다.

이것은 단순히 날씬해지거나 건강해지기를 '원하는 것'이 아니다. 단순히 원한다고 그 일이 이루어지지는 않는다. 초점을 바꾸고 느낌을 바꾸고, 또다시 초점을 바꾸고 느낌을 바꾸는 일을 반복해야 한다. 뚱뚱하든 날씬하든, 아프든 건강하든 적절한 느낌이 동반된다면 몸은 반드시 자신이 주는 이미지에 반응한다.

몸 안에 있는 것을 바꾸는 비결은 초점을 자신이 원하지 않는 것에서 원하는 것으로 옮기고, 원하는 것을 느끼는 상태로 들어가는 법을 배워야 한다. 그 다음에는 우주의 법칙이 작동해 그 느낀 것을 실현할 수 있음을 알아야 한다. 물론 자신이 그것을 억누르면 안 된다.

잘못된 것과 치료

의사가 병을 치료하는 데 도움이 된다는 신념을 가지고 있는 한 의사를 멀리하면 안 된다. 나는 건강과 몸 상태는 극적으로 회복되었지만, 지금 나의 마음이 허락하는 것과 허락하지 않는 것을 알기에 지금도 가끔 의사를 찾는다.

하지만 이에 관해 잠시 생각해 보자. 의사는 무엇을 위해 훈련받았는가? 치료하기 위해서인가? 물론 그것이 목적이다. 다만 우리에게 잘못된 것을 찾을 때만 그렇다.

'잘못된 것'을 다루는 것은 그들이 하는 일이며 그들의 존재 이유이다. 그렇다, 그들은 도와주기를 원한다. 그러나 잘못된 것을 찾지 못하면 어떤 도움을 줄 수 있는가? '잘못된 것'이 그들이 찾는 것이기 때문에 바로 그것을 그들은 끌어들인다.

의사들이 보기에 우리가 병들기 직전이거나 죽음으로 가고 있다는 것을 생각해 본 적이 있는가? 우리가 암 초기이거나 가망이 없는 상태인데도 말이다. 의료에 종사하는 분들을 공격하는 게 아니다. 그들은 이제 건강의 과정을 이해하기 시작하는 훌륭한 집단이다. 그러나 그들과 합세해 우리가 제거하기 원하는 것을 끌어들이는 일을 할 필요는 없다. 또한 두려워 밸브를 닫은 채 그들을 찾을 필요도 없다.

만일 당신이 어떤 병의 '초기' 상태라는 말을 듣고 두려움에 빠졌다면 마음을 차분히 하고 당신이 지금 만들어 내고 있는 것을 살펴보기 바란다. 당신은 두려움을 가짐으로써 밸브를 닫고 부정적인 것을 끌어당기고 있다. 그래서 의사가 선고한 것을 성취해 가고 있다. 세상 모든 의사는 병 진단을 내리면 병세가 악화된다는 것을 안다. 그렇게 상상한다!

아무튼 의사를 찾아가라. 하지만 당신의 반응과 두려움, 신념, 부정 등을 잘 살펴라. 당신의 밸브를 살피라는 말이다. 낮은 치료율 따위는 내버리라. 그 외에 질병과 관련한 이상한 통계도 버리라. 이렇게 하면 의사를 병을 악화시키는 원인이 아닌 당신이 원하는 것을 성취하기 위한 수단으로 이용할 수 있게 된다.

죽음이란 무엇인가?

지금까지 세상을 창조하는 긍정적 에너지에 관해 많은 이야기를 했다. 우리는 이 에너지에 연결되어 있기는 하지만 활짝 열린 상태로 연결된 경우는 드물다. 우리의 몸이 생명의 그 원초적 힘의 연장이라면 죽는 이유는 무엇인가?

당신이 배우라고 해 보자. 당신은 의상을 갖추고 무대에 올라 극중 인물이 되는 즐거움을 누린다. 극이 끝나면 의상과 역할을 벗어버리지만 여전히 당신은 당신이다.

당신의 확장된 자아도 마찬가지이다. 그 자아가 지금 당신의 몸을 입고 연기를 하면서 배우고 즐기고 경험하고 있다. 이것이 싫증나면 다른 일을 하겠지만 촛불처럼 꺼지지는 않는다. 그럴 수가 없다. 순수한 에너지이므로 그 에너지를 소멸시킬 수 없는 것이다.

에너지는 소멸시킬 수는 없지만, 우리의 부정적인 진동은 신체의 세포를 소멸시킬 수 있다. 우리가 원하지 않는 몸 상태에 두려움을 가지고 집중해서 우리의 더 큰 에너지 간의 연결을 줄이고 제한하면, 세포가 생명력의 부족으로 시들기 시작할 것이다. 그러면 몸이 겨우 생존하는 상태로 약화되어 결국에는 계속된 세포의 질식으로 죽어갈 것이다. 그러나 몸만 죽을 뿐 바로 당신인 생명력은 죽지 않는다.

이런 질식 상태에서는 생명력을 계속 공급받아야만 하는 세포가 몸 전체에 퍼진 부정적인 진동에 다르게 반응할 수밖에 없다. 세포가 그 중요한 에너지 결핍과 타협했기 때문에 질병이 발생하는 것을 내버려 둘 수밖에 없다. 생명력에 제약이 지속되면, 세포는 이제 재생산도 할 수 없게 된다. 그 지점에 이르면 세포는 물리적으로 존재하기를 중단하고 그들의 근원인 순수한 긍정 에너지로 되돌아간다. 당신도 그렇게 된다.

그것을 우리는 죽음이라고 한다. 그러나 존재하기를 멈추는 것은 당신의 물리적 형태이지 당신은 아니다.

과학자들은 몸은 지금보다 훨씬 오래, 어쩌면 수백 년 동안 살 수 있음을 이미 알고 있다. 그러나 우리가 당연시하는 이 놀라운 도구는 연료가 없으면 계속 작동하지 않는다. 그래서 자신의 생명을 향한 흥분을 멈추게 되어 에너지가 그들을 통해 흐르지 않게 되면, 죽음이라는 결과가 따르게 된다. 그러나 몸만 죽을 뿐 당신이 죽는 것은 아니다.

당신을 죽이는 것은 담배에서 나오는 연기가 아니다. 생명이 생명선을 통해 흐르도록 하지 않기 때문이다. 당신을 죽이는 것은 심장마비가 아니다. 먼저 생명이 흐르지 못하게 함으로써 그 마비의 원인을 제공했기 때문이다. 그 생명력이 끊임없이 그리고 자유롭게 당신을 통해 흐르게 하라. 그러면 매일 아침 청산가리를 마셔도 딸꾹질 한 번 하지 않을 것이다.

우리가 계속 진동하기를 두려워하는 것 그리고 더 강하게 진동하기 위해 버리려고 하는 것이 바로 죽음에 대한 두려움이라는 사실이 흥미롭지 않은가? 죽음에 대한 두려움은 학습된 반응으로, 오래전 권력이나 종교 등으로 '대중 지배' 게임을 원했던 사람들의 권력욕에서 비롯된 것이다. 그것이 성공한 것이다. 다수의 사람이 죽음 같은 것을 두려워하게 하면 그들을 우리가 원하는 대로 지배할 수 있게 되기 때문이다.

그렇게 해서 마귀와 악, 지옥, 하늘의 심판자 같은 헛소문이 생기게 되었다. 두려움을 통제 수단으로 사용한 것이다. 그러나 에너지는 죽지 않으며 또 우리 모두는 에너지에 기반을 두고 있기 때문에 죽음에 대한 두려움은 엄청난 시간 낭비로서 부정적인 에너지 외에는 만들어 내지 못한다. 안타깝게도 우리는 죽음을 두려워하도록 가르침을 받았기에 사는 법을 잊어버렸다.

그러나 당신이 의상을 바꾸기로 결정하면, 일어나는 일은 물리적인 것으로부터의 결별, 몸으로부터 단절에 불과한 것이다. 진정한 당신은 없어지지 않는다. 당신의 그 부분은 끝없이 영원한 의식인 당신과 연결되어 있다.

그러므로 우리가 죽음이라고 잘못 부르고 있는 것은 단순히 한 주파수에서 다른 주파수로 초점이 이동되는 것에 불과하다. 당신이 다시 어떤 사람이 될 것 같은가? 아니다. 그렇게 되기 원하는가? 그러나 당신의 존재가 중단되는 것은 아니다. 그럴 수 없다. 당신은 지금 여기 이 운동장에서 뛰어다니는 지속적인 생명 에너지이다. 당신은 건강이라는 순수하고 긍정적인 에너지로 그 에너지는 없앨 수 없다.

이 두려움을 잠재우는 일은 작은 일이 아니다. 우리가 원하지 않는 것을 모두 원하는 것으로 바꾸어도, 죽음이라는 가시를 남겨놓는다면 두려움의 진동이 여전히 즐거운 건강으로 올라가는 일은 물론이고 모든 일에 영향을 미치도록 하는 것이다.

더 쉬운 방법은 인간이 만들어 낸 이 끔찍한 신화에 대한 두려움을 중단하고, 모든 것의 본질인 우리의 더 큰 부분에 초점을 맞추는 것이다. 그러면 바로 지금 이 작은 세상에서 본래의 목적대로 지배할 수 있는 천국을 소유하게 될 것이다.

우리는 공동 창조자다

오래전 친한 친구의 어머니가 희한한 교통사고로 죽었다. 그분은 남편과 함께 고속도로 밑을 통과하고 있었는데 어떤 아이가 교차로 위에서 던진 돌이 조수석 창을 깨고 들어가 그분이 즉사하게 만든 것이다.

끔찍한 우연의 일치로 보이지 않는가? 운이 나쁜 것일까? 주사위가 나쁘게 나온 것일까? 아니다. 그런 것이 아니다. 공동 창조한 일이다.

첫째, 그분이나 남편이 그들의 안내자를 따랐더라면 다른 길로 갔거나 나중에 갔거나, 차를 타지 않았을 것이다.

둘째, 더 중요한 것은 그 일은 순간에 갑자기 일어난 일이 아니라는 것이다. 사고나 질병, 재난처럼 이런 일은 오랜 시간 진동을 통해 준비된 끝에 발생한다. 그분은 오랫동안 닫힌 밸브를 유지해 왔다. 상냥하게 미소 짓고 즐겁게 대화하면서도 속으로는 자신의 인생을 깊이 원망하고 있었다. 그분은 오랫동안 행복의 흐름을 강하게 저항해 온 대표적인 희생자였다. 가해자도 그런 아이였다.

그러면 '가장 큰 책임은 누구에게 있는가?' 누구의 진동이 이 사건의 책임일까? 오랫동안 은밀하게 비관론을 지켜 온 그 부인일까? 아니면 아이일까?

소위 갑작스러운 사건이 늘 그렇듯이 그분을 끌어들인 것은 그분 자신의 진동이었다. 물론 공동으로 만들어 낸 일이긴 하다. 그분은 특정 주파수를 내보내어 그와 비슷한 진동을 가진 모든 것을 끌어들이고 있었다. 이번 경우는 자신에게 좋은 것은 아니었다. 단순한 물리적 법칙이다. 하나의 소리굽쇠를 치면 같은 파장을 지닌 다른 소리굽쇠가 모두 반응하게 되는 것이다.

1에서 10까지 척도가 있는데, 10은 완전히 열린 상태라고 하자. 친구 어머니는 걱정하는 삶 때문에 가끔 파괴적인 4정도로 감정적인 진동을 하게 되었다. 반면에 그 어린아이는 단지 몇 년 동안 또래 친구 사이에서 열등감을 느끼며 자기 삶에 대해 분노를 느꼈다. 그러나 그의 감정이 매우 강했기 때문에 끌어들이는 힘을 가지게 되어 그도 역시 동일하게 파괴적인 4에 이르게 되었다.

따라서 두 사람의 길이 일치했다. 조만간 그는 동일한 진동을 하며 4에 있는 또 다른 사람을 만났을 것이다. 친구 어머니의 경우 돌에 맞지 않았다면, 4에 있는 다른 사람에게서 동일하게 끔찍한 일을 당했을 것이다.

산소 공급줄이 끊어진 다이버처럼 이 어린아이는 자신의 공급원과 단절된 고통과 분노에 휩싸였다. 친구 어머니도 마찬가지였다. 마침내 각기 나름의 고통 가운데서 서로 끌어당겨서 전형적인 공동 창조를 하게 된 것이다. 그분은 자신의 운명을 끌어들였고, 그 아이도 자신의 운명을 끌어들인 것이다.

사람이든 물건이든 서로 주파수가 일치하면 서로 끌어당기는 일이 시작된다. 사건이나 사람, 환경 등 어떤 것이 먼저 우리에게로 올까? 강도가 가장 센 것이다. 그래서 끌어당겨 합치고, 끌어당겨 합치는 일을 반복하다가 그 일에 지치게 되면 결국 친구 어머니처럼 죽게 된다. 그러지 않으려면 주파수를 바꿔야 한다.

둘 이상이 관련된 사고일 경우, 여럿이 연합해 부정적인 끌어당김을 한 것이다. 자기 스스로 부정적 감정을 가질 정도가 안 되는 어린아이가 당한 사고일 경우, 그 어린아이는 자신의 환경에서 진동을 가져온 것이다. 비행기 추락일 경우에는 탑승한 모든 사람이 그 사고를 끌어들인 것이다.

재난이나 질병, 불행은 모두 부정적인 감정이 오랜 시간에 걸쳐 이런 사건이 일어나게 만든 것이다. 그런 부정적인 소용돌이가 결합돼 강한 자기력을 띰으로써 비행기 날개에 얼음이 얼어 추락하게 하거나, 버스의 브레이크가 파열되어 언덕에서 떨어지게 하거나, 화재가 행복한 삶을 앗아가는 일이 일어난 것이다.

우리가 생명력과 단절된 채 살아간다면 조만간 자동차나 홍수, 기차, 토네이도 같은 것이 우리를 덮칠 것이다. 사람들은 토네이도가 이 집은 부수고 다른 집은 내버려 두었는지 의아해 한다. 이제 그 이유를 알겠는가?

만일 차에 간단한 흠집만 생겼다면 당신의 밸브가 조금만 열린 것이다. 만일 당신과 차가 모두 박살 났다면 당신의 밸브가 완전히 닫혔기 때문일 것이다. 비탈길에서 넘어져 다리가 부러졌다면 당신의 밸브가 조금만 열렸기 때문이다. 몸 전체가 고장났다면 당신의 밸브가 거의 닫혔기 때문이다.

계속 말할 수 있겠지만, 이런 것이 밸브가 닫혀 생기는 일이라고 할 수 있다. 내가 말하려고 하는 것은 우리에게 우연히 생기는 일은 절대로 없다는 것이다. 복권 당첨도, 새로운 애인도, 질병도, 자연재해도 우연이 아니다. 모두 다 우리의 느낌과 진동으로 끌어당긴 것이다. 우리 자신의 진동으로 끌어당기지 않는 한 이 세상 어떤 것도 발생하지 않았고 앞으로도 발생하지 않을 것이다.

혹시 당신이 평생 짜증에 찌든 삶을 살았다 해도 성급하게 공포에 빠지지 말기 바란다. 그런다고 자동적으로 암이 발생하는 것은 아니다. 그럴 가능성이 높긴 하지만 자동적인 것은 아니다. 기쁨을 찾기만 하면 된다. 그러면 밸브가 열린 진동으로 지나간 날들의 침울함을 극복할 수 있다. 간단한 자동차 사고를 당할 수 있겠지만 그게 전부일 것이다. 큰일이 아닐 것이다. 아니면 간단한 감기에 걸릴 수 있겠지만 큰일이 아닐 것이다. 이런 것은 행복 주파수에 대한 저항이 아직 남아있음을 알려주는 것일 뿐이다.

그렇다면 이런 것들을 주로 끌어당기는 장본인은 누구일까? 우리가 항상 장본인이다. 우리의 느낌, 밸브, 저항이다. 다른 사람이 우리에게 이런 일을 하는 것이 아니다. 만일 우리가 부정적인 것을 끌어당기고 있다면 우리가 부정적인 진동을 하여, 다른 사람이나 물건을 우리 공간으로 끌어들여서 시간을 초월한 공동 창조의 춤을 추기 때문이다.

행복에 초점을 맞추라

이 모든 것의 핵심은 우리는 아프거나, 사고를 당하거나, 늙거나 죽는 일을 하는 것이 아니라, 오히려 우리가 계속 부정적 감정으로 행복 스위치를 꺼서 세포가 그 생명의 근원으로부터 단절되게 함으로써 어떤 일이 일어난다는 것이다.

그래서 이제 당신은 자신을 어떻게 표현하고 있는지 알고 싶을 것이다. 만일 당신이 "나는 건강을 원한다"라고 하면서도 주된 진동은 "도와주세요. 나는 아프기를 원하지 않아요"라는 것이면 당신은 어느 쪽으로 끌어당기고 있는가?

만일 당신이 아파서 방어하는 자세로 "결단코 이것을 물리칠 거야, 나는 이 싸움에서 이길 거야"라고 한다면 당신의 초점은 어디에 있는가?

아무리 많은 사람이 당신을 사랑한다 해도, 당신이 가난한 사람들을 아무리 많이 도와줘도, 당신이 아무리 사업을 잘 경영해도, 당신이 아무리 쾌활하고 밝을 사람이어도, 어떤 종류든 부정적인 진동이 어투에라도 배어 있다면 당신은 그와 같은 종류를 끌어당기게 된다.

당연히 사회 대중 다수의 주된 진동이 우리를 둘러싸고 있다. 우리는 매우 부정적인 그 에너지가 우리를 지배하게 내버려둠으로써, 그것이 우리를 쳐서 마치 키도 없이 폭풍 속에 떠밀려 가는 배처럼 흔들리게 한다. 그러나 그렇게 할 필요가 없다. 당신은 대중 다수의 의식이나 한 개인의 부정적 에너지의 희생자가 될 필요가 없다. 의사나 가족, 친구, 애인, 주위 사람의 희생자가 될 필요가 없다.

매일 당신이 원하는 것을 말하고, 당신의 몸과 건강, 외모, 삶에 대해 새로운 각본을 쓰라. 그리고 그렇게 된 것처럼 가정하라. 가정하는 것을 느끼는 장소로 들어가서 적극적으로 자신의 에너지를 흘려보내고 기쁨의 주파수로 진동하여 이전의 당신을 극복하라. 당신의 몸이 즐거움으로 반응할 뿐 아니라 사고도 없게 될 것이다.

그렇게 하기가 쉬울까? 아니다. 극심한 병이나 고통, 원하지 않는 체중 등으로부터 초점을 바꾸는 일은 절대로 쉽지 않다. 그러나 한 번에 조금씩 자신에게 말을 할 수 있다. 한 번에 조금씩 밸브를 열어 몸의 방향을 바꿀 수 있다.

당신은 몸보다 훨씬 위대하다. 그러므로 이 일을 할 수 있다는 사실을 의심하지 말라. 모든 일에 더 많이 웃고 즐기라. 원하는 몸을 가지기 위해서는 해야 할 일이 단 하나 있다. 행복해지는 방법을 찾는 것이다. 처음에는 한 번에 조금씩 시도하면 어떤 일도 할 수 있다. 몸도 가족도, 오래된 의심도 극복할 수 있다. 오직 행복한 상태에 초점을 맞추라. 결국 그것이 건강이고 행복이다.

11장

나의 행복은 내가 만든다

워싱턴주에는 나무가 많다. 그 주에는 분명 벌레보다 상록수가 더 많다. 나는 상록수보다는 계절마다 옷을 갈아입는 낙엽수를 좋아하지만, 우리 집 대지를 꾸며주는 아름다운 것들에 강한 애착을 느낀다.

우리 집이 처음인 사람은 오자마자 이곳이 매우 아름답고 나무가 정말 좋다는 이야기를 한다. 이곳에는 근처에 없는 커다란 덤불이 있는데, 한 그루터기에서 여러 식물이 한데 엉켜 멋지게 자라고 있다. 낙엽수도 크기와 모양이 다양해 매우 아름답다.

그러나 내가 특별히 좋아하는 것은 울타리 밖, 길가에 있는 작은 나무이다. 워싱턴의 모든 도로변에는 최선을 다해 자라고 있는 작은 나무가 끝없이 줄지어 있는데 나는 그 긴 줄을 무척 좋아한다. 이들 식물은 매우 빨리 자라는데, 내가 그곳에 간 지 3년쯤 되자 차의 소음을 막아내는 커다란 벽을 이룰 정도로 자랐다.

왠지 모르지만 나는 이들 나무가 좋았다. 어쩌면 거름도 없는 길가에서 열심히 자라는 이들의 투지 때문일 수도 있고, 척박한 환경에서 생존하는 능력 때문일 수도 있다. 아무튼 나는 이들 나무를 사랑했다.

워싱턴 거주 초기에는 어느 정도 영적인 길을 따르기는 했지만, 밸브를 열어놓지는 못했다. 우울할 때는 거의 날씨 탓을 했고, 또 우리 땅이 외진 곳에 있다고 걱정했다. 캘리포니아에 있는 친구들을 그리워했다. 그리고 첫 번째 책을 쓰면서 좋아했지만, 돈이 없는 것에 끝없이 집중해서 긍정적이기보다는 부정적인 진동을 하며 대놓고 재앙을 불러들였다.

그러던 어느 날이었다. 절대로 잊지 못할 그 여름날, 밖에서 거대한 중장비 소리가 났다. 창으로 내다보니 시 소속의 거대한 잡초 깎는 장비가 집 앞에 있었다. 벌떡 일어나 소리를 지르며 뛰어 나갔지만 너무 늦었다. 어렸을 때부터 2미터 이상 될 때까지 자라는 것을 보며 좋아했던 나무가 모조리 쓰러져버렸다. 그렇게 화를 내며 고함을 지른 적이 없었을 것이다. 그들은 내가 사랑하던 가족을 잘라버렸고 나는 충격에 빠졌다.

그 후 두 번의 여름이 지나는 동안 더 많은 어린 나무가 자라났다. 이제는 나무에 집착하지 않으려고 애를 썼지만 그럴수록 더욱 애착에 빠졌다. 나는 이들 나무의 저력이 자랑스러웠고 그 강인함에 놀랐다. 아직은 시에서 우려할 정도로 커지지는 않았으므로 앞으로 몇 년은 괜찮을 것 같았다.

이제 나무가 2미터 정도로 자라면 다시 자를 때가 가깝다는 것을 알게 됐다. 그러나 이제 나는 끌어당김의 법칙 가운데 있으면서 최선을 다해 밸브를 열어놓았다. 나의 세계에는 두려움도 별로 없고, 안전에 대한 염려도 없다. 다만 습하고 차가운 워싱턴 날씨에 대해 새롭게 발견한 애정과 감사만 있을 뿐이었다. 나의 진동이 긍정적인 쪽으로 올라갔다. 나는 행복했고, 밸브는 닫힌 때보다 열린 때가 많았다. 그리고 그 어린 친구들은 내가 거기 사는 동안은 안전하게 자라고 있었다.

그러던 어느 여름날 중장비 소리를 듣고 밖으로 나갔다. 나에겐 공포가 없었다. 그저 밖으로 나갔다. 일꾼들은 이웃집 길가에 있는 나무를 다 잘랐다. 그리고는 우리 집을 지나쳐서 다음 집 길가 나무를 자르기 시작했다. 나는 기사에게 손짓해 우리 집 앞을 건너뛴 이유를 물었다. "아, 글쎄요. 부인, 거기는 아주 예쁜 것 같아요. 그대로 두길 원하실 것 같아서요. 자르기를 원하세요?"

안전, 평안, 행복

우리의 확장된 자아는 순수하고 정결한 환희라고 하는 주파수로 진동한다. 그러므로 우리 존재의 더 큰 부분은 지금 우리가 알지 못하는 어떤 주파수나 진동으로 작동한다고 할 수 있다. 우리가 진정으로 행복하다고 할 수 있는 진동이다. 행복과 안녕은 동의어이므로, 우리의 일부로 가장 큰 부분은 오직 무조건적, 무시간적인 행복만 누림을 의미한다. 우리가 하나, 즉 높은 주파수 기쁨을 가지면, 물리법칙에 따라 다른 하나인 안녕도 가질 수 있기 때문이다.

그러므로 우리가 긍정적인 진동으로 좋은 느낌이나 감사하는 느낌을 가지면, 원하지 않는 것에 따른 좌절이 아니라 원하는 것에 따른 기쁨에 초점을 맞추면, 만족에서 환희 사이의 상태에 있으면, 우리의 밸브가 열려서 우리의 원초적 에너지가 우리를 통해 흐르게 하면… 이 세상에는 우리를 해칠 것이 하나도 없게 된다. 하나도 없다. 회사에도, 집에도, 고속도로에도, 몸에도, 아끼는 나무에도 없다. 나쁜 일은 하나도 생기지 않는다. 우리가 그 에너지 안에 있을 때는 우리가 우리의 전능한 자아의 에너지로 살고 그것을 흘려보내는데, 거기에는 오로지 순수하고 오염되지 않은 행복만 있고 부정적인 진동은 없기 때문이다.

우리의 더 큰 부분이 가지고 있는 것은 이루 말할 수 없는 기쁨, 능력, 담대함, 발랄함, 무한한 안전뿐이다. 무한한 행복 자체이기 때문이다. 그리고 그것의 물리적 확장인 우리도 그렇다. 우리가 할 일은 그렇게 되도록 기회를 주는 것이다!

이 점을 열심히 말하는 것같이 보인다면 바로 본 것이다. 지금 우리는 '좋은 삶'을 이야기하고 있기 때문이다. 우리가 그 고주파 에너지에 연결되어 있을 때, 우리가 두려움에서 벗어나 행복에 자리 잡고 있을 때, 걱정과 원망·의심·죄책감 등 부정적 감정을 내뱉지 않을 때, 그때 우리는 자동적으로 행복이라는 좋은 삶에 연결되어 있어서 아무것도 물리적으로 우리를 해칠 수 없게 된다. 그렇다. 아무것도 우리를 해칠 수 없다. 강도도, 낡은 차도, 고속도로의 음주 운전자도, 심지어 자연도 우리를 해칠 수 없다.

지진? 당신의 저울 눈금이 조금만 긍정적인 쪽으로 기울어 있다면 집은 피해를 볼 수 있지만 당신은 안전할 것이다. 그러지 않다면 밸브를 점검해 보는 것이 좋을 것이다. 언제든지 당신의 집이나 몸, 차, 직장 등이 입은 손실의 정도를 통해 당신이 근원 에너지와 연결된 정도와 밸브가 열린 정도를 판단할 수 있다. 집에 강도가 들어와 큰 피해를 보았는가? 큰 병이 닥쳤는가? 큰 태풍이 닥쳤는가? 밸브가 굳게 닫힌 것이다!

그러나 밸브가 닫혔다고 해서 그 사람이 못됐거나 비열하다고 해서는 안 된다. 태풍이나 포탄으로 죽음을 당했다 해서 벌레만도 못한 사람이 아니다. 따뜻하고 사랑스러운 사람이다. 단지 무의식중에 사회 다수가 가진 부정적 진동에 갇혀 있었기 때문이다.

그러나 우리의 밸브가 열려 있고 우리의 진동 눈금이 긍정적인 쪽으로 조금이라도 기울어져 있으면, 우리는 문자 그대로 신적 갑옷을 입고 있는 셈이다. 그러므로 우리가 연결되고 열려 있어서 고주파의 진동이 자유롭게 흐르면, 우리가 습관적으로 걱정해 온 것에 대한 염려도 걱정할 필요가 없다. 그렇게 하면 우리가 걱정하는 그것을 더 끌어들이기 때문이다.

당신의 밸브가 열려 있으면, 어떤 일이 있어도 즐거워하기로 결단하면, 당신은 자동적으로 절대적으로 확실한 행복의 보호막 안으로 들어간다. 거기서는 나쁜 일이 일어나지 않는다. 그 고주파 안에서는 당신에게 나쁜 일이 일어날 수가 없다.

그러나 높은 에너지 안에서 삶으로써 쫓아내는 것은 큰일뿐만 아니다. 아끼는 나무를 자르지 않고 지나치는 것처럼 작은 일도 이루어진다.

예를 들어 땅속에 두더지가 있어도 보이지 않는 곳에만 다니거나 당신 집에는 전혀 오지 않을 것이다.

다람쥐는 다른 집 새 모이만 노리고 당신 집은 넘보지 않을 것이다.

당신 집에 흰개미가 있다면 곧 옮겨갈 것이다.

이웃집 나무가 웃자라 비에 쓰러져도 당신 집 나무는 끄떡없을 것이다.

목줄 풀린 개가 이웃집 마당에 똥을 싸도 당신 집에는 오지 않을 것이다.

당신 친구는 눈보라에 갇혀도 당신은 안전하게 귀가할 것이다.

온 동네 우편물이 도둑맞아도 당신 우편함은 멀쩡할 것이다.

외딴곳에서 자동차 연료가 떨어져도 누군가가 나타나 도와줄 것이다.

모든 사람이 독감에 걸려도 당신은 괜찮을 것이다.

그리고 추락하는 비행기는 반드시 놓칠 것이다.

이 모든 것은 당신이 행복을 주는 좋은 느낌의 에너지와 주파수 안에 있음으로써 생기는 일이다.

나쁜 일

어떤 집단을 대상으로 에너지 흐름을 설명할 때마다 과거에 일어났고 지금도 일어나고 있는 끔찍한 사건과 일에 관한 질문이 나온다.

"왜 그렇게 많은 사람이 굶어 죽습니까?"

"히틀러를 어떻게 생각하십니까?"

"인디언은 어떻게 생각합니까?"

이런 일을 오랫동안 생각하기를 원하지 않는다. 어떤 의미에서 이미 이야기했기 때문이다. 하지만 가장 흔히 하는 질문을 잠시 살펴보기로 하자. 시초로부터 모든 사람의 모든 경험은 개인이나 집단의 에너지 흐름을 통해 끌어들인 것임을 완전하게 이해할 수 있는지 살펴보자.

우선 나는 다음 몇 가지 글에서 다른 사람의 폭행 장면을 보면서 즐거움을 느끼는 일이 가능하다고 하는 냉혈적인 사디스트가 아님을 밝혀둔다. 또한 지금 세상에서 일어나는 잔혹 행위를 접할 때 무심하게 '정말 안 됐군' 하고 마는 사람도 아니다.

지금 말하는 것은 어떻게 해서 이런 일이 생기는지 설명하려는 것이다. 어떤 일이 발생하든 그것은 반드시 동일한 원리에 근원을 두고 있다. 우리가 개인적으로 혹은 집단적으로 좋은 또는 행복한, 즐거운, 열정적인, 사랑하는 느낌을 가질 때는 좋은 경험을 불러들인다. 반면에 우리가 개인적으로 혹은 집단적으로 나쁜 또는 원망하는, 죄책감이 드는, 증오심이 일어나는, 괴로운 느낌을 가질 때는 나쁜 경험을 불러들인다. 이것이 모든 사람이 모든 곳에서 이루어지는 원리이다.

성폭행

한 사람이 두려워하며 그들이 원하지 않는 것에 대해 생각하고 있다. 다른 곳에서 다른 사람이 그와 동일하게 부정적인 주파수의 진동을 하고 있지만 두려움이 아니라 적대감이다. 두 번째 사람은 자신의 분노를 해소하고 공허함을 채워 줄 것으로 믿는 것에 대해 생각한다. 한 사람은 두려움을 진동하고, 다른 한 사람은 내면의 분노를 진동한다. 그들의 주파수가 일치하므로 둘은 끔찍한 사건을 창조하는 사람이 된다.

만일 원하지 않는 데 관심을 기울이지 않으면 그것을 경험하지 않는다. 그것을 자신의 진동 속에 포함시키지 않기 때문이다. 그런 희생자가 되는 생각을 하면 성폭행범, 살인자, 강도를 끌어들이게 될 뿐이다. 우연히 가해자의 주파수와 일치하는 진동을 다른 부정적인 감정과 함께 가졌을 때도 마찬가지이다. 당신의 감정 하나하나가 삶의 경험을 만들어 내기 때문이다.

편견

인종, 종교, 피부색, 성, 체중, 교육 등에 관한 온갖 편견이 분명히 존재한다. 그러나 편견을 당한다고 느끼는 사람이 이 일에 참여하는 가장 강력한 공동 창조자가 된다. 피해를 본다는 매우 부정적인 진동을 흘려보내기 때문이다.

지금 나는 어떤 집단이 겪는 어려움의 옳고 그름을 논하는 것이 아니다. 단지 그런 불의에 계속 집중함으로써 바로 그런 일을 더욱 끌어들인다는 말을 하는 것이다. 창조는 느낌에서 온다.

어린아이

성폭행당하거나 장애아로 태어나거나, 굶주리거나, 지역 분생 중에 살해되는 어린아이는 어떻게 설명해야 하는가?

안타까운 말이지만, 그들은 대체로 태어나기 전에 그곳 사람들에게서 부정적인 진동을 받아왔다. 그 진동은 양육하는 성인들의 진동과 연결되어 계속 자란다. 그것은 니들 어린아이가 불쾌한 경험을 더 원하지 않기로 결정할 때까지 계속된다. 이들 어린이는 뱃속에서 희생자가 된 것이다.

세계 곳곳에서 굶어 죽어가는 어린아이나 아직 말도 알아듣지 못하는 국내의 아이들을 어떻게 도울 수 있을까? 생각을 통해 혹은 실제로 "모든 것이 잘되고 있어. 곧 끝날 거야. 너는 사랑받고 있어 등 위로하는 진동으로 그들을 붙들어 주면 된다. 어떤 개인이나 집단을 비난하지 않아야 한다. 그러면 피해자는 물론이고 가해자에게 또는 상황에 더 큰 에너지를 제공하게 되기 때문이다.

가장 큰 문제는 그것을 어른이 되어서도 간직해 부모나 환경의 가해에 진동으로 분노의 반응을 쏟아내는 것이다. 그런 고착된 증오와 불신의 반응을 극복해야만 성인기에 어린 시절의 경험을 반복하지 않을 수 있다. 우리는 집중하는 것을 얻는다. 끔찍한 과거에 집중하면 그 과거가 현재와 미래로 끌려오게 된다.

십대

자살, 자동차 사고, 임신, 마약, 총기 사고, 십대가 겉으로는 나타나지 않지만 부정적 에너지 가운데 자라고, 태어나면서부터 경계심만 배우게 되면 그들은 주로 끔찍하게 취약한 상태로 살아가게 된다. 그들은 통제에서 벗어난 느낌을 가지면서 긍정적인 삶의 에너지와 연결될 길을 찾지만, 원하지 않는 것에 기초해 그것을 추구하는 삶을 살기도 한다. 그들은 자신의 근원 에너지와 단절 내지는 최소한의 연결로 생긴 공허함을 해소하기 위해 마약이나 섹스, 기타 금지된 일을 선택한다.

오늘날 많은 십대가 자신의 과실과는 무관하게 자동차 사고로 사망한다. 이것은 그들이 근원 에너지와 단절되어 취약한 상태와 무관해 보이지만 원인은 결코 우연한 것이 아니다. 생기발랄한 파티의 여왕이든, 인기 많은 축구 선수이든, 길가에서 차를 얻어 타려는 청소년이든 모두 숨겨진 두려움과 불안, 중압감을 가지고 있어서 언젠가 이것이 나타나 엄청난 일을 공동 창조하는 사람이 되게 한다.

경제

경기가 나쁠 때는 어디를 가든 사람들이 어렵다, 힘들다, 나쁘다고 말한다. 그러나 경기가 좋을 때도 물가가 비싸다, 회사가 자기 욕심만 채운다, 일이 너무 전문화되어 있다, 대통령이 제대로 하지 않는다, 정부는 게으르고 부패했다 등 무엇인가를 공격하지 않으면 안 되는 것처럼 행동한다.

비난이나 '끔찍하다' 등의 부정적 진동으로 무엇이든 지적하면, 그 사람 자신에게 동일한 에너지가 흘러서 이전에 나쁘게 말할 때보다 더 크고 강하고 위험하게 된다.

만일 경제나 정부 또는 다른 어떤 것이 변화되어야 당신이 행복해질 수 있다고 생각한다면 당신은 오래 기다려야 할 것이다. 그러나 이미 큰 문제를 가지고 있을 뿐 아니라 당신의 밸브까지 닫아버리는 그 일에 당신이 동참할 필요가 없다.

만일 이런 유의 우울하고 부정적인 대화를 하고 있다면 대화와 초점을 다른 주제로 바꾸거나 그 자리를 떠나도록 하라. 그리하여 당신 혼자 있게 되고 변화를 원한다면 당신이 원하는 상태로 되어 있는 정부, 당신이 원하는 대통령, 당신이 원하는 회사를 생각하며 좋은 느낌의 에너지를 흘려보내라.

우리는 사회의식의 흐름으로부터 자신을 분리할 수 없다. "이 일이 일어난 것은 내 잘못이 아니야"라고 말할 수 없다. 그것은 각 사람과 우리 모든 사람의 잘못이다. 우리는 그 사회의식 흐름의 일부로, 우리의 에너지가 마치 빨간 잉크가 물 컵에 떨어지는 것처럼 강력하게 전체에 영향을 미친다. 우리는 전체와 분리될 수 없다. 우리가 생각하고 느끼는 모든 것은 집단의식의 진동 전체에 크게 영향을 미친다.

그러므로 당신이 원하는 대로 된 상태를 보고 느껴야 한다. 몇 사람만 규칙적으로 이런 일을 하면 원하는 변화가 시작될 것이다. 목적이 좋더라도 변화시키기 원하는 '끔찍한 상황'에 집중하면 원래보다 더 악화시킬 수 있다.

세계적 갈등과 전쟁

분노나 증오를 나타내는 집단이 있다면 그 집단은 자신의 행복의 흐름에서 차단되어 확장된 자아와 전혀 조화를 이루지 못하고 있는 것이다. 증오와 분노 속에 산다는 것은 엄청나게 부정적인 감정과 꽉 막힌 밸브를 가지고 사는 것이다.

밸브가 열리면 어떤 법이나 정부도 자신의 형제를 대적할 수 없다. 근동의 오래된 증오도 그렇다.

도덕 문제

낙태, 돌고래 포획, 우림, 오존층, 동물의 권리, 안락사, 멸종 위기의 동물 등 이런 것에 집중하면서 참혹함만을 보고 범죄를 느끼고 위기를 경험하고 다른 사람들과 함께 '끔찍' 신드롬에 빠진다면, 당신은 그 상황을 확대하고 있는 것이다.

무엇을 변화시키기 원한다면 그것에 관한 생각을 바꾸어야 한다. 할 수 있는 것은 그 일뿐이다. 이런 일이 걷잡을 수 없게 된 이유는 매체가 이에 집중하고 우리도 그렇게 하기 때문이다.

"오, 저런!", "오, 맙소사!", "믿기지 않아!", "너무 끔찍해!", "어떡해!", "그럴 수가 없어!", "무서워!" 이런 식으로 분노할수록 문제는 더욱 악화된다.

어떤 일을 반대한다고 그것이 좋아지는 것이 아니다. 오히려 나빠진다. 그 이유는 그것을 우리의 진동에 포함시켜 '끔찍해'라는 흐름을 흘려보내어 동일한 주파수를 가진 다른 사람들의 생각과 함께 진동하게 되기 때문이다.

지금도 무엇을 돕기 위해서는 다른 것을 반대해야 한다고 생각한다면 생각을 바꾸어야 한다. 반대로 당신이 원하고 추구하는 그 모습을 보고 느껴야 한다. 그렇게 말하고 쓰고 역할연기를 해야 한다. 부정적인 상황으로 인식된 그것이 가진 파괴적인 에너지에 당신의 파괴적인 초점을 더하지 말라. 그것을 생각하며 밸브를 열 방법을 찾아야 한다. 다시 말해 원하지 않는 것에 맞춰진 초점을 버리고 원하는 것에 초점을 맞추라. 그렇게 하는 순간, 세상 모든 사람과 함께 끝없는 불만에 잠기기를 거부하는 순간 당신은 더 높은 진동을 흘려보냄으로써 획기적인 변화를 이루어내는 사람이 될 것이다.

대량 학살

대량 학살 문제를 살펴보자. 종족 살인, 피바다, 홀로코스트, 대량 학살 등 어떻게 말하더라도 인간은 처음부터 인간을 공격해 왔다. 이런 일이 멈춰질까? 불가능하다. 내재적인 학대의 느낌을 느끼면서 그것이 마치 귀족의 전통인 양 매달리는 한 이 일은 불가능하다.

이런 사악한 일을 진정으로 중단시키기 원한다면 과거에 일어난 그 추악한 일에 맞춰진 초점을 옮겨서 증오가 아니라 행복으로 가는 일을 열어줄 일에 집중해야 한다. 과거의 불의에 대한 혐오와 증오의 에너지, 바로 그것이 오늘날에도 지구상에서 대량 학살이 계속 자행되도록 도와준다. 우리가 초점을 맞추는 것을 얻기 때문이다.

끌어당김의 법칙은 취사선택을 할 수 있는 것이 아니다. 개인에게 적용되는 것이 집단에도 적용된다. 문화, 종교, 인종, 파벌과는 상관이 없다. 부정적 초점은 우리 자신과 지구에 부정적인 사건을 끌어들인다. 유유상종이다. 우리는 우리가 원하는 것이 아니라 진동하는 것을 끌어들인다.

세상은 우리의 거울이다

문제는 '옳은가 그른가, 또는 선이냐 악이냐'가 아니다. 밸브가 열렸는가 닫혔는가, 연결되었는가 단절되었는가, 행복한가 불행한가이다.

가장 비열하고 탐욕적인 사람이라도 진정으로 좋은 느낌을 원하지만 그 방법을 모르는 사람일 뿐이다. 그들은 지옥에서 살고 있지만 빠져나오는 방법을 모른다. 그럴 가능성이 있는지조차도 모른다. 분명한 것 한 가지는 그들을 향한 우리의 증오는 그것이 어떻게 이루어졌고 또 이루어지고 있든 상관없이 사태를 악화시킬 뿐이라는 것이다. 모든 사람이 마찬가지이다.

그러나 수많은 증오의 행위가 전 세계를 뒤덮고 있음을 아는데도 어떻게 태연하게 행복한 삶을 살 수 있겠는가? 어떻게 불의가 계속되도록 내버려 둘 수 있겠는가? 고통받는 사람이 그렇게 많은데 어찌 우리만 행복할 수 있겠는가? 어떻게 상관없다는 듯 등을 돌릴 수 있겠는가?

약간 괴로울 수 있겠지만 그 대답은 우리가 세상에 존재하는 이유가 좋은 역할을 하든 나쁜 역할을 하든 다양한 교훈을 배우는 데 필요한 경험을 하기 위해서라는 것이다. 불의는 어떤 것이든 반드시 양측에 교훈을 준다.

세상의 형제자매들에게 어떤 방식으로, 어떤 재난이 닥치든지 그런 끔찍한 공동 창조가 발생한 것은 개인들이 배워야 할 것, 즉 모든 것이 그들이 에너지를 흘려보내는 방식과 관련되어 있다는 것을 배우게 하기 위함임을 반드시 받아들여야 한다. 그들이 처한 환경이 우리에게 경악할 만한 것일지라도 우리가 그들의 고통에 동참하게 되면 우리에게도 매우 불쾌한 일이 생기는 것은 물론이고 그 원인이 된 환경과 함께 그 고통을 강화하게 된다.

사람들이 굶어 죽도록 내버려 두는 것이 얼마나 비열한 일인지 느낄 수 있다. 그래서 당신이 밸브를 닫으면 당신 자신이 자동차 사고를 당하게 되고, 그와 동시에 그들은 더욱 굶주리게 된다.

아직도 핵실험을 한다는 것이 얼마나 끔찍한 일인지 느낄 수 있다. 그래서 당신이 밸브를 닫으면 독감에 걸리게 된다.

한 나라가 이웃 나라를 무자비하게 대하는 데 공포감을 느낄 수 있다. 그래서 당신이 밸브를 닫으면 자동차 타이어에 펑크가 나게 된다.

반대로 그 굶주리는 사람들이 건강하고 행복한 모습을 보고 느낄 수 있다. 그래서 밸브를 열면 당신에게 새 직장이 생기게 되고, 그와 동시에 그 고주파에 감싸인 사람들에게 필요한 붓과 물감을 줄 수 있게 된다. 그러나 우리가 그들을 대신해 그림을 그려 줄 수는 없다. 다만 에너지로 도움을 줄 수 있을 뿐이다.

핵실험으로부터 완전히 회복된 지구를 보고 느낄 수 있다. 그래서 밸브를 열면 당신의 곡식이 잘 자라게 되고, 그와 동시에 지구를 윤택하게 할 수 있다.

싸우던 두 나라가 대화합을 누리는 모습을 보고 느낄 수 있다. 그래서 밸브를 열면 당신의 부부 생활이 좋아지면서, 그와 동시에 새로운 국제 관계가 만들어지게 할 수 있다.

그러나 제대로 된 것보다는 잘못된 것을 이야기하는 것이 유행이다, 그러므로 우리는 긍정적인 것보다는 부정적인 진동에 더 쉽게 빠져서 자신도 모르게 '끔찍해' 식의 대화에 빠져들거나 결핍된 것을 말하기 쉬운 습관 때문에 그런 대화를 시작한다. 그런 진동은 수많은 사람과 결합해 결국 세계적 혼란과 황폐화로 나타나게 된다. 전쟁, 폭동, 테러, 무정부 상태를 야기하는 것은 '끔찍해'라는 작은 진동이 모인 것이다. 그런 진동은 당신에게서 나오고 나에게서 나온다.

우리는 현재 지구상에서 발생하고 있는 일에 책임이 없다고 할 수 없다. 지구는 그 안에 있는 주된 진동을 반영하고 있기 때문이다. 끔찍한 일이 다른 사람의 죄악이나 잘못, 무지 때문이라고 할 수 없다. 지상에서 일어나는 일은 단 한 가지 원인, 즉 우리 자신의 생각과 느낌에서 비롯된 진동 때문이다. 모든 사람의 책임이다. 히틀러나 후세인이 아니다! 모든 사람의 책임이다.

그러므로 "끔찍해!"라고 하지 말고, "내가 좋은 느낌을 가지는 것보다 중요한 것은 없다"라고 말하기 시작해야 비로소 그런 파괴적이고 부정적인 일을 깨뜨리기 시작할 수 있다. 단언하건대 그럴 때 세상에서 일어나고 있는 일에 변화를 일으킬 수 있다.

열대림을 예로 들어보자. 다른 모든 사람과 함께 열대림 파괴 행위가 나쁘다는 데 동의해 벌목하는 사람들을 향해 증오를 더 많이 흘려보내면 더 많은 벌목 행위가 일어난다. 그 대신 남아 있는 숲의 아름다움을 사랑해야 한다. 그 숲이 키워주는 생명에, 숲이 만들어 주는 산소에 감사해야 한다. 그러면서 수많은 벌목공이 더 많은 산소를 소모하는 '끔찍해' 에너지를 제거해야 한다. 만일 소수라도 그렇게 하면 벌목이 곧 사라질 것이다!

그 외에도 모든 사람이 우려하는 에너지 자원 부족, 물 부족, 대기 오염 문제가 있다. 당연히 우리는 이런 것을 걱정하고 있다. 돈을 대하는 것과 같은 태도로 임하기 때문이다. "아, 다 떨어져 가네.", "충분치 못하네.", "다 떨어지면 어디서 구하지?"

그러므로 그런 부족 상태를 누가 만들어 내는지 생각해 보라. 바로 우리이다! 충분하지 못하다고 우리가 염려하는 바로 그것이 공급 부족을 만들어 내는 것이다. 우리 모든 사람 하나하나가 그런 부족 상황에 책임이 있는 것이다. 실제로는 일자리든 숲이든, 물·금·애인이든 그 어떤 것도 부족하지 않다. 그럴 수가 없다. 우주는 부족의 원리로 움직이지 않기 때문이다. 부족이란 인간이 만들어 낸 현상이다. 우리가 현 상태에 대해 감사를 흘려보내고 완벽한 균형을 지닌 지구의 풍성함을 느끼기 시작하면서, 자원 부족과 탐욕스러운 벌목공에게 집중하지 않으면 만물의 풍요함이 천국의 놀이터를 만들기 시작할 것이다. 사실 우리는 이것을 누리기 위해 이곳에 왔다.

만일 당신이 사람들을 걱정한다면 당신이 모을 수 있는 최고의 사랑으로 가는 밸브를 열고 걱정하는 사람들에게로 흘려보내도록 하라. 결핍이 아니라 완벽 상태에 있는 그들을 보라. 이제는 전쟁이나 질병, 기아를 겪지 않고 행복하고 만족하게 사는 그들을 보라. 그렇게 하는 것이 늘 새 나가버리는 듯한 많은 구호 물품보다 그들을 더 많이 그리고 빨리 도와주게 될 것이다. 그렇게 하는 것이 곤경에 처한 사람들을 희생자 자세에서 벗어나 행복을 끌어들이는 발걸음을 내딛도록 돕기 때문이다. 이것이 그들에게 붓과 물감을 주는 일이다. 그렇게 진동으로 초청이 이루어진 다음 관련된 모든 사람이 변화를 진실하게 원하면 이루어질 것이다. 그러면 장벽이 허물어지고, 나라가 협력하며, 강도가 줄고, 테러가 사라지며, 황폐한 땅에 양식이 풍성할 것이다.

지구의 질병이 염려된다면 질병이 아니라 건강한 지구를 보라. 지구는 지금까지 부정적 에너지를 너무 많이 마셔 왔다. 그래서 지금 우리가 끔찍한 상황을 말함으로써 더욱 더 악하게 만들 때가 아니다. 지구의 잘못된 것이 아니라 잘된 것을 말하라. '끔찍해' 에너지를 버리라. 그러면 돌고래가 넘치고, 숲이 확장되고, 오존층이 회복되며, 물이 깨끗해지고, 대양이 맑아질 것이다.

세상과 그 안에 사는 사람들이 풍요롭고 잘되는 모습을 보라. 그것이 그렇게 변화되도록 돕는 일이다.

평화로운 세상을 보라, 그러면 평화가 오도록 돕게 될 것이다.

지구에 대한 우리의 소원이 이루어지는 것을 가로막는 유일한 장애물은 우리를 행복의 원초적 생명력으로부터 단절시키는 엄청난 양의 부정적 진동이다. 그 생명력의 에너지는 너무도 많고 절대적이어서 우리 중 소수만이라도 이 비전을 유지하면서 그것이 실현되는 기쁨의 진동을 유지하면 그 최고의 긍정적인 힘이 수십억 명의 침울한 진동을 능가하게 되어 지구가 변화될 것이다.

현실은 우리의 모습이다

실제로 세상 사람 대다수는 잘 살고 있다. 직장 동료, 이웃 사람, 학교 친구, 클럽 회원을 보라. 대부분은 최근에 강도를 만난 적이 없다. 괜찮은 직장과 집을 가지고 있다. 충분히 건강하다. 그리고 자세히 살펴보면 제법 행복한 사람들도 있다. 이런 상태는 세상 거의 모든 나라에서도 마찬가지이다.

그러나 수많은 통계는 이와 다르게 말한다. 매스컴이 매일 전하는 끔찍한 수치는 우리로 하여금 세상이 얼마나 끔찍한 상황인지에 집중하게 만든다.

"세계 경제의 몇 퍼센트가 붕괴하고 있다."

"세계 인구의 몇 퍼센트가 어떤 일을 겪고 있으며, 그것은 매월 몇 퍼센트씩 증가하고 있다."

"십대의 몇 퍼센트가 낙태를 경험하고 자살을 시도한다."

"아동의 몇 퍼센트가 학교에서 총기를 소지하고 있다."

"신생 질병의 몇 퍼센트는 치료가 불가능하다."

"자주색 눈을 가진 남성의 몇 퍼센트는 결혼 전에 피부색을 상실한다."

"끔찍해, 무서워!"

그 따위 통계는 잊어버려야 한다. 그것은 우리가 보고 듣는 것에 두려움의 에너지를 흘려보낸 결과일 뿐이다. 그런 통계가 또 나타나기를 원하지 않는다면 잊어버려야 한다. 당신이 좋은 느낌의 에너지 안에 머무는 한 경제도, 병균도, 총도, 홍수도, 비행기도 우리에게 피해를 주지 못한다. 진동을 보내 끌어들이지만 않으면 된다.

이 지구의 절대적 힘의 균형은 행복의 편이다. 그것은 거부할 수 없다. 그것이 당신과 나를 포함해 존재하는 모든 것의 자연적이고 절대적인 상태이기 때문이다.

우리에게 보이고 들리는 고통이 아무리 험악해도 그것은 행복한 전체에 비하면 아주 작은 부분이다. 그리고 일부 사람이나 집단이 진동을 통해 끌어들인 결과일 뿐이다. 행복으로 채널을 바꾸는 법을 알기만 한다면 그들도 그 행복을 누릴 수 있을 것이다.

배워야 할 것은 분명하다. 어떤 것에 관해서든 우리의 밸브를 닫으면 전체의 밸브를 닫는 것이다. 굶주리는 아이들에서 소멸하는 종에까지 어떤 것에서든 행복의 밸브를 닫아버리면, 우리 삶의 모든 영역에서 최고의 행복을 닫아버리는 것이다.

줄을 서서 기다리는 데 지쳐서 밸브를 닫았다 하자. 주문하지 않은 피자가 배달되어 밸브를 닫았다 하자. 조상이 대학살로 죽었기 때문에 밸브를 닫았다 하자. 그건 별거 아니다. 밸브를 닫는 것은 닫는 것일 뿐이다. 그러나 그와 함께 풍요로움에서 건강, 특별한 행복에 이르기까지 높은 에너지가 닿힐 것이다. 하나의 짜증스러운 일이나, 이전 사람이 평생 가졌던 증오가 그런 엄청난 궁핍으로 연결되어야 할 가치가 있을까?

이혼을 했거나, 사랑하는 사람을 잃었을 경우 또는 자신이나 다른 사람에게 비극적인 일이 닥친 경우, 당연히 당신은 나쁜 느낌을 가지게 된다. 그러나 잠시 동안만 나쁜 느낌을 가지기로 결단하라. 그러면서 그 정도면 충분하다고 말하라. 이제는 당신 자신과 관련된 사람들에게 사랑과 감사를 흘려보내야 할 때다. 좋은 느낌을 가질 수 있는 것을 찾아 계속해야 할 때인 것이다.

그것이 이혼으로 오는 슬픔이든, 호수 오염에 대한 분노든 상관 없이 에너지를 바꾸기로 결단하는 순간 전 우주가 당신의 물리적 존재 곳곳에 행복을 결집한다. 당신 전체에 그리고 주위에 그리고 당신을 통해 그것을 쏟아붓는다. 당신이 해야 할 일은 그 모든 것에 그리고 생명에 "예"라고 하는 것뿐이다. 그리고 좋은 느낌을 가지는 일이 얼마나 좋은지 아는 것이다.

그렇게 되면 당신은 존재 깊숙한 곳으로부터 모든 것이 진정으로 정상임을 알게 된다. 겉으로는 어떻게 보이든, 매스컴이 어떻게 보도하든, 당신과 이 지구 그리고 그 안에 있는 사람들 대부분이 언제나 정상적으로 살게 될 것이다.

12장

30일 변화 프로그램

내가 산 책 속에 기적적인 30일 전략이라는 것이 나오면 나는 즉시 그 책을 던져 버린다. 나는 30일 계획을 지지하지 않는다. 사실은 혐오한다. 바로 그 이유로 나를 위해 의도적 창조 법칙으로 들어가는 30일 프로그램을 만들었다.

그래서 약간 쑥스럽지만, 그 놀라운 나의 삶을 바꾸어 변화가 가능하다는 증거를 제시하지만, 첫 열흘은 악몽과 같았다고 말하지 않을 수 없다. 솔직히 그 기간은 익숙하던 술을 끊고 담배를 끊는 것보다 훨씬 어렵게 보냈다.

그러나 결과가 대단했다. 그러지 않았다면 계속하지 않았을 것이다. 나는 심한 스트레스나 극한 공포는 말할 것도 없고, 염려 없이 사는 것이

가능하다는 생각을 해 본 적이 없다. 그런데 정확하게 그런 일이 일어났다. 나는 걱정 없이 사는 법을 배우고 있었다. 놀라운 일이었다. 이제까지 정상이라고 믿었던 것과 완전히 반대되는 상태로 사는 수단을 발견한 것 같았다.

지금은 거의 매일 의도적 창조의 네 단계를 실천하고 있지만, 나 스스로 만든 그 30일의 시작 프로그램이 아니었다면 계속할 수 없었을지도 모른다. 나는 부정적인 감정에 너무 깊이 중독되어 있어서 짧은 시간에 바꾸기에는 불가능했다. 그래서 이 가르침이 아무리 좋게 생각되어도 어디서부터 시작하고 어떻게 진행해야 하는지 알 수 없었다.

그 첫 30일은 엄청난 출발이 되어 나의 에너지 흐름을 충전하고 조절하는 법을 배우기 시작했고, 그동안 나의 삶에서 알게 모르게 가지고 있던 중요한 두려움을 내보낼 수 있게 되었다. 물론 지금도 빙판길을 운전할 때는 약간의 불안감을 가지고 있다. 그래서 내 느낌이 문제가 없을 때만 운전한다. 친밀한 상황에서 나 자신을 털어놓을 때도 약간 어려움을 느끼므로 나의 밸브가 열려있을 때만 그렇게 한다. 그러면 순풍이 분다. 가끔 침울할 때는 방문을 잠그는 것이 편하면 그렇게 한다. 그러나 누가 침입할 것을 두려워서 그러는 것은 아니다.

돈은 어떤가? 지금은 돈이 쉽게 몰려든다. 과거에도 한동안 그랬다. 그러나 프로그램 초기에는 나의 에너지 흐름에 정비례해서 돈이 들어오거나 멀리 있었다. 들어오는 돈이 없을 때면 나는 나의 밸브가 두려움과 염려로 닫혔음을 안다. 돈이 넘칠 때는 나의 밸브가 열려 있음을 안다.

돈이 들어오지 않을 때는 나는 소위 '스위치 바꾸기'라는 것을 열심히 해야 한다. 이것은 부정적인 에너지를 긍정적인 에너지로 빨리 바꾸는 일이다. 그동안 가지고 있던 온갖 염려하는 습관을 찾아 그 밸브를 열어놓는 법을 찾아야 했다. 그리하여 밸브가 닫히지 않고 약간이라도 열리게 되면 돈이 들어왔지만, 좋은 느낌의 에너지를 내가 얼마나 모으는가에 비례했다.

지금도 부정적인 초점을 가지는 일이 있긴 하지만 잠시 혹은 한두 시간이고, 때로 내가 옛날처럼 느끼고 싶어 할 경우는 하루나 이틀 동안 그렇게 하기도 한다. 그러나 어느 정도 하고 돌아온다. 이제는 부정적인 일에 부정적인 느낌으로 빠짐으로써 내가 원하는 것과 꿈, 행복을 희생시키고 싶지 않다. 또 원하지 않는 상황에 집중해 그것을 고치려고 하지 않는다. 늙은 개는 새로운 기술을 배울 수 없는 것이다.

그러나 늙은 개든, 어린 개든, 아니면 중간이든 이 세상 누구도 자신이 원하는데 이렇게 하지 못할 이유가 없다. 내가 설명할 수 있는 한계를 넘어서는 자유가 당신을 기다리고 있다. 이 자유는 너무나 특별해서 직접 살아보는 즐거움을 누려보지 않고는 알 수 없다.

내가 말하는 것은 완전한 개인적 자유, 지루함이나 단조로움으로부터 자유, 증명하거나 정당화해야 할 필요로부터 자유, 궁핍의 필요로부터 자유, 걱정으로부터 자유, 우리를 속박하는 모든 당위로부터 자유이다.

내가 말하는 것은 자신이 바라는 대로 살 자유, 얻고 용기를 내고 번영하고 또 원하면 탁월할 자유이다.

내가 말하는 것은 내년이나 십 년 후가 아니라 지금 당장 자신의 유토

피아를 만드는 일이다.

그 첫 30일 동안 그런 것이 나에게 시작되었다. 물론 동시에 모든 것이 시작된 것은 아니다. 이 일은 계속될 것이며 내가 육신을 가지고 있는 동안 그럴 것이다. 어떤 날은 다른 날보다 나을 수도 있다. 그러나 언제나 내가 가능하다고 기대했던 것보다는 더 즐겁다. 나에게 비결이 있기 때문이다. 이것을 사용하느냐 마느냐는 나의 선택이지만, 한 가지 분명한 것은 이제는 변명거리가 없다는 사실이다.

하지만 한 가지 주의할 일이 있다. 만일 당신이 이 30일 변화 프로그램을 제대로 시작하기로 결정한다면, 자신의 두려움과 큰 싸움을 하게 될 것이다. 오래된 습관은 쉽게 사라지지 않는다. 마찬가지로 당신의 두려움도 생각하는 것처럼 쉽게 떨어지지 않을 것이다. 솔직히 당신도 그럴 것이다. 그러나 여기서 다루는 것은 습관이다. 오래되어 편안해진 습관이다.

필요의 필요

부정적인 생각이라는 이 끈질긴 습관은 우리가 '정상'으로 여기는 것에 포함되기 때문에 우리 대부분은 그 습관이 없는 자신을 생각할 수도 없다. 그래서 우리는 설 자리를 잃었다. 그 진동 속에 사는 것은 마약에 중독된 것과 같아서 일단 거기에 빠지면 그것 없이는 살 수 없기 때문이다.

최근에 상당히 큰 모임에서 끌어당김의 법칙과 의도적 창조를 주제로 강의하면서 흥미로운 이분 현상을 발견했다. 한편으로 이 원리를 흥분할 정도로 적극적으로 받아들이는 그룹이 있는가 하면, 다른 한 그룹은 필요의 필요를 내려놓기를 두려워하는 모습이 역력했다.

한 여성이 이런 말을 했다.

"강사님의 말씀이 대단한 내용이라고 생각하지만, 한 가지를 간과한 것 같습니다. 저는 자신의 성장을 위해 이런 모임에 계속 참가할 필요가 있습니다. 저는 이런 사람들이 필요합니다. 그러지 않으면 다시 이전 상태로 돌아갑니다. 6년 전에 올 때는 밸브를 열지 못했는데 이 사람들이 열도록 도와주었습니다. 지금 이 모임을 떠난다면… 바로 그게 두렵습니다. 혼자 있다가 그렇게 될까 두렵습니다."

그 여성의 밸브는 열리지 않은 상태였다. 그분의 두려움 중독은 오래 전에 '필요'로 둔갑했다. 누군가가 그분에게 좋은 느낌을 느끼는 법을 찾음으로써 두려움을 완전히 떨쳐버릴 수 있다고 제안하면, 그분은 자신을 지탱하던 지지대가 쓰러진다고 생각했던 것이다. 그래서 그 주제를 꺼내는 것마저 두려워했다. 두려움이 그분의 정체성이고, 안전 담요였다. 그런데 그분만 그런 것이 아니었다. 그와 동일한 반응을 보이는 사람이 많았다. "행복으로 들어가는 열쇠를 주세요. 그러나 나의 불안을 빼앗지는 마세요. 그러면 저는 박탈감과 취약함을 느낄 것입니다." 이것이 우리가 늘 가지고 있는 '필요의 필요'이다.

그 외에도 수많은 사람이 지니고 있는 불행한 생각이 있다. 중독이나 감정적 혼란을 극복하려면 먼저 이전에 우리에게 주어졌던 모든 고통스러운 것들을 들어내야 한다는 생각이다. 그 모임에서 다른 한 사람이 말했다. "성장하면서 겪어야 했던 모든 공포를 토해버리지 않고 어떻게 더 나은 느낌을 가질 수 있겠습니까?" 이것 역시 부정적인 사고가 필요로

둔갑한 것이다.

살아있음을 느끼기 위해 감정적 고통이나 약간의 불편함이 필요하다는 것은 인류에게 알려진 가장 큰 중독이다. 따라서 물리적 존재라는 것은 긍정적인 것과 부정적인 것을 가지므로 우리는 부정적 반응을 멈추지 않을 것이다. 그러나 분명 우리는 좋아하는 것과 좋아하지 않는 것을 허용하면서도 부정적인 느낌과 흐름을 많이 가지지 않는 법을 배울 수 있다.

광적인 3개월 끝에 배운 교훈

이자율이 오르고 번창하던 담보대출 소개 사업이 거의 무너질 지경에 이르렀을 때 나는 이것을 아직 제대로 배우지 못한 상태였으므로 분통이 터질 지경이었다. 하루 만에 대출금이 바닥 났고, 따라서 나는 하루 만에 긍정적인 데서 부정적인 데로 바뀌어 상황, 망가진 시장을 원망했다. "와우, 최고야!"에서 "오, 하나님, 이제 어떡하죠?"로 바뀌었다.

나는 경기 하강과 급속히 줄어드는 은행계좌 잔액에 초점을 고정한 채 곧 방송 예정인 방송광고를 근심 어린 눈으로 주목했다. 이것이 나를 재정난에서 구해 줄 것이라 확신했다. 분명히 나를 구해 줄 것이다. 이 획기적 프로그램은 모험을 할 만한 가치가 있었음을 확증할 만큼 많은 주문이 있을 것이고, 그러면 나는 번창하게 될 것이라고 믿었다.

내 평생 대부분 그랬던 것처럼, 나의 문제 중독이 다시 안전 담요가 되었다. 내가 안전을 느낄 때는 부정적이라는 익숙한 진동에 빠질 때뿐이었다.

나는 배운 대로 신바람을 느끼는 상태로 들어가려고 했지만, 너무 초조한 나머지 금방 포기해버렸다. 다시 새로운 각본도 쓰지 않았다. 그럴 수 있다는 생각조차 하지 못했다. 내가 할 수 있는 것이라고는 잠을 자지 못하고 커피만 마셔대고, 개에게 소리치며, 내가 쓴 돈은 엄청난 만큼 들어 올 돈은 너무 적은 데 따른 공포에 질리는 것이었다.

그러다가 '…하면 어떡하지?'에 이르렀다. "방송 광고가 통하지 않으면 어떡하지?", "5년 수입에 맞먹는 금액을 썼는데 충분한 주문이 들어오지 않으면 어떡하지?", "그러면 어떻게 살지?", "…하면 어떡하지, 어떡하지?"

다시 나는 강력하게 자기력을 가져 매우 부정적인 소용돌이를 만들어냈고, 그것은 내가 두려운 생각을 할 때마다 더 큰 소용돌이를 만들게 되었다. 나는 내가 만드는 프로그램이 예상대로 되지 않으면, 그 프로그램을 준비하던 몇 년 전 돈을 잘 벌 때처럼 일이 그리 순조롭지는 않을 것이라고 믿으려고 애를 썼다.

광고 방송은 하와이에서 뉴욕까지 20여 개 주에 걸쳐 주말 동안 나갔다. 어떻게 되었는지 말할 필요가 없을 것이다. "나는 이것이 실패하기를 원하지 않아. 오, 제발, 나는 이것이 실패하기를 원하지 않아"라고 간청했다. 이런 나의 원하지 않는 것이 가진 견고한 진동을 뚫고 나갈 수 있는 원함은 우주에 없다. 나의 밸브는 닫혔고, 장난감 가게로 들어가는 문은 빗장이 쳐져 있었으며, 어렴풋이나마 행복과 비슷한 것에 대한 나의 저항은 은하수보다 컸다.

그 엄청난 실패는 나를 그 어느 때보다 깊은 공포에 빠지게 했다. 그

광적인 3개월 동안 나는 기를 쓰고 마치 고개를 숙인 병아리처럼 내달렸고, 밸브를 닫은 채 수입을 창출하려고 혼신의 노력을 했다. 그러면서도 여전히 원하지 않는 것들에 끝없이 초점을 맞추었다. 상황에 대한 비난은 한 번도 멈추지 않았다. 시장 상황, 예금 부족, 수입 부족, TV 방송 실패, 지불하지 못한 제작비용 등 이 모든 것이 나의 초점이었다. 나는 내가 바라보는 것을 좋아하지 않았다. 말할 것도 없이 열심히 바라볼수록 그것은 더욱 악화되었다!

마침내 나의 고통스러운 도움 요청에 대한 대답으로, 우주가 불쌍히 나를 여겨서 일종의 '받아들이든 거부하든 선택하라'라는 방식으로 지원을 해 준 것 같다. 큰돈도, 새로운 아이디어도, 도와주려는 사람도 아니었다. 간단한 가르침이었다. 끌어당김의 법칙이 불쑥 내 무릎 위에 쏟아졌다.

시작하는 법을 배우다

이 새로운 가르침에 흥분했지만, 처음에는 도무지 끌어당김의 법칙 네 단계로 즐겁게 뛰어들 수가 없었다. 두려움에 너무 깊이 빠져 있었기 때문이다. 하루 열여덟 시간 동안 계속 불안 속에 있었으므로 부정적인 초점, 부정적인 느낌, 부정적인 진동이 너무 강했고, 따라서 어떤 출발 프로그램이 도와주지 않으면 시작도 하기 전에 포기할 수밖에 없는 상태였다.

그래서 나는 자신을 향해 이렇게 말했다.

"좋아, 이것은 너무 어렵지 않다. 나를 초조하게 만드는 일에 대한 생각을 멈출 방법을 찾으면 돼. 별거 아니야. 앞으로 30일 동안 이런 것에 대한 생각을 멈추면 돼. 그러면 네 단계의 나머지를 시작할 수 있어."

몽상이었다! 그것은 매우 큰일이었다! 그러나 밑바닥에서 시작된 결심인데다가 도망칠 곳도 없었기에 돌진하고 포기하지 않았다.

만일 당신도 이 세상에 온 목적인 의도적 창조자가 되는 멋진 여정을 시작하기 원한다면 다른 것을 해 보기 전에 이 30일 프로그램을 사용할 것을 강력하게 권고한다. 이 프로그램을 꾸준히 실천한다면 이 30일이 깊이 숨어 있는 부정적인 습관을 찾아내어 비상할 곳을 알려줄 것이다. 적어도 나에게는 그렇게 되었다. 나는 이 여정을 시작하기에 앞서 내가 어디에 있는지 확인해야 했다. 내가 있던 곳을 찾아냈을까?

나의 출발은 이랬다. 비록 어설프긴 했지만, 나도 모르게 수십 년 동안 나를 얽어매고 있던 진동의 족쇄를 풀어버리는 간절한 시작이었다. 이 30일 프로그램은 내가 끌어당김의 법칙 자료를 받고 하루도 되기 전에 설계한 것이다. 이제 나의 일기를 바탕으로 이 프로그램이 나에게 어떻게 효과를 냈는지 그리고 당신이 어떤 기대를 할 수 있는지 솔직하게 말하려 한다.

도입 프로그램에는 단 두 단계만 있다.

1. 현재 심각한 두려움을 가지게 하는 중요한 일, 걱정, 근심, 불안, 스트레스 등에서 초점을 옮기고 그것을 생각하지 않는다.

주의할 것은 부정적인 모든 일이 아니라 현재 긴급한 일에서만 초점을 옮기는 것이다. 이것이 알아내고 느끼기에 가장 쉽기 때문이다. 이런 것은 늘 중요하고 당신 눈앞에 있는 '원하지 않는 것'으로 당신을 초조하게 만든다.

만일 통장 잔액이 당신을 긴장하게 만든다면 당장 그 생각을 중단하고 아래의 2단계로 스위치를 돌리도록 한다. 만일 눈앞에 있는 이혼 문제가 당신에게 배 속을 뒤틀리게 하는 느낌이 들게 한다면 당장 그 생각을 중단하고 가능한 한 빨리 스위치를 돌려야 한다. 만일 다가오는 면허 시험 생각이 당신을 초조하게 한다면 당장 그 생각을 중단하고 가능한 한 빨리 스위치를 돌려야 한다.

첫 30일 동안 나는 나 자신과 대화를 시작하거나 새로운 각본을 쓰지 않았다. 그런 일은 초기에 시작하기에는 너무 복잡하기 때문이다. 그러나 만일 큰 소리로 말함으로써 혹은 새로운 각본을 씀으로써 자신에게 재확신시키기 원한다면 그렇게 하도록 하라. 이 처음 30일 동안에는 속히 진동을 바꿀 수 있게 하는 쉬운 일을 선택하는 것이 매우 중요하다. 이것이 나의 '부정적'이라는 사악한 습관을 깨뜨리기 시작할 때 발견한 유일한 방법이다.

2. 매일 자신에 대해 감사할 것 하나를 새로 찾아 스위치 변경 주제를 만든다.

스위치 변경 주제란 그날용으로 만든 주제이다. 불안하거나 침울함, 약간이라도 무력해지는 느낌이 드는 순간 전환을 위해 미리 정해 준비하는 것이다. 미리 준비해 둔 주제가 있으면 밸브를 열기 위해 생각할 것을 광적으로 찾지 않아도 된다.

자신에 대해 감사할 것을 찾는 일이 지나치게 감상적이라고 생각하지 말라. 내 말을 믿기 바란다. 쉬운 일은 아니다. 삶에서 나의 위치가 어떻든지, 우리 대부분은 우리 자신의 특성이나 재능에 대해 인정하는 일을 혐오한다. 그래서 30일 동안 매일 새로운 것을 하나씩 찾는다고 생각만 해도 거북하다. 다행히 이런 행위가 소중한 이유가 바로 이런 혐오 때문이다. 그래서 매일 새로운 주제를 찾아내는 과정은 상당한 노력이 필요하고 그 일에 상당 시간 집중해야 하기에 그 동안은 다른 걱정거리를 잊게 하는 결과를 낳는다.

그러면 무엇에 대해 감사할 수 있을까? 머리카락이나 깨끗한 손톱, 노래하는 목소리, 숫자 감각, 새를 좋아하는 것, 큰 체격, 리더십 능력, 연기력, 강한 손, 육아 능력, 스키 능력, 회사에서 지위, 판매 능력 등은 어떤가?

자신에 대해 감사할 것을 30가지 찾을 수 없다고 생각되어도 어떻게 해서든 찾아야 한다. 그러면 습관적인 걱정이 낮 동안 스며들어 걱정거리에 초점을 맞추는 상태에 빠지는 자신을 발견하면 즉시 그것을 극복할 것이 기다리고 있는 셈이다. 즉각 그날의 주제로 스위치를 변경하면 된다.

이때 중요한 것이 있다. 그날의 감사 주제로 선택한 것에 머물러야 한다. 그것이 아무리 어리석어 보여도 상관없다. 다시 말해 어리석게 느껴진다거나 더 나은 것이 생각나더라도 그날의 감사 주제를 바꾸면 안 된다. 늘 함께하는 안내자의 도움을 받아 당신은 그것을 선택했고, 그러므로 24시간 동안 그 주제는 당신의 감사 주제이다. 그것을 유지해야 한다.

그다음에는 두려움이 생기지 않을 때에도 그날의 감사 주제를 생각하기 바란다. 기억날 때마다 그것을 생각하라. 그렇게 집중해 높은 진동으로 초점을 맞추면 습관적인 걱정 습관을 예상보다 훨씬 빨리 벗어날 수 있다.

첫 10일

내가 만든 프로그램의 내용은 이런 것이다.

나를 걱정하게 만드는 것, 주로 돈에 관한 것에 집중을 멈춘다.

그 대신 그날 감사할 것이 무엇이든 즉시 그것으로 스위치를 전환한다.

그러나 나는 첫 3일 동안 스위치 전환 과정을 만들지 못했는데, 이때가 매우 힘들었기 때문이다. 나는 부정적인 것에 집중이 너무 깊고 길어서 금세 넘겨졌다. 눈 깜짝할 사이에 걱정으로 빠져들었다. 계속 긴장했다. 돈은 들어오지 않고 나가는 것만 많았다. 광고는 먹혀들지 않아 당황했고 급히 채용한 새로운 판매원은 나보다 더 부족했다. 내가 원하는 것이 무엇인지 찾으려 했지만 계속 원하지 않는 것만 생각났다. 그래서 그것을 포기했고 드디어 내가 무엇을 하고 있는지를 더 많이 알게 되었다.

이 걱정하는 습관은 떨칠 수 없을 것 같았다. 사람들에게 미소를 짓거나 전화로 즐겁게 통화할 때도 그랬다. 전화를 끊자마자 즉시 다음 대출금이 어디서 들어오는지 걱정했다. 그러다가 나의 행동을 깨닫고 생각할 다른 것을 찾으려고 필사적으로 노력했다. 그것도 되지 않자 나는 정말 당황했다.

첫 3일 동안은 시간이 천천히 흘렀다. 매시간 내가 부족한 것에 초점을 맞추는 시간이 얼마나 되는지 알고 경악했다. 몇 달 전만 해도 돈이 마치 나이아가라폭포처럼 쏟아져 들어왔기 때문에 나로서는 그런 습관을 찾아내기가 쉽지 않았다. 그러나 지금은 그 열쇠를 가지고 있으므로 그 어리석은 짓을 활용하는 법을 찾아내게 되었다.

3일째가 되는 날 나는 하루의 97% 정도를 걱정, 근심, 불안, 공포에 쏟고 있음을 알게 되었다. 그것을 알고 심히 낙담하게 되었고, 그다음에는 분이 치밀었는데, 크게 도움이 되지는 않았다. 내가 왜 그렇게 늘 그리고 무의식중에 염려하고 있었는지 이유를 알 수 없었다. 그때 나의 마음 상태로는 혼잣말도 소용이 없었고, 새로운 각본을 쓰는 일도 불가능했다. 그때 전환할 것을 미리 만들어 두어야 한다는 것을 알게 되었다. 쉽게 초점을 맞추면서 양질의 높은 진동을 가질 수 있는 것이 준비되어 있어야 했다. 나의 안내자 덕분에 자기 감사를 선택했다. 그것이 꽤 쉬워 보였기 때문이었다. 아뿔싸! 그 일은 내가 기대했던 것보다 훨씬 어려웠지만, 가장 어려운 부분은 일단 거기에 이른 다음 그 상태에 머무는 것이었다. 그래서 나는 더욱 굳은 결심으로 계속했다.

어쨌든 자기 감사는 내가 선택한 것으로, 부정적인 것에서 긍정적인 것으로 전환하는 일이 훨씬 쉬워짐을 금방 발견했다. 이제 나는 전환해 들어갈 구체적인 것을 가지게 되었다. 물론 감사를 느끼는 일은 힘들었다. 비록 그날의 감사 주제가 다리를 면도하는 일일지라도 그것을 단순히 생각만 하지 않고 강렬하게 느껴서 흥이 나게 하는 일은 매우 힘들었다.

때로 나는 사무실 환경을 벗어나 밖에서 걷기도 하고 나무 아래 가만히 서 있으면서 웃음이 터져 나오기를 기다렸다. 그리하여 온화한 내면의 미소가 나의 느낌에 덧씌워지게 했다. 그날의 감사 주제가 무엇인가는 상관이 없었다.

5일째가 되자 상황이 바뀌기 시작했다. 뭔가 느리지만 분명히 작동하고 있었다. 물론 아직까지 하루의 4분의 1 정도만 정말로 좋은 느낌에 머무를 수 있었고, 나머지 시간은 계속 결핍 상태에 초점이 맞춰졌다.

그 첫 10일 동안은 성공할 것 같은 생각이 들지 않았다. 스위치를 전환해야 할수록 더욱 우울해졌다. 사람들이 늘 긍정적이고 행복하다고 생각하는 이 활달한 사람인 내가 평범하고 사소한 일에도 늘 걱정하는 사람, 내가 늘 그러지 말라고 했던 그 사람이 되고 있었다.

하루하루 지나면서 나는 실제로 아무 염려도 하지 않고 하루 16시간 내지 18시간을 보내는 데 이를 수 있을지 의심이 들기 시작했다. 때로는 너무도 낙심된 나머지 우주를 향해 소리를 지르기도 하고 눈물을 흘리기도 했으며, 자기 연민에 빠져 주머니에 손을 넣고 부루퉁한 얼굴로 밖으로 나가기도 했다.

실로 그 첫 10일 동안은 익숙한 나머지 편하기까지 하여 내 삶의 동반자가 되었던 그 염려의 진동 없이 사는 법을 배우는 일이 도무지 가능해 보이지 않는 순간이 많았다. 내가 처음부터 이렇게 많은 두려움을 가지고 있음을 뼈저리게 깨달으면서 더욱 괴로웠다.

아무튼 다른 중독도 깨뜨렸으므로 어떻게 해서든 이 습관도 깨뜨릴 것이라 생각했다.

6일째에는 뚜렷한 이유도 없이 심한 우울증에 빠져 눈물을 흘렸다. 좌절과 분노를 느꼈지만 이유를 알 수 없었다. 나중에 내 몸의 화학적 변화 때문이라는 것을 알았다. 할 수 없이 밖으로 나가 내가 좋아하는 나무 밑에 잠시 앉아서 마음을 가라앉히며 그날 감사할 것으로 전환을 시도했다. 45분이나 걸렸지만 결국 성공했다. 감사하게도 그날은 더는 이상한 느낌이 들지 않았다.

요즘은 그렇게 감정이 빗나가면 나 자신에게 내가 원하지 않는 것이나 나를 괴롭히는 것에 초점을 맞추고 있는지 질문한다. 그러면 대체로 금방 답이 발견되어 이를 큰소리와 작은 소리로 말하면서 쫓아버린다. 그러나 초기여서 그것이 무엇인지 분명하지 않으면 그냥 느낌을 변화시키려고 노력한다.

첫 10일이 다 되어 가면서 극적인 변화가 일어나기 시작하는 것을 인식할 수 있었다. 뚜렷한 이유도 없이 불안한 느낌이 갑자기 나타나 종일 나를 휘어잡는 일이 수십 번에서 두 번 정도로 줄어들었다. 부정적인 진동에 지배당하는 일도 사라졌고, 그걸 느끼면서 마치 에베레스트산이라도 정복한 느낌이 들었다. 환희에 싸였다.

또한 그 10일 동안 나는 공상하고, 원하고, 바라는 일이 얼마나 어려운지 알게 되었다. 더 많은 돈, 더 많이 일한 시간 같은 일상적인 것을 드러내긴 했지만, 마음속 깊숙한 곳에 있는 꿈은 드러내려 하지 않았다. 아름다운 호수 곁에 있는 조용한 별장 같은 나의 평생소원이 생각날 때는 그냥 한숨을 쉬면서 더 깊은 곳으로 밀어넣어 금지된 갈망이 되게 했다.

나는 그런 어리석은 생각을 새싹부터 잘라버리기로 결심하고 제8일에는 나의 특별한 열정이라는 나무를 쪼개기 위해 밖으로 나갔다. 나는 그것을 큰 소리로 꾸짖었다. 그때야말로 오래 감추어온 그 갈망을 꺼내서 솔직하게 원하는 것으로 바꿈으로써 그에 대해 신나는 느낌을 느낄 수 있는 적기였다.

그래서 그렇게 했다. 그 멋진 한 시간 동안 기분이 좋아져 좋은 느낌으로 들어선 다음 나무를 쪼개면서 개와 나 자신에게 호숫가 숲속에 있는 나의 집에 관해 이야기했다. 냄새, 나무, 선착장, 집의 장식, 해질 때의 물빛을 설명했다. 순식간에 그 시간이 지나갔다. 이제까지 절대로 난공불락이었던 장벽을 깨뜨렸다. 나는 환상에 빠지는 즐거움을 누리면서 그것을 원하는 것으로 바꾸었다. 이제 또 하나의 문제를 극복했다.

그 주간에 동시성이 시작되었다. 바로 다음 날 TV에서 '나의 호수'를 보았다. 달력에서도 보았다. 잡지에서도 보았다. 마치 우주가 "우리는 너의 말을 들었다. 계속 그렇게 하면 네 것으로 될 것이다"라고 말하는 것 같았다. 이 책도 대부분이 그것에 해당한다. 다시 나는 황홀감에 빠졌다.

9일째에는 대금을 지불해야 해서 편안하지 않았다. 어떻게 느껴야 할까? 결핍에 대한 두려움에서 벗어날 수 있을까? 초점을 변경할 수 있을까?

나의 느낌에 주목하기로 단단히 결심하고 책상 앞으로 갔다. 다행히 그달은 평소보다 쉽게 넘어갔다. 물론 감사로 전환해 초점을 유지하기는 쉽지 않았다. 그래서 노래를 불렀다. 그달의 10일을 두려워하는 오래된 습관을 무너뜨린다면 뭔들 못하겠는가? 그 전략은 잘 먹혀들었다. 그러나 결국은 들판으로 가서 조용한 늦은 오후를 즐기며 기분이 좋아지게 했다. 그날 오후와 저녁에는 부정적인 느낌이 없었다. 일기의 마지막 줄에 밑줄을 그어놓았다.

이제 잘돼 간다는 것을 알 수 있었다. 곳곳에서 아이디어가 솟아났다. 나는 의도적으로 자신을 부정적인 느낌에 빠지게 하려 했지만 그렇게 되지 않음을 발견했다. 그러나 그런 느낌이 생기면 히죽히죽 웃으며 그 느낌을 찾아낸 나를 다독이면서 진동 스위치를 전환했다.

마침내 오랫동안 기다리던 그날이 왔다. 그때 나는 수입에 관해서는 완전히 편안해 정직하게 말하면 전혀 염려가 없는 지점에 이르렀다. 얼마나 멋진 느낌이었던지!

오랫동안의 습관에 따라 지금도 나는 "안 돼, 이제는 안 되겠어. 지금은 너무 적고 들어오는 돈도 충분하지 않아" 같은 부정적인 말을 하며 무너지기도 한다. 물론 그런 말이 입에서 튀어나오는 순간은 낙심되기도 하지만, 무엇이 그런 느낌의 원인인가를 찾아내기까지는 많은 시간이 걸리지 않고 또 거기서 스위치를 전환한다.

하루하루 힘들게 거치면서 나는 평생 무의식중에 하던 생각과 부정적인 감정이 사라지는 것을 보았다. 너무 깊이 뿌리박고 있어서 그런 것을 가지고 있는지조차 몰랐던 그 깊고 깊은 중독에서 벗어나고 있었다. 나의 초점과 느낌을 바꾸는 일이 가능할 뿐만 아니라 실제로 이루어졌다는 것은 논쟁의 여지가 없다. 나는 돈을 많이 버는 결과가 나오기를 초조하게 기다렸는데, 그것은 정말 어리석은 일이었다!

10일에서 30일까지

다음 20일 동안은 롤러코스터를 타는 것처럼 오락가락했다. 상태가 좋아 쉽게 흥을 돋을 수 있을 때는 실제로 수입을 증가시킬 수 있는 멋진 아이디어가 쏟아졌다. 그러나 우울한 날은 조금만 우울했고 이상하게 오르락내리락하는 폭이 컸다. 고주파 에너지를 몸으로 끌어당기려 할 때 생기는 것 같은 불쾌하면서도 분명한 이 느낌을 누구도 말해주지 않았다.

이런 변동은 신체가 장기간의 고주파 진동에 적응되면서 나타나는 것으로, 이것은 신체의 화학적 구성을 극적으로 변화시키게 됨을 이제는 안다. 느낌과 달리 부정적이고 신체적인 감정은 화학성분이 관련되는 것으로 기분의 변화는 단순히 화학적 조정에 따라 일어나는 것이다. 어떤 사람은 이런 기분 변화를 상당히 심하게 겪는 반면에 어떤 사람은 아주 조금만 겪는다. 그러나 이는 모든 사람이 경험한다. 다행히 이런 것은 일시적이다. 사실 이것은 약 6주 정도에 경험하게 되며 보통 3개월 이내에 모두 사라진다.

이런 변덕은 불쑥 나타나 예상치 못할 때 나를 강타하곤 했다. 솔직히 너무 좋지 않아서 "될 대로 되라"라고 하면서 벗어나려는 시도조차 하지 않는 날도 있었다. 그러나 그다음 날이나 다다음 날이 되면 그 검은 구름이 사라지고 나의 프로그램은 정상으로 돌아왔다.

전날의 기분이 남아있든 말든 아침에 반드시 행하는 의식을 하나 만들었는데, 나는 그것을 좋아해서 결코 빠뜨리지 않았다. 그것은 매일 아침 나의 내적 존재, 즉 확장된 자아와 사랑의 대화를 시작하는 것이다. 나의 본질인 생명에 대한 경외심으로 무릎을 꿇고 그날 하루나 그 주간 또는 10년 동안 내가 원하는 것을 그것에 대한 느낌이 나를 통해 흐를 때까지

쉬어가면서 설명했다. 그 경건한 시간은 재미있으면서도 자극적이어서 나는 이를 내가 설계한 프로그램의 일부로 소중히 여겼다. 그 의식을 빼먹을 때는 반드시 공허함과 방향을 잃었다.

컨디션이 좋은 날에는 높은 심장박동으로 들어가 쉽게 그날의 감사 주제로 선택한 것을 느끼는 곳에 이르렀다. 어떤 날은 빨리 시작되지 않고 시간이 많이 걸리기도 했다. 그러나 가장 감동적인 것은 컨디션이 좋든 나쁘든 어떤 종류의 두려움이든 차츰 뒤로 물러가고 있었다는 것이다. 침체된 날에는 원하지 않는 것이나 스트레스에 구체적으로 초점을 두지 않았고 단지 이것도 저것도 아닌 상태였다. 나의 발걸음은 새로워졌고, 마음과 입에는 노래가 나왔으며, 얼굴에는 거의 항상 미소가 머물고, 언제부터인지 모르지만 전에 경험하지 못했던 삶의 감격과 창조 세계에 대한 경이로움이 있었다.

이전에 아무것도 모르는 상태에서 즐거움으로 들어가는 법을 스스로 배웠지만, 경기가 하강하면서 외부 상황에 맞춰진 부정적인 초점을 많이 가지다 보니, 즐거움을 만드는 법을 오랫동안 잊고 있었다. 그러나 스프링캠프에 참가한 신나는 신참 선수처럼 그것을 되살리고 있었다.

나는 '즐거운 상태로 들어간다는 것'은 먼저 자기의 관심을 원하지 않는 것에 두는 것을 의미한다고 이해했다. 내가 실제로 원하는 것으로 흘러가든, 아니면 그날 감사할 주제로 흘러가든, 아니면 재미로 그렇게 하든 오랜 세월 끝에 드디어 기본으로 만들어진 끌어당김의 흐름을 중단하기 시작하고 있음을 알게 되었다. 그래서 나는 기분이 좋아졌고, 지금도 좋아하는 느낌 중 하나인 사랑이 생겼고, 삶의 매력에 빠졌고, 내 몸 전체에 흐르는 큰 즐거움의 에너지를 느꼈다.

이제 나는 내가 특별히 원하는 것이나 그날의 감사할 주제로 스위치를 전환할 수 있게 되었다. 내가 다음 대출을 어디서 구하는가를 생각하고 있음을 발견하면 즉시 눅눅한 구름이 나를 에워싸고 있음을 느끼고 결핍에 초점을 맞추고 있음을 깨달아 바로 빠져나왔다. 정말 신나는 일이었다.

그리고 한 가지 원하는 것이 시작되면 즐거움도 시작되기 시작하는 그 멋진 동시성을 주목하는 버릇이 생겨 거의 집착 수준에 이르렀다. 기분이 좋은 상태에서 멋진 경관과 최고의 음식, 근사한 웨이터가 있는 식당을 새로 찾겠다고 결심하면 하루 이틀 사이에 친구가 속담처럼 불쑥 전화를 걸어 그런 장소에 같이 가자고 했다.

나는 두툼한 흰색 작업 셔츠를 원하는 품목 목록에 특별히 추가했다. 그것은 분명히 매장에서 이제는 판매하지 않는 것이었다. 그런데 3주 후에 갑자기 복사 용지를 사러 외진 곳에 있는 할인 매장을 가 봐야겠다는 생각이 났다. 빙고! 내가 원하는 셔츠가 진열장에 걸려 있었다. 그것도 단 한 벌만 있었다.

나는 육류를 많이 먹지는 않지만, 어느 날 맛있는 햄버거를 꼭 먹고 싶었다. 그러면서 새로 생긴 철물상에 가야겠다는 생각이 나서 갔더니 바로 옆에 새로운 매장이 막 문을 열었는데, 내가 이제까지 먹어 본 것 중에 가장 맛있고 신선한 고기가 있었다. 이렇게 거듭거듭 고주파로 생활이 정말로 효과가 있음이 명백하게 증명되었다.

이제까지 나의 삶은 30 대 30, 즉 30일 중 걱정이나 염려로 점철된 날이 30일의 비율이었는데 이제 17 대 0 대 13, 즉 즐거운 날 17일, 걱정이나 염려한 날 0일, 이상하게 침체된 날 13일이 되었다. 기념비적인 발전이었다.

그러나 보상을 향한 갈망이 나를 궁지로 몰아넣었다. 그때를 뒤돌아보면 나는 두 주 정도 될 때부터 돈으로 나타나는 결과를 기대했던 것 같다. 정말 어리석은 짓이었다. 그때 한 일은 온통 없는 것에 초점을 맞추는 일이었기 때문이다.

드디어 30일째가 되었다. 잔액이 넘치는 은행 예금은 어디 있는가? 대출을 요청하는 전화는 왜 울리지 않는가? 새로운 아이디어를 실행하는데 왜 그렇게 오랜 시간이 걸리는가? 다시 이루어지지 않는 것에 대한 실망이 생겼다. 나는 "그게 어디 있지, 어디 있지?"라고 계속 말했는데 그것은 이전과 동일한 부정적인 초점이 새로운 옷을 입고 나타난 것일 뿐이었다.

실제로는 조금씩이긴 했지만 돈이 들어오고 있었다. 그것을 보며 신이 났다. 여기서 조금, 저기서 조금 들어오는 이 이상하면서도 끊임없는 흐름은 내가 진동으로 초점을 맞추는 것과 정확하게 비례했다. 나의 밸브가 닫히기보다는 열려 있으면 수입이 줄지는 않았다. 나의 당좌 예금액은 동일하게 유지되거나 아주 조금씩 증가했다. 다시는 줄어들지 않았다.

몇 달 만에 큰 흐름의 문을 다시 열 수 있었지만, 그동안에도 문이 열려 있긴 했다. 분명히 말하지만 한꺼번에 이루어지지 않고 점진적으로 이루어졌다. 원하는 것이 하나씩 차례로 나의 문으로 들어왔는데, 어떤 것은 컸고 대부분은 작고 재미있는 것이었다.

나는 그 엄청난 작품에 깊은 감사도 없었는데, "인생 강좌 개론"을 만들어 냈다. 그것은 내가 끌어당김의 법칙을 알기 전에 우연한 기쁨으로 만들어 낸 시청각 프로그램이었는데도 세계 곳곳에서 굉장한 반응이 나타나기 시작했다.

나의 옛 습관이 모두 30일 만에 없어졌다고 말하고 싶지만 물론 그렇지 않다. 심지어 돈이 풍족하게 들어오는 요즘에도 내가 해야 할 일은 얼마나 열심히 일하는가 또는 얼마나 현명한가가 아니라, 어떻게 나의 에너지를 흘려보내는가라는 것을 기억하기 위해 애써 집중해야 한다. 그래서 계속 새로운 각본을 쓰면서 계속 나에게 말하고 스위치를 전환한다.

지금은 그날의 감사 주제를 정하는 대신 이달의 원하는 것에 집중한다, 이렇게 하는 것은 두 가지 목적이 있다. 첫째는 에너지가 특정한 고원을 향해 흐르도록 진동하는 시간을 더 많이 보낼 수 있다. 둘째는 항상 어떤 것이 준비되어 가장 필요할 때 흐르려고 대기하고 있다는 안전망을 제공한다.

계속 훈련해야 한다

이제 쉬워지는가? 그러면 좋다. 그러나 자신의 삶을 통제하고, 원하는 것을 가지며, 원하는 일을 하고, 원하는 사람이 되며, 원하는 사람과 함께 원하는 삶을 살기 위해서는 더 받아들여야 할 것이 있다. 끝까지 계속 훈련해야 한다는 것이다.

좋은 날도 있고 나쁜 날도 있을 것이며, 환상적인 날도 있고 끔찍한 날도 있을 것이며, 심히 감정적인 날도 있고 포기하고 싶은 날도 있을 것이다. 그러나 지금은 아니지만 언젠가 지금 당신이 겪고 있는 것을 겪지 않을 때가 올 것이다. 좋든 싫든, 물질적인 것이든 신체적인 것이든, 감정적인 것이든 영적인 것이든 아니면 이 모든 것이든 삶에서 원하던 모든 것으로 가는 문을 닫은 줄도 모른 채 부정적인 감정을 다시 느낄 수도 있다.

그러므로 이 일은 평생에 걸쳐 노력해야 하는 일로, 이 처음 30일로 모두 습득할 수는 없다. 그 첫 달에 두려움과 걱정을 떨쳐버릴 수 있다. 그러나 그런 다음에는 소매를 걷어붙이고 의도적 창조로 가는 네 단계로 전력투구해야 한다. 다시 말해 번영과 안전, 건강, 자유, 기쁨, 활력, 창의성, 독립, 만족, 본연의 존재 상태, 본래의 방식, 본래의 존재 목적 등을 원한다면 거기에 합당한 노력을 기울여야 한다.

당신이 해야 할 일

이것은 다른 누구의 것이 아니라 바로 당신의 일이다. 전에도 그랬고 앞으로도 늘 그럴 것이다. 아무도 당신을 강요하지 않는다. 아무도 당신의 인생을 이리 혹은 저리로 가게 하지 않는다. 처음부터 당신의 것으로, 당신이 에너지를 흘려보내는 방식에 따라 결정되고, 매일 매순간 당신이 느끼는 방식에 따라 정해진다.

요약하면 남은 인생으로 하기 원하는 것과 그것을 얻기 위해 느끼는 노력을 어떻게 할 것인가 하는 문제이다.

그러므로 다음은 의도적 창조라는 이 멋진 신세계로 들어가면서 명심해야 할 핵심 사항이다.

> 단계 1 원하지 않는 것을 찾는다.
>
> 단계 2 원하는 것을 찾는다.
>
> 단계 3 원하는 것을 느끼는 장소를 찾는다.
>
> 단계 4 우주가 그것을 가져다 줄 것을 기대하고 경청하고 허락한다.
>
> > 단계 4A 결핍 상태에 대한 초점을 중지한다.

하지 말아야 할 일

1. 너무 빨리 결과를 기대하지 않는다. 원하는 것이 아직 나타나지 않아도 느긋해야 한다. 그러면서 밸브를 열어놓아야 한다.

2. 다른 사람을 고치려 하지 않는다. 그러면 밸브가 닫힌다. 어떤 것도 고칠 필요가 없다. 그 생각만 중지하면 된다.

3. 세상이 변해야 내가 안전하거나 행복할 수 있다는 생각을 하지 않는다. 나 자신의 안전은 나의 에너지 흐름을 통해 만들어진다.

4. 나의 삶에 일어나는 일은 좋든 나쁘든, 크든 작든 그 어떤 것도 당연하게 여기지 않는다.

5. 지금까지 변화시키지 못한 상황을 통제하는 방법에 집중하거나 반응하거나 염려하지 않는다. 그럴수록 더욱 악화될 뿐이다.

6. 침체되어 있을 때 느끼는 방식을 측정하려고 하지 않는다. 그것을 죄의식이나 좌절 등 무엇으로도 부르지 않는다. 그냥 거기서 나와 다시 회복할 방법을 찾는다.

7. 소극적으로 원하는 사람이 되지 않는다. 양적으로 질적으로 대단한 것을 원한다. 그리고 새로 원하는 것을 만드는 일을 절대 중단하지

않는다. 당신의 본질인 최고의 에너지는 흘러갈 출구가 필요하다. 그것을 만들도록 한다.

8. 그 일이 이루어질 수 없다는 생각을 하지 않는다. 그런 진동은 반드시 이루어지지 않게 한다.

9. 즐거운 상태가 되기 전에는 좋은 느낌을 기대하지 않는다. 종일 즐거운 상태를 유지한다. 그것이 습관이 되게 한다. 주파수를 높이고 밸브를 열고, 고주파 에너지에 대한 저항을 줄이기 위해 즐거운 상태로 들어간다.

10. 이 모든 일을 심각하게 받아들이지 않는다. 그러면 밸브가 닫힐 뿐이다. 가볍고 즐겁게 한다. 그러면 더 빨리 이루어진다.

11. 밸브가 닫힌 상태이거나 문제 가운데 있을 때는 영감이 없는 행동을 절대로 하지 않는다. 먼저 밸브가 열리게 한 다음, 안내자의 인도를 받아 행동한다.

12. 잘못되었다고 생각되어도 추하고 어둡고 불쾌한 원인을 찾으려 하지 않는다. 중지하라! 그러면 원하지 않는 일에 더욱 주목하게 된다.

13. "이 일이 이루어질 때까지는 좋은 느낌을 가질 수 없어"라고 하면서 최종 결과를 기다리는 삶을 살지 않는다.

14. 나쁜 느낌이 들어가 밸브가 닫혔을 때 자신을 책망하지 않는다. 원하지 않는 상태에서는 나쁜 느낌만 든다. 그러므로 그것을 알아낸 자신을 칭찬한다. 원하지 않는 것을 알지 않고 어떻게 원하는 것을 알 수 있겠는가?

15. 밸브가 닫히게 하는 것에 대한 생각을 중지한다. 사물이나 사람,

상황, 사건, 환경, 장소, 영화, 음식, 운전자, 상사, 장면 그 무엇이든 상관없다.

16. 밸브가 닫혔거나 단절된 존재에 따른 슬픔의 행렬에 동참하지 않는다. 원하는 것에 에너지를 흘려보내 전체를 변화시켜야 한다.

17. 병에 관한 이야기로 건강을 더 악화시키는 일을 중단한다. 건강이 회복되고 있음을 이야기하며 밸브가 열리게 한다.

18. 문제 찾는 일을 중단한다. 문제가 있다는 것은 부정적인 진동 가운데 머물기 위한 핑계일 뿐이다.

19. 갈망하지 않는다. 그것은 어떤 것이 없다는 부정적인 인식에 불과하다.

20. 변화를 일으키는 것이 자기 밖에 있다는 생각을 중단한다.

21. 원하지 않는 것을 바라보는 일을 두려워하지 않는다. 그것을 모든 각도에서 바라보고, 원하는 것과 목표를 만든다.

22. 비록 내가 옳더라도 '나는 옳고 너는 틀렸어'라는 느낌을 정당화하지 않는다. 그러면 밸브가 닫히고 높은 에너지 흐름이 다른 영역으로 연결되지 못한다. 한 영역으로 연결되면 모든 영역으로 연결됨을 명심한다.

23. 후회하지 않는다. 그것은 정말 부정적인 흐름이다.

24. 새로운 사업이나 프로젝트, 모험, 활동, 관계 등을 시작할 때는 반드시 먼저 각본을 쓰고 충분히 오랫동안 열정적인 에너지를 흘려보낸다.

25. 생각하지 않고 느낀다.

26. 나의 반응을 생각하지 않고 느낀다.

27. 자신을 변명하지 않는다. 실수를 했다한들 어쩌란 말인가? 그냥 바꾸면 된다.

28. 나를 찾으려 하지 않는다. 그 대신 나를 허락한다. 위대한 삶을 살 권리가 있다. 내 인생은 나의 것이다. 그러므로 나는 나의 권리이다.

29. 나는 김 씨나 이 씨가 아니다. 목수나 비서도 아니다. 다는 생명력이다. 그렇게 행동해야 한다. 그렇게 되어야 한다.

30. 포기하지 않는다. 절대로 포기하지 않는다.

해야 할 일

1. 매일 시간을 내어 꿈을 꾸고, 바라고, 상상하고, 목표 삼고, 원하며 또 이 모든 것으로 에너지를 흘려보내는 시간을 마련한다.

2. 좋은 느낌이 들지 않을 때는 언제나 멈추고, 다시 균형을 이루고, 조금씩 조금씩 더 나은 느낌을 가질 방법을 찾는다. 조금씩 나은 느낌을 가질 때마다 진동이 나아진다.

3. 알고 있는 모든 것을 사용해 부정적인 초점에서 따스한 쾌감으로 전환하도록 한다.

4. 크든 작든, 하찮은 것이든 매일 원하는 것과 그 이유를 말한다. 원하는 것이 많아질수록 더욱더 그것에 신이 나게 되고, 에너지 흐름이 극적으로 더 많아진다.

5. 기분과 안전, 일, 관계, 주차할 곳, 쇼핑 등에 관해 매일 더 많이 결정한다. 원하는 것을 결정하면 에너지가 나오고 출구가 마련된다.

6. 끊임없이 "나는 어떻게 에너지를 흘려보내는가? 나는 어떻게 에너지를 흘려보내는가?" 하고 질문한다.

7. 원하는 데 시간을 더 많이 주면서 그것이 아직 이루어지지 않았다는 사실을 생각하지 않는다. 지금 준비되고 있으며 일어나고 있는 중이다. 믿으라!

8. 매일 자신에게 친절하게 말한다. 큰 소리로 말한다.

9. 일이 이루어지고 있는 단서와 현재 일어나는 일 그리고 동시성을 주목한다.

10. 계속 용감하게 새 각본을 쓴다.

11. 자신이 어떻게 느끼는가에 집중한다.

12. '해야 할 일' 목록을 '느껴야 할 일' 목록으로 대체한다.

13. 매일 조금씩 더 좋은 느낌을 가질 수 있는 새로운 방법을 찾는다. 창조하고 발명하고 용기를 가진다.

14. 자신이 만들어 낸 장애물을 발견하면 스스로 칭찬한다. 그것이 없으면 자신이 원하는 것을 알 수가 없다.

15. 결핍이 아니라 원하는 것만을 생각한다.

16. 자신의 경험 창조자는 바로 자신임을 받아들인다.

17. 모든 일, 모든 사람의 긍정적인 면을 찾겠다는 목표로 하루를 시작한다.

18. 다른 사람이 에너지를 흘려보내는 방식은 개의치 않고, 오직 나 자신의 방식에만 집중한다.

19. 조금 더 나은 느낌일지라도 좋은 느낌보다 더 나은 것은 없음을 명심한다.

20. 이달의 원하는 것을 생명 구조장치로 사용한다.

21. 작은 생각부터 부정적인 진동에서 긍정적인 진동으로 전환한다.

조만간 그 작은 생각이 큰 힘을 얻어 중요한 일에 좋은 느낌을 가지게 된다.

22. 원하는 것들이 이루어질 것을 기대하고 기대한다.

23. 어떤 방법을 사용하든 마음대로 느낌을 바꾸는 법을 배운다. 느낌이 좋아지면 밸브를 열고, 저항을 줄이며, 긍정적인 진동을 하고, 긍정적인 것을 끌어당긴다.

24. 어떻게 느끼는지에 늘 주의한다. 그러면 나머지는 쉽다.

25. 과거를 잊는다. 과거는 존재하지 않는다.

26. 해 뜰 때부터 잠들 때까지 종일 느끼는 상태를 주의한다.

27. 매일 원하는 것을 느끼는 곳에서 산다.

28. 좋은 느낌 속에서 살면서 원하는 것이 얼마나 빨리 이루어지는지 주목한다.

29. 좋은 느낌으로 깨어났다면 그것을 내뿜는다. 만일 처진 느낌으로 깨어났다면 바꾼다.

30. 마음을 차분하게 하고, 긴장을 풀며, 부드럽게 하고, 자연스럽게 하여 원초적 자아에 다가간다.

31. 내 안 깊숙한 곳에 있는 그 달콤함을 찾아낸다. 그것을 찾고 느끼고 허락하고, 부채질한다. 남자든 여자든 모두 그것을 가지고 있다.

32. 안내자에게 귀를 기울인다. 그런 다음 행동한다. 절대로 먼저 행동하지 않는다.

33. 충동을 따른다. 그것이 자신의 안내자이다.

34. 부정적인 저항을 부정하지 않으면서 대조되는 것을 찾는 법을 배운다.

35. 운전하면서 도로의 표지판, 벽돌 건물, 빨간 불 등에 감사를 흘려보내는 연습을 한다.
36. 자신의 근원 에너지에 대한 저항을 통해 스스로 만들어 내는 실제 장애물을 인식한다.
37. 다른 모든 것을 실패해도 억지로라도 미소 짓는다. 얼굴에 미소를 지으면 진동이 높아진다.
38. 나를 괴롭히는 것이 있다면, 그것을 잊어버린다.

배의 키는 당신에게 있다

당신은 이런 실수를 할 수 없다. 실수를 하거나 그릇된 결정을 할 수 없다. 불가능한 일이다. 사실 당신은 실수를 한 적이 없다. 부정적 진동에서 빠져나오는 데 도움이 되는 교훈을 배웠을 뿐이다. 이제는 알고 있다.

이제까지보다 더 높은 주파수의 에너지를 흘려보냄으로써 내 인생을 창조하는 일은 우리 모두에게 무척 생소한 일이다. 이 일은 엄청난 방향 전환이요 획기적으로 새로운 방향의 삶이다. 그러므로 자신에게 온유하고, 긴장을 풀고, 에너지를 흘려보내고, 호기심을 갖고, 더 많이 웃고, 더 많이 미소 지으라. 실험해 보라. 얼마나 오랫동안 신나는 기분을 유지할 수 있는지 또는 얼마나 빨리 그리로 돌아갈 수 있는지 확인해 보라. 무엇이 즐거움을 주는지 찾아 실천하라. 원하는 것을 찾으라. 이런 모든 일을 하라. 이런 일은 매우 새로운 일이니 제발 낙심하지 말기 바란다.

우리는 마치 우리의 새로운 세상을 조종하는 법을 배우기 위해 보조바퀴가 달린 자전거를 탄 아이와 같다. 그 아이가 듣는 말은 "일어나 다시 해 봐"뿐이다. 그러므로 얼마나 많이 넘어지더라도 다시, 또다시 시도해야 한다. 이것을 열정이라고… 실습이라고 한다.

이 새로운 생각과 존재 방식에서 중요한 것은 실습이다. 이것은 너무 새롭고 생소하다. 지금은 이 개념이 책에 쓰여 있는 것이어서 속임수처럼 들릴 수 있지만 증거가 넘친다. 그러므로 실습해 보라!

에너지를 흘려보내는 실습을 하라. 원하는 것을 향해 에너지를 흘려보내는 실습을 하거나, 그냥 흘려보내 보라. 언제든, 어느 곳에서든, 누구와 함께 있든, 어떤 일이 일어나든 마음대로 기분을 전환하는 법을 익히라. 삶에 대한 반응을 통제함으로써 당신의 삶을 통제할 수 있게 된다. 그러므로 실습을 하라!

30일 프로그램을 마친 후에는 스스로 새로운 프로그램을 만들어서 관심을 계속 유지되게 하라. 일주일 동안 감사의 느낌을 가지고, 그다음 한 주간은 모든 것에서 경의와 흥분을 느끼는 계획을 할 수 있을 것이다. 그다음에는 어떤 일이 있더라도 즐거움을 느끼는 한 주간, 열정을 느끼는 한 주간, 사랑을 느끼는 한 주간, '살아있는 것이 감사하다'라고 느끼는 한 주간을 계획할 수 있을 것이다.

화장실에 앉아있을 때나 아이들을 훈계할 때, 소득세 계산할 때, 이사회 할 때, 생산라인에서 일할 때 등 엉뚱한 순간에도 실습하라.

진정한 삶은 첫째가 느낌이고, 둘째는 성과라는 다소 엉터리 같은 개념은 우리에게 매우 생소한 것이다. 우리에게는 완전히 엉터리로 보인다. 그러므로 실습을 통해서만 그 황당할 정도로 새로운 개념이 실현되는 결실을 볼 수 있다.

당신이 소원을 늘리고 따라서 자기 에너지도 늘렸기 때문에 당분간 삶이 순탄하지 않을 수도 있다. 그러나 그 소원으로 진정한 생명이 다가온다.

그러므로 좋든 나쁘든, 긍정적이든 부정적이든 느끼고 더 느끼도록 하라. 그리하여 느낌이 결국 우주의 보물창고 문을 열게 되면 그것이 나쁠 수 있겠는가? 정말로 원한다면 그것을 느끼는 법을 배울 것이다.

다음에는 어떤 일이 있어도 좋은 느낌을 가지는 법을 배워야 한다. 이 방법은 모두 의식적, 의도적이어야 한다. 반사적 행동은 버려야 한다. 삶의 상황을 바꾸기 원하면 진동을 바꾸어야 한다. 그러므로 그것을 순식간에 바꿀 수 있을 때까지 연습해야 한다. 만일 푸근한 기분을 느끼지 못한다면 아무 느낌이 없거나 불쾌한 느낌의 상태라고 여겨야 한다. 어느 편이든 당신은 부정적인 진동을 내보내고 있는 중이다.

문제가 있다면 매일 10분에서 15분 동안 자신에게 소리 내어 말하도록 하라. 무엇이 괴롭히는지 찾을 때까지 큰 소리로 혹은 작은 소리로 말하라. 그렇게 할 때마다 조금씩 저항을 떨쳐버리게 되어 마침내 진동이 변하게 할 수 있다.

기억하라. 생각하는 방식이 느끼는 방식이며, 느끼는 방식이 진동하는 방식이고, 진동하는 방식이 끌어당기는 방식이다!

그러므로 원하는 것이 있으면 그것을 느끼고 또 느껴서 푸근한 기분이 들게 하라. 느낄 수 있으면 가질 수 있다. 먼저 무엇을 느낄 수 있으면 먼저 가질 수 있다.

당신은 세상을 마음대로 이끌 수 있다. 지금 없는 것이 아니라 다가오고 있는 것에 집중하면 된다. 그 일이 편하게 되면 당신의 존재와 능력을 통해 본래 의도된 인생을 살기 시작할 것이다. 이 세상에 존재하는 이유를 성취하게 될 것이다.

이것은 모두 에너지이다. 이 세상과 우주가 모두 에너지이다. 당신은 그 에너지의 지배자가 되거나 희생자가 된다. 자기 에너지의 방향과 흐름을 통제하는 법을 배움으로써 당신은 자신의 운명을 통제하고, 원하는 방향으로 나아갈 수 있는 법을 배우게 된다.

폭풍이 닥치게 되면 당신은 그것이 무엇 때문인지 그리고 어떻게 해야 하는지 알게 된다. 당신은 완전히 통제권을 행사함으로써 잠재력을 최대한 발휘하는 삶을 거두어들일 것이다.

이 책에 쓰인 내용 중 많은 것은 우리의 시점과 논리를 최대한 테스트할 것이다. "일을 끌어당기라고? 말도 안 되는 소리!", "좋은 때를 막고 나쁜 때를 만들어 낸다고? 정말일까?" 내가 그랬던 것처럼 이런 도전을 받는 사람이 있다면 다음 실험을 통해 스스로 에너지를 증명해 보기 바란다.

철사 옷걸이 두 개를 준비한다. 두 개를 잘라서 'L'자 형태를 만들되 긴 부분은 23인치로, 손잡이 부분은 5인치 정도 길이로 만든다. 비닐 빨대를 잘라 손잡이 부분을 감아 쉽게 흔들리게 한다. 다음에는 손잡이 아랫부분을 구부려 빨대가 고정되게 한다. 그러면 빨대가 없어도 흔들리지만 자유롭게 흔들리지는 않을 것이다.

이제 이 두 개를 나는 '마음의 막대기'라고 부를 것이다. 이 두 막대를 권총을 겨누듯이 앞을 향해 느슨하게 든다. 가슴 높이로 몸에서 10인치 정도 앞으로 내민다. 처음에는 막대기가 당신의 에너지에 반응해 이리저리 움직일 것이다. 그러므로 안정을 찾아 멈출 때까지 잠시 기다린다. 이렇게 안정이 되면 시작할 준비가 된 것이다.

눈은 정면을 보면서 과거에 매우 불쾌했던 사건을 생각하면서 느낀다. 그 사건에 대한 감정이 얼마나 강렬한가에 따라 움직이되 강도가 약할 경우 막대가 그대로 앞을 향하고 있거나 안쪽으로 움직일 것이다. 당신의 생각과 감정에 따라 발생하는 부정적 진동의 결과로 당신의 몸에서 전자기가 나올 것이고, 막대기는 그 전자기를 따라 움직일 것이다.

이번에는 매우 놀랍거나 기쁘거나 사랑스러운 일을 생각함으로써 긍정적인 주파수를 만든다. 아니면 자녀나 애완동물에 초점을 맞추어 그들에게 사랑을 흘려보낸다. 그러면 당신의 긍정적인 에너지 흐름에 맞추어 에너지가 확장될 것이고, 그에 따라 막대기가 밖으로 움직일 것이다.

에너지가 생각을 따라 나온다는 것을 확인하기 위해 멀리 오른쪽이나 왼쪽에 있는 물체에 주의를 집중하면서 막대기가 생각에 따라 움직이는 모습을 주목한다. 아니면 당신의 확장된 자아 또는 안내자에게 집중하기 시작하면서, 그런 감정 에너지가 만들어 내는 엄청난 에너지에 반응해 움직이는 모습을 주목한다.

이런 일을 많이 할수록 주파수를 변화시킴에 따라 당신 안에서 일어나는 진동 변화를 느끼는 일이 쉬워질 것이다.